本质安全

管理实务

——基于能量运动的本质安全原理与应用

华能国际电力股份有限公司
北京中电方大科技股份有限公司 **组编**

马洪顺 **编著**

中国电力出版社
CHINA ELECTRIC POWER PRESS

内 容 提 要

本书作为一本培训教材，首次提出了从理论上认识安全生产的理念。

本书共十章，包括发电企业安全生产管理概述、安全生产理论分析、发电企业风险预控原理、作业风险管控实务分析、人因失误分析及预防、设备本质安全与系统可靠性管理、发电企业安全生产应急管理、安全生产标准化管理、企业安全文化建设、安全培训，对发电企业开展本质安全管理工作进行了详尽的指导。

本书面向电力企业一线员工和安全生产管理人员，可作为各企业的安全生产及管理人员的培训教材，也可作为相关院校安全课程的参考用书。

图书在版编目（CIP）数据

本质安全管理实务：基于能量运动的本质安全原理与应用 / 马洪顺编著；华能国际电力股份有限公司，北京中电方大科技股份有限公司组编 . —北京：中国电力出版社，2017.12
ISBN 978-7-5198-1359-8

Ⅰ . ①本⋯ Ⅱ . ①马⋯ ②华⋯ ③北⋯ Ⅲ . ①发电厂–工业企业–安全管理–中国 Ⅳ . ①F426.61

中国版本图书馆 CIP 数据核字（2017）第 275969 号

出版发行：中国电力出版社
地　　址：北京市东城区北京站西街 19 号（邮政编码 100005）
网　　址：http://www.cepp.sgcc.com.cn
责任编辑：孙　芳（010-63412381）
责任校对：王开云
装帧设计：赵姗姗
责任印制：蔺义舟

印　　刷：三河市万龙印装有限公司
版　　次：2017 年 12 月第一版
印　　次：2020 年 6 月北京第四次印刷
开　　本：787 毫米×1092 毫米　16 开本
印　　张：12.75
字　　数：265 千字
印　　数：6001—7000 册
定　　价：98.00 元

编 委 会

本质安全理论，从 20 世纪 90 年代开始逐渐成为安全管理研究的一个热点问题，各大电力集团也纷纷开展本质安全体系建立和本质安全型企业创建工作，从源头入手，对事故进行预防和治理，整体提升了电力集团的安全管理水平。然而，电力企业仍因生产设备存在缺陷、管理不到位、违章操作等不安全因素而引发安全生产事故，造成人身伤亡。这究竟是现有安全理论存在欠缺，还是事故本身就具有不可预测性和预防性，本质安全管理思想的出现是否能够从根本上改变这种现状。面对种种事故困境和理论疑惑，需要安全生产管理的践行者，从本质安全概念的诠释入手，从解决安全生产实际问题出发，以落地务实的态度，以提升安全意识为目的，对本质安全原理及其应用进行系统分析，从理论和方法上破解安全管理存在的问题。

《本质安全管理实务——基于能量运动的本质安全原理与应用》一书是华能国际安监部从生产实际出发，总结多年的生产实践，从研究生产过程的能量运动入手，对生产过程的能量运动与本质安全进行结构型分析，指出安全是生产过程中按照人们意愿的能量运动过程，事故是生产过程中违背人们意愿的能量运动过程。通过危险概率和负能级指数量化作业风险；以直接性安全措施和间接性安全措施作为风险预控具体手段；从作业的实际情况出发定义出安全级作业、次安全级作业和危险级作业；通过事故致因理论描述生产的过程；通过改变系统的配置提高系统的本质安全能力，达到创造并保持安全级作业条件的目的；以"两票"作为风险预控落地的切入点，设计出一个与实际安全工作相符并能解决实际问题的安全管理方法，以此创造出系统的安全管理模型，这是安全管理的理论创新。

本书基于本质安全风险预控模型，从安全管理系统化的角度，对操作票、工作票、可靠性管理、应急管理、标准化管理、安全文化建设和安全培训等方面进行主动风险预控业务逻辑描述，使这些安全管理工作形成一个综合治理整体，为风险预控的工作落实提供了实操性很强的业务指导，是一个不可多得的安全管理专著。

用安全理论建立安全意识、用安全理论指导生产活动，是超前预防的大安全观发展要求，是实现"我要安全""安全自我管理"的企业安全文化的坚实基础。通过《本质安全管理实务——基于能量运动的本质安全原理与应用》一书的出版，开创了一个用安全理论武装安全生产工作者的新局面，相信这本书能引导大家建立科学的安全思维，融会贯通员工日常安全工作内在风险控制业务逻辑，使"安全第一、预防为主、综合治理"的安全生产指导思想，能有配套的安全理论支撑，为安全生产局面得到根本转变做出贡献。

　　《本质安全管理实务——基于能量运动的本质安全原理与应用》作为一本培训教材，首次提出了从理论上认识安全生产的理念，是作者在总结华能国际多年的安全生产管理实践的基础上的一次理论创新。以能量运动为切入点研究生产过程，把能量按照人们意愿的能量受控释放过程定义为生产，把违背人们意愿的能量不受控释放过程定义为事故；以此理论为基础定义什么是危险、危险概率、负能级指数和风险系数，创造出对作业风险的量化的分析方法。以此理论为基础进一步诠释本质理论和本质安全思想，用直接措施、间接措施理论解释技术措施、组织措施和完备措施，建立以改变系统配置提高作业系统的本质安全能力的思想；从进一步分析人员、机械设备、环境存在的危险特点，定义出安全级作业、次安全级作业、危险级作业，以此建立风险管控理论。从产生能量不受控的机理分析危险触及条件，建立事故致因理论并将其应用于现场的风险管控和事故分析。

　　本书首次提出了作业风险管控方法是以"创造并保持安全级作业条件"为目的的作业风险管控思想。以"创造并保持安全级作业条件"来检验作业系统安全措施的完备性；以"创造并保持安全级作业条件"来解析《电力安全工作规程》，从而提高人们对《电力安全工作规程》的认识。

　　本书首次提出，"消除人的不安全行为的本质方法是提高人的安全意识。安全意识是想安全、会安全。"真正的认识安全才能想安全，真正认识安全的过程，是想安全的第一步，其手段是培训。

　　本书通过对人的作业失误的分析，揭示了"提高人的安全意识是控制人的失误的最本质的办法"。从提高人的安全意识入手，强化企业安全培训，创造懂安全、信安全、会安全的企业文化，以此实现安全管理的自律目标。

　　本书共十章，包括发电企业安全生产管理概述、安全生产理论分析、发电企业风险预控原理、作业风险管控实务分析、人因失误分析及预防、设备本质安全与系统可靠性管理、发电企业安全生产应急管理、安全生产标准化管理、企业安全文化建设、安全培训，对发电企业开展本质安全管理工作进行了详尽的指导。

本书面向电力企业一线员工和安全生产管理人员，可作为各企业的安全生产及管理人员的培训教材，也可作为相关院校安全课程的参考资料。

编　者

2017 年 10 月

目录

第 一 章

发电企业安全生产管理概述

电力行业是支撑国民经济和社会发展的基础性产业和公用事业，随着我国国民经济的快速发展和人民生活水平的不断提高，对电力的依赖程度也越来越高。而电力企业保证经济发展、社会稳定的基础是安全生产，安全生产保证企业效益，安全生产提升企业信誉，安全生产提高企业竞争力。因此"安全第一、预防为主、综合治理"是发电企业长期遵循的方针。

新中国成立以来，电力安全生产管理发展历程大致可分为三个阶段。

（1）第一阶段：1949—1978 年，电力安全生产管理萌芽阶段。

1949 年新中国成立后，电力工业在传承"中共中央燃料工业处"的基础上起步，组建了燃料工业部，管理全国的煤炭、石油和电力工业，形成了垂直垄断、政企合一的电力工业管理体系。1951 年，燃料工业部从苏联引进《电业安全工作规程（发电厂和变电所电气部分）》，经翻译后颁发执行，并在第二次全国劳动保护工作会议上明确要坚持"安全第一"的方针和"管生产必须管安全"的原则，电力安全生产管理初见雏形。1954 年，中国制定的第一部宪法，把加强劳动保护、改善劳动条件作为国家的基本政策确定下来，建立了由劳动部门综合监管、行业部门具体管理的安全生产工作体制。1955 年，总结五年来执行《电业安全工作规程（发电厂和变电所电气部分）》过程中的经验教训，并对其进行了第一次修订，成为新中国修编的第一本电力企业安全规程。期间，一些现代安全生产管理理论也陆续引入国内。

1958—1960 年，为了在 1960 年中国电力建设赶超英国，计划发电机组装机容量大幅增加，大量电力基建项目仓促上马。由于片面追求短时间高指标而忽视了安全生产，导致电力安全生产事故大幅上升。

1966 年后，电力实行军管，管理权下放到地方后，电网管理严重分散，加剧了电力紧张的局面。尤其是 1970 年劳动部并入国家计划委员会后，其安全生产综合管理职能也相应转移，电力安全管理一度失控，安全管理体制不完善，安全管理人才不足，安全投入欠缺，企业员工对安全生产认识不到位，致使电力安全生产事故频发，给人民生命、国家财产带来了巨大损失，对中国电力工业造成了严重伤害。

（2）第二阶段：1979—1997 年，电力安全生产管理发展阶段。

1979 年，中国电力体制进入改革探索时期。在此期间，中央电力管理部门经过四次变更，即第二次分别成立电力工业部和水利电力部、能源部，第三次成立电力工业部。

随着改革开放的不断深入，电力短缺成为制约经济发展的"瓶颈"，"独家办电"的垄断体制弊端日益显露，为此我国开始实行多家办电，允许外资进入电力项目，电力市场形成多元化投资主体，先后成立华能集团公司及各大区的电力集团公司。这一时期的电力改革朝着国务院提出的"政企分开、省为实体、联合电网、统一调度、集资办电"的电力体制改革原则进行。

1985年，为了治理经济环境和整顿经济秩序，创造较好的宏观环境，由国务院批准成立了全国安全生产委员会，出台了《职工伤亡事故报告和处理规定》。1993年，国务院决定实行"企业负责、行业管理、国家监察、群众监督"的安全生产管理体制，相继颁布了《劳动法》、工伤保险、重特大伤亡事故报告调查以及重特大事故隐患管理等多项法规。

1989年10月16日，能源部颁发关于《能源部火力发电厂"安全、文明生产创水平达标"实施细则（试行）》的通知。为了加强电力生产企业安全、文明生产工作，进一步提高电力企业的管理水平，能源部决定在全国电力生产企业中开展"安全、文明生产创水平达标"活动，1989年先在火力发电厂进行试点工作，并逐步推广到水电厂和供电局。通过开展创水平达标活动，充分调动了广大职工的积极性和创造性，振奋企业精神，提高了企业素质尤其是人的素质，用2～3年时间，使电力生产企业特别是大型骨干企业在安全生产、文明生产方面达到规定标准，并在此基础上保持和进一步提高。这项活动从根本上改变了传统电力生产脏乱差的局面，为电力企业安全文明水平的提升奠定了基础。

（3）第三阶段：1998年至今，电力安全生产管理创新提升阶段。

1998年至今，我国电力进入快速发展时期，国家电力公司推出以"政企分开、省为实体"和"厂网分开、竞价上网"为内容的"四步走"改革方略。2001年3月，九届全国人大四次会议通过的《国民经济和社会发展第十个五年计划纲要》明确提出了"十五"期间电力工业改革和发展的方针。2002年，国务院批准电力体制改革方案，实施厂网分开，重组发电和电网企业。

2001年3月，九届全国人大四次会议通过的《国民经济和社会发展第十个五年计划纲要》明确提出了"十五"期间电力工业改革和发展的方针。2002年，国务院批准电力体制改革方案，实施厂网分开，重组发电和电网企业。

2003年3月，党中央以科学发展观统领经济社会发展全局，坚持"以人为本"，在法制、体制、机制和投入等方面采取了一系列措施加强安全生产工作。为了应对我国电力的飞速发展，将电力安全生产纳入健全的法制轨道，2003年国家安全生产监督管理总局成为国务院直属机构，并成立了国务院安全生产委员会，出台了《安全生产法》。按照《安全生产法》要求组织对电力企业进行安全性评价，同时引进了电力系统风险评估方法，通过电力系统风险评估辨识电力安全生产事故发生的可能性及其后果严重程度。

2004 年，国务院颁布实施了《国务院关于进一步加强安全生产工作的决定》，提出了"强化管理，落实生产经营单位安全生产主体责任"，要求在重点行业和领域内开展安全标准化活动，通过建立安全生产责任制，制定安全管理制度和操作规程，排查治理隐患和监控重大危险源，建立预防机制，规范生产行为，使各生产环节符合有关安全生产法律法规和标准规范的要求，使人员、机械设备、环境处于良好的生产状态，并持续改进，不断加强企业安全生产规范化建设。

2013 年 6 月，中共中央总书记习近平就做好安全生产工作做出重要指示：人命关天，发展决不能以牺牲人的生命为代价，这必须作为一条不可逾越的红线。为认真贯彻落实习近平总书记指示精神，第十二届全国人民代表大会常务委员会于 2014 年 12 月宣布正式实施新《安全生产法》，要求牢固树立"以人为本，生命至上"的理念，强化安全生产工作的"摆位"，进一步落实生产经营单位主体责任。这就要求必须在安全生产管理方面从理论上有所突破，从理论到实践形成一套安全风险预控措施，保证每一个员工都能真正认识"安全"，在实践中预防事故风险。

2015 年 1 月 7 日，为进一步提升电力企业事故预防能力和本质安全水平，国家能源局发布了《国家能源局关于加强电力企业安全风险预控体系建设的指导意见》，为电力企业的安全生产风险预控提出了指导性建议，引导企业实现电力安全生产系统化、科学化、标准化、精细化管理，构建本质安全型企业，有效防范电力事故。

期间，中国安全专家、学者逐步开始吸收国外事故成因理论、事故预防理论和现代安全生产管理思想，并开始研究电力企业安全生产风险评价、危险源辨识和管控，部分企业开始尝试安全生产风险管理。然而，由于我国安全管理起点较低，企业管理者和员工受过去陈旧思想观念影响，安全生产法律法规未能得到认真贯彻执行，电力安全生产事故时有发生，安全生产管理状况整体出现较大反复。

面对近年来频繁发生的事故，人们期盼找到一种有效途径，从此可以一劳永逸地预防甚至杜绝事故。但是，任何新技术新思想都不是凭空创造的，都需要以现存的部分研究作为基石，本质安全思想也不例外。本质安全理论作为安全管理理论的创新，从 20 世纪 90 年代开始逐渐成为安全管理研究的一个热点问题。一些人认为它是一种全新的安全理念，将会从根本上改变人类在事故治理和预防上的被动局面。随即，国内在本质安全管理研究上呈现出一股热潮，国家和企事业单位也加大了在这方面的投入。各大电力集团也纷纷进行了本质安全管理理论研究，开展本质安全型企业建设工作，试图从源头入手，对事故进行预防和治理。

然而，随着经济的快速发展，社会对电力的需求日渐增加，电厂在为社会提供所需电力的同时，也时常因生产设备存在缺陷、管理不到位、违章操作等不安全因素而引起发电企业安全生产事故，造成人身伤亡。2010—2016 年全国电力生产人身伤亡事故情况统计见表 1—1。

表 1-1 　　　　　　　 2010—2016 年全国电力生产人身伤亡事故情况统计

年　份	2010	2011	2012	2013	2014	2015	2016
人身伤亡事故数（起）	32	44	49	60	52	40	56
死亡人数（人）	54	68	86	77	93	55	178

在电力企业快速发展的几年里，安全生产事故仍时有发生，平均每年发生人身伤亡事故 48 起、死亡 87 人。从 2010 年到 2016 年电力生产事故仍然有较大波动。尤其以 2016 年统计数据为例，全年共发生电力人身伤亡事故 56 起，死亡 178 人。虽然电力安全生产在某一年出现了好转，但却没有得到根本性的持续改变。长期的实践证明，较高的安全生产水平是较高的安全管理水平长期作用的结果，恰恰说明了目前的安全管理水平没有明显的提高。因此，做好电力企业安全生产管理工作，努力提高安全管理水平，推进安全生产水平的提高，仍是电力企业工作的重中之重。

究竟是现有理论存在欠缺，还是事故本身就具有不可预测性和预防性，以及本质安全管理思想的出现是否能够从根本上改变这种现状。面对种种疑惑，本书将从本质安全概念的诠释入手，对本质安全原理及其应用进行分析，从理论上破解安全管理存在的问题。

第一节　发电企业安全生产管理的重要性

安全是信誉、安全是效益、安全是竞争力，这是所有企业对安全生产重要性的描述，同样发电企业也不例外，一旦失去安全生产保障，企业就会失去存在的价值。安全生产为基础、经济效益为中心是企业的管理方针。安全为基础即坚持安全第一，经济效益为中心则是坚持经济效益为企业追求的第一要素。在一个平面坐标下如何摆放两个第一，即如何处理好安全和效益的关系一直是企业管理者面临的课题。当企业真正认识安全生产的重要性时，这个问题就迎刃而解。

安全生产的基础地位体现在安全生产是时间上的第一，是绝对的第一，在考虑任何一项工作时，首先要考虑是否安全；经济效益为中心是空间排序上的第一，是相对的第一。即安全生产在企业管理中的位置是绝对的第一。安全生产管理的重要性主要体现在以下三个方面。

一、安全是信誉

企业的信誉表现在企业对员工安全保障的信誉。在发电企业生产中，员工对安全的需要是最基本的诉求，而且他们对安全的需要将一直伴随着他们的工作和生活。如果企业一旦失去对员工人身安全的保障能力，员工就会失去安全感，进而对企业失去信心。如某个发电企业连续两年发生电气短路的人身事故，造成两个员工死亡和两个重伤，这时就会出现员工纷纷辞职的现象。这是因为，不能保证员工的人身安全，也就丢失了企业对员工保障的信誉，丢失了企业竞争力的基础。因此，保证人身安全是企业信誉的第一要求。

另外，企业的信誉又表现在市场的信誉，没有可靠的产品质量，没有良好的服务，就没有良好的市场信誉。可见，安全可靠的设备运行是产品质量和服务的保障，是企业的市场信誉。安全健康的工作环境是员工的信誉，员工的信誉和市场的信誉就构成了企业的信誉，就是企业的综合信誉。

二、安全是竞争力

市场经济条件下，企业的效益是在市场竞争中获取的。电力体制改革后，市场竞争日益加剧，企业一旦失去竞争力，就会被市场抛弃。市场的竞争不外乎质量、价格、服务三方面的竞争。发电企业的产品是电，电压、频率和波形是电能质量的标志。稳定的电网电压是靠各发电企业提供可靠的无功电力来保障的，这就要求发电设备必须安全可靠；稳定的电网频率是靠各发电企业提供可靠的有功电力来保障的，这同样要求发电设备的安全可靠。没有安全生产的保证，就不会有设备的安全可靠，发电企业就没有可靠的产品质量。

发电企业服务社会的标志是提供安全、充足、绿色的能源。如果没有安全生产作保障，企业就无法提供充足的电能，没有环保设备的可靠运行，企业提供的电能就会带来污染；没有安全生产的保障，发电企业的产品质量和服务质量就无从谈起，失去了质量和服务，发电企业也就失去了竞争力。

三、安全是效益

企业的效益来自于市场的信誉和竞争力，安全生产是基础，经济效益是中心，这是企业安全与效益的关系。安全与效益的关系是全部工作的目的和归宿，安全是提高经济效益的基础和前提，没有安全就没有效益。但是，安全不等于效益。事实证明，效益与安全是企业的两项根本性任务，安全是手段，效益是目的，企业领导必须坚持两手抓，两手都要硬。要以安全保效益，以效益促安全，不能顾此失彼，也不能厚此薄彼。

综上可知，安全是企业的信誉，安全是产品质量的保障。质量和信誉是企业的竞争力，企业有了竞争力，就会赢得市场，赢得市场就会创造效益。当安全与效益发生矛盾时，应把安全放在第一位，在保证安全的前提下增加效益、加快进度。不讲安全只追求效益，所取得的效益只能是眼前的利益，而一旦发生事故企业就会加倍付出代价。因此，从管理者到员工都应提高对安全生产重要性的认识，时刻将安全、效益、信誉和企业竞争力统一起来，在安全管理上要有统一的"大安全"意识，不论是领导还是员工，不论是主业还是辅业，不论生产还是经营，不论基建还是技改，在保证安全方面都应该具有统一的理念，并进行统筹安排。

第二节　发电企业安全生产管理历程

安全管理就是通过管理的手段实现控制事故、消除隐患、减少损失的目的，使劳动者有一个安全、舒适的工作环境，使企业、设备达到安全水平。安全管理伴随着工业生产而出现，又随着生产技术水平和企业管理水平的提高而不断发展。

人类的发展历史一直伴随着人为或意外事故和自然灾难的挑战。从被动承受到学会"亡羊补牢"，都是凭经验应付。直到近代才具有"预防事故发生"的意识，直至现代才具有全新的安全理念、观点、知识、策略和行为。人们以安全系统工程、本质安全化的事故预防科学和技术，把对"事故忧患"的颓废认识变为自身对安全科学的缜密思考；把现实社会"事故高峰"和"生存危机"的自扰情绪变为抗争和实现平安康乐的动力，最终创造人类安全生产和安全生活的安康世界。

在人类历史进程中，包含着人类安全生产哲学即人类安全活动的认识论和方法论的发展与进步。安全认识论和方法论的发展过程见表 1-2。

表 1-2　　　　　　　安全认识论和方法论的发展过程

阶段	时　代	技术特征	认识论	方法论
1	工业革命前	农牧业及手工业	听天由命	无能为力
2	17 世纪~20 世纪初	蒸汽机时代	局部安全	亡羊补牢，事后型
3	20 世纪初~20 世纪 50 年代	电气化时代	系统安全	预防型
4	20 世纪 50 年代以来	宇航技术与核能	安全系统	综合对策及系统工程
5	20 世纪 90 年代以来	信息化时代	大安全观	安全管理

发电企业的安全生产管理历程是随着安全管理的发展而不断发展的，可以将发电企业的安全生产管理历程概括为以下几点。

一、被动型的安全状态

在远古时期，人们对待事故及灾难只能听天由命，无能为力，认为命运是上天的安排，神灵是人类的主宰。因此，只能求上天保佑、神灵庇护，人们一直将关系安全生死的事件认为是宿命论。直至 17 世纪以前，即使农牧业及手工业得到了迅猛发展，但人们对于安全的认识仍然是落后和愚昧的，宿命论和被动承受是其显著特征，这是由人类古代安全文化所决定的。即使到现代社会，一些员工仍然处于被动管理的状态，他们认为"我的工作就是完成上级交代的任务"。这是一种被动性的安全状态，也称为消极的安全状态。

二、经验论与事后型的安全认知

随着生产方式的变更，人类从农牧业进入了早期的工业化社会——蒸汽机时代。在17世纪末～20世纪初的资本主义工业发展的早期，由于科学技术的发展，使人们的安全认识论提高到经验论水平，事故与灾害的复杂多样性以及事故严重程度的增加，使人类进入了局部安全的认识阶段。哲学上反映为建立在事故与灾难的经历上认识人类安全，有了与事故抗争的意识，学会了"亡羊补牢"的手段，在事故的策略上有了"事后弥补"的特征，渐渐的由被动管理向主动管理转变。

事前的预防和控制措施即为主动性的安全认知，即事前采取有效的事故预防和控制措施，使安全隐患得以有效控制而不转化为导致事故发生的、不可控的意外释放的能量。被动性即为事后的补救整改措施，虽然这种补救整改措施也是必须的，但毕竟是在承受苦果之后的无奈之举。尽管这是一种头痛医头、脚痛医脚的对策，但这种由被动变为主动，由无意识变为有意识的活动，对当时的人类安全来说已是极大的进步。这一时期，人们把事故管理等同于安全管理，仅仅围绕事故本身做文章，导致安全管理的效果具有很大的局限性。

三、预防型与本质论的安全管理思想

20世纪初～20世纪50年代，随着工业社会的发展和科学技术的不断进步，人类对安全的认识进入系统论阶段，认识到事故是可以预防的。方法论上强调生产系统的总体安全可通过各种技术手段来防止事故发生，事故策略从"事后弥补"进入"预防为主"的阶段。特别是工业生产系统中，在设计、制造、加工、生产过程中都要考虑事故预防对策，由于强化了隐患的控制，安全管理的有效性得到提高。

随着人类对高科技的不断应用，人类对安全的认识逐渐进入本质论阶段。人们建立了事故系统的综合认识，意识到了人员、机械设备、环境是事故的综合要素，主张工程技术硬手段与教育、管理软手段综合措施预防事故发生，从而在方法论上推行安全生产与安全生活的综合型对策，强调从人与机器和环境的本质安全入手，贯彻全面安全管理的思想、安全与生产技术统一的原则。安全管理进入了近代的安全哲学阶段。

四、超前预防的大安全观理念

20世纪90年代以后，人类社会进入信息化时代，随着高技术的飞速发展及应用，人们更加重视生命与健康的价值，逐渐认识到安全管理是人类预防事故三大对策之一。超前预防型的"大安全"综合安全管理模式逐步成为21世纪安全管理的发展趋势。这种高科技领域的安全思想和方法论大大推动了传统产业和技术领域安全手段的进步，推进了现代工业社会的安全科学技术发展，完善了人类征服意外事故的手段和方法。

现代安全哲学的主要特征：

（1）全面安全管理的思想，安全与生产技术统一的原则，讲求安全人员–机械设备设计，推行系统安全工程。

（2）方法论上讲求安全的超前和主动。具体表现为人的本质安全指人不但要具备知识素质、技能素质、意识素质，还要从人的观念、伦理、情感、态度、认知、品德等人文素质入手，从而提出安全文化建设的思路。

（3）物和环境的本质安全化则是要采用先进的安全科学技术，推广自组织、自适应、自动控制与闭锁的安全技术。研究人、物、能量、信息的安全系统论、安全控制论和安全信息论等现代工业安全原理。

（4）技术项目中遵循安全措施与技术设施同时设计、同时施工、同时投产的"三同时"原则。

（5）企业在考虑经济发展、进行机制转换和技术改造时，安全生产方面要做到同步规划、同步发展、同步实施的"三同步"的原则。

（6）进行不伤害自己、不伤害他人、不被他人伤害、保护他人不被伤害的"四不伤害"活动，以及整理（SEIRI）、整顿（SEITON）、清扫（SEISO）、清洁（SEIKETSU）、素养（SOYOU）的"5S"活动，生产现场的工具、设备、材料、工件等物流与现场工人流动的定置管理，对生产现场的"危险点、危害点、事故多发点"的"三点"控制工程等超前预防型安全活动，推行安全目标管理、无隐患管理、安全经济分析、危险预知活动、事故判定技术等安全系统工程方法。

第 二 章

安 全 生 产 理 论 分 析

无论对企业的经营者还是普通员工，安全生产管理的重要性是容易理解和接受的，然而安全生产的理论对于很多人是陌生的，本章将结合发电企业的实际作业情况以及机械和人员特点，从能量运动理论的视角，介绍本质安全相关原理及概念，为发电企业本质安全管理从理论上奠定基础。

第一节　生产过程的理论描述

生产过程是为了获得某种产品或完成某项任务所从事的一种活动，这种活动的实质是一个能量运动过程。因此，把生产广义地定义为一种能量运动过程，而能量运动过程包括能量传递和能量转换。在能量运动过程中，有时能得到我们希望的结果，有时则出现不希望的结果。把前者定义为安全，是一种按照人们意愿的能量运动，即能量的受控释放；对于后者，将其定义为事故，是一种违背人们意愿的能量运动，即能量的不受控释放。

为了对生产过程的能量运动与本质安全进行结构性分析，其相关概念阐述如下：

（1）能量运动（Energy Motion）：通常是指能量由一种形式转化为另一种形式，或从一侧传输到另一侧的过程。

（2）生产（Production）：通常是指人类创造财富的活动过程。用能量运动的理论诠释，是指有目的的能量运动过程。

（3）安全（Safety）：通常是指没有受到威胁，没有危险、危害、损失。用能量运动理论诠释，是指生产过程中按照人们意愿的能量运动过程（即能量的受控释放过程）。

（4）事故（Accident）：通常是指造成死亡、疾病、伤害、损坏或其他损失的意外情况。用能量运动理论诠释，是指生产过程中违背人们意愿的能量运动过程（即能量的不受控释放过程）。

（5）危险（Danger）：通常是指某一系统、产品、设备或操作的内部和外部的一种潜在的状态，其发生可能造成人员伤害、职业病、财产损失、作业环境破坏。用能量运动的理论诠释，是指能量不受控释放的趋势，是作业系统中的客观存在。

（6）危险概率（Danger Probability）：通常是指造成人员伤害、职业病、财产损失、作业环境破坏的可能性。用能量运动的理论诠释，是指系统能量运动过程综合变动条件下某个危险被触及的概率，是对危险程度的量化描述。

（7）风险（Risk）：通常是指某一特定危险情况发生的可能性和后果严重度的组合，是发生损失或收益的不确定性。用能量运动的理论诠释，是指危险发生触及的不确定性。

（8）风险系数（Risk Ratio）：是指用来描述风险程度的一种方法。用能量运动的理论诠释，是指该危险发生触及的可能性。系统的风险系数是指系统危险发生触及的可能性，是对系统风险的量化描述。

（9）触及（Trigger）：通常是指因触动而激发起事物的一系列反应。用能量运动的理论诠释，是指生产过程的人员、机械设备、环境各因素中，任意两个及以上危险的相遇且产生能量的不受控释放。

（10）危险能量（Danger Energy）：是指危险被触及时所释放出的能量。

（11）能级指数（Energy Level Index）：用能量运动的理论诠释，是指描述生产过程中能量运动在单位时间内释放的能量。能级指数越高，单位时间内释放的能量就越大。

（12）正能级指数（Positive Energy Level Index）：用能量运动的理论诠释，是指安全生产状态下能量正常释放的强度。

（13）负能级指数（Negative Energy Level Index）：是对危险能量的量化描述。用能量运动的理论诠释，是指事故状态下对故障点所释放的能量强度，即系统存在的能量可能发生不受控释放的最大强度。负能级指数的高低决定风险的严重程度。负能级指数越高，风险越大。

（14）直接性安全措施（简称直接措施）（Direct Technical Safety Measures）：用能量运动的理论诠释，是指直接在设备上采用的各种安全有效的阻断和隔离方法，是提高系统本质安全能力的主要措施（又称硬措施）。直接性风险管控措施大多属于技术手段，如电气作业中的停电、验电、装设地线、装设遮栏等均属于直接性措施。

（15）间接性安全措施（简称间接措施）（Indirect Technical Safety Measures）：用能量运动的理论诠释，是指采用提示性的方法间接提高系统本质安全能力的辅助措施（又称软措施）。间接性安全技术措施是一个辅助措施，包括工作组织的监护措施、旁站措施等。间接措施只能作为一种补充措施，理论上讲间接措施并没有改变系统配置，达不到提高系统本质安全水平的目的，但对降低人因失误概率、提高人的本质安全水平有重大作用。

（16）安全级作业（Safe Level Operation）：是指机械设备和环境具有很高的本质安全能力，不需要改变系统配置就可以实施作业，在此作业中只要控制人的失误就可保证安全可控。

（17）安全作业（Safe Operation）：是一种理想作业状态，即人员、机械设备、环境都具有极高的安全水平，任何情况都不会发生事故。

（18）次安全级作业（Secondary Safety Operation）：是指机械设备和环境不具备安全级作业的条件，需要采用直接性安全措施，改变系统配置使之达到安全级作业条件。在此作业中管理者要重点关注直接性措施的可行性。

（19）危险级作业（Dangerous Level Operation）：是指系统本质安全能力达不到安全级作业条件，需要直接措施与间接措施相结合来提高系统的整体安全指数，进而维持作业的正常进行。如果在作业过程中，间接性的安全措施被不折不扣地执行，危险级作业可以转换为安全级作业。

（20）危险作业（Danger Operation）：无论采用什么样的措施，系统的本质安全能力均达不到安全级作业条件。

第二节　生产过程的能量运动数学模型

一、生产过程的数学模型

从能量的角度诠释，生产就是以获得产品为目的的能量运动过程，简单的解释就是有目的的能量运动。作为一个有目的的能量运动过程，自始至终贯穿着时间概念，即生产是与时间 t 相关的函数，用 p 代表生产，则 p 是时间 t 的函数，记为 $p(t)$。

生产过程作为能量运动过程，包含按照人们意愿的能量运动过程即安全和违背人们意愿的能量运动过程即事故，可以说生产过程是安全过程与事故过程的总和。即生产过程的数学模型表征是生产过程=安全过程+事故过程，用数学模型表示为

$$p(t)=s(t)+f(t) \tag{2-1}$$

式中　t ——时间（Time）；

　　p ——生产（Production），p 是时间 t 的函数；

　　s ——安全（Safety），$s(t)$ 表示安全过程与时间 t 的函数关系；

　　f ——事故（Failure），$f(t)$ 表示事故过程与时间 t 的函数关系。

当 $f(t)=0$，即 $p(t)=s(t)$ 时，事故过程的能量为零或者没有发生事故，整个生产过程就是安全生产的过程，此时的生产就是安全的生产。

当 $s(t)=0$，即 $p(t)=f(t)$ 时，安全生产过程的能量为零，此时的生产就是事故过程。

二、生产过程的能量运动数学模型

生产是一个能量运动过程，其总能量可分为安全能量和事故能量。生产过程中的能量运动可用数学模型加以描述，即

$$E=P+D \tag{2-2}$$

式中　E ——生产过程总能量；

　　P ——受控的能量释放总量；

　　D ——不受控的能量释放总量。

生产过程、安全过程和事故过程都是时间 t 的函数，对生产的某一个过程描述即是分别对 E、P 和 D 的时间 t 进行求导，则

$$\frac{\mathrm{d}E}{\mathrm{d}t} = e \qquad (2-3)$$

$$\frac{\mathrm{d}P}{\mathrm{d}t} = p \qquad (2-4)$$

$$\frac{\mathrm{d}D}{\mathrm{d}t} = d \qquad (2-5)$$

式中　e——生产的能级函数；

　　　p——正能级函数；

　　　d——负能级函数。

第三节　作业风险的量化

一、危险的量化——危险概率

根据系统的组成元素将事故发生的原因分成人员、机械设备、环境三大类，系统中可导致事故发生的原因越多，相互之间耦合的概率越大，最终诱发事故的可能性就越大。

引入描述危险被触及的可能性即危险概率，是系统能量运动过程中综合变动条件下某个危险被其他危险触及而造成伤害的可能性。在一个系统中，各个危险概率通过逻辑加构成了系统的危险概率，用数学关系表示为

$$K_{ds} = K_{d1} \oplus K_{d2} \oplus K_{d3} \oplus \cdots \oplus K_{dn} \qquad (2-6)$$

式中　K_d——系统中某一个危险的危险概率；

　　　K_{ds}——系统的危险概率。

同时，可从另一角度，根据事故发生的原因对危险概率进行分类，从事故原因分类的角度来重新表示。系统的危险概率 K_{ds} 是人员危险概率、机械设备危险概率、环境危险概率三者相互耦合、相互作用的结果，可用逻辑加的方式来表示系统的危险概率与人员、机械设备、环境三者之间关系，其数学描述式为

$$K_{ds} = K_p \oplus K_m \oplus K_e \qquad (2-7)$$

式中　K_p（person）——人员危险概率，主要指的是人的自身失误所造成危害的可能性，即人的不安全行为；

　　K_m（machine）——机械设备危险概率，即指作业中作业工具及作业设备存在的危险所造成危害的可能性，泛指物的不安全状态；

　　K_e（environment）——环境危险概率，即作业环境存在的危险所造成的危害的可能性，泛指环境的不安全因素。

系统的危险概率只是一个理论上的概念,在具体的生产实践中没有太多的运用价值,对于系统的风险管控主要是分析它的各个危险的风险系数。

对危险概率的量化可通过下列事例加以说明:

22kW 水泵电动机轴承更换作业,在作业过程中的危险点包括设备触电,设备机械伤害,走错间隔,人员思想状态不稳,砸伤、碰伤、划伤,烫伤,临时电源触电等。

其中的触电风险,是必须通过直接措施加以消除的危险点,防止触电发生的措施包括停电需要采取拉开断路器、拉开隔离开关、在隔离开关上挂"有人工作、禁止合闸"牌三项措施,其中任何一项都必须认真执行,缺少任何一项就不具备工作条件,故这三项措施每一项的危险概率都应为 1;对其中的人员思想状态不稳这一危险点而言,在作业过程中,作业者可以通过自我调整对自己的心理状态进行把控,故为低风险,它的大小就是人的失误率,万分之一,即 0.000 1 以下。

二、危险能量的量化——负能级指数

危险触及所能释放的最大能量大小决定了危险的严重程度,若要将这一严重程度进行量化,需引入负能级指数这个概念。

在事故的状态下,$P = \int_0^t p\mathrm{d}t = 0$,即受控运行的能量总值为 0。

在事故条件下,则可得

$$E = D$$

$$\int_0^t e\mathrm{d}t = \int_0^t d\mathrm{d}t \tag{2-8}$$

$$D = \int_0^t d\mathrm{d}t \tag{2-9}$$

式中　　D ——事故过程中所释放的能量;

　　　　d ——事故过程中所释放的能量函数,对 d 进行求导得到 d',再对 d' 求解其函数的最大值 d'_{max}。即是事故状态下,释放的最大能量强度,将其定义为负能级指数,在实际运用中通常不用 d'_{max} 表示,只用 d 代表。系统的负能级指数是对危险能量的描述,它决定了作业的危险程度。

负能级指数是对某一个具体危险的危险能量的描述,它无法针对系统进行描述,对系统的风险分析还是体现在系统的风险系数上。

同样以 22kW 水泵电动机轴承更换作业为例,对其中的设备触电风险来说,人一旦触电,电流通过人体内部,使人体组织受到伤害。这种伤害的危险性很大,使人的心脏、呼吸机能和脑神经系统都受到损伤,甚至引起死亡。故对人体构成严重的伤害,其负能级指数可定为 1;对其中的烫伤风险来说,皮肤是人体的保护组织,防止细菌等侵入。一旦烫伤,这个功能即失去一部分,且烫伤部位极易感染,会对人体的健康造成危害,对其危险程度低于触电，且及时处理尚能治愈，故其负能级指数可定为 0.1。

三、风险的量化——风险系数

在生产过程中，科学有序地综合控制 K_d 和 d 是对生产过程不受控能量释放的有效预防措施，通过对不受控能量释放可能性的辨识、评估、预警并采取有效的措施实施控制，达到对 $K_d \times d$ 的可控，这就成为在实际中进行下一步风险管控工作的核心。

$K_d \times d$ 反映了系统存在危险触及的可能性，在此引入系统风险系数（Risk Coefficient）的概念，即作业系统存在危险触及的可能性，采用公式为

$$R_r = K_d \times d \tag{2-10}$$

式中　R_r——风险系数；

K_d——危险概率；

d——负能级指数。

同样，一个系统中的风险系数同样是由系统中一个个具体的风险构成，用数学式表示为

$$R_{rs} = R_{r1} \oplus R_{r2} \oplus R_{r3} \oplus \cdots \oplus R_{rn} \tag{2-11}$$

式中　R_{rs}——系统的风险系数；

R_r——某一具体的风险系数。

对于风险系数的计算方法，下面通过对 22kW 水泵电动机轴承更换作业中人员思想状态不稳的风险量化进行说明。

在 22kW 水泵电动机轴承更换作业中，人员思想状态不稳危险点，在作业过程中，作业者可以通过自我调整对自己的心理状态进行把控，故其为低风险。它的大小就是人的失误率为万分之一，即 0.000 1 以下。故其危险概率之和为 K_d=0.000 1；由于人员思想状态不稳可能造成操作中的疏忽大意，对员工的身体健康造成严重的伤害，故将其负能级指数定为 1。按风险系数定义式（2-10），人员思想状态不稳的风险系数为

$$R_r = 0.000\ 1 \times 1 = 0.000\ 1$$

故 22kW 水泵电动机轴承更换作业中，人员思想状态不稳的风险系数为 0.000 1。

四、作业风险量化的意义

作业风险量化是判断作业是否可以实施的基础。通过作业风险量化可以有效地判断此作业是否存在高风险，风险是否得到有效的控制（具体算法在第三章），即是否已经创造并保持了安全级作业条件，以此判断作业是否可以实施。

作业风险量化的基础是作业前的危险点分析，只有准确地分析了危险点，才能有效地消除危险点，判断危险点是否得到有效的管控，它的根据就是风险量化的结果。

目前，常用的风险衡量指标（也可称为风险量化）是风险度，风险度（R）等于风

险发生的可能性（*L*）与风险后果严重性（*S*）的乘积，见表 2–1。即

$$风险度（R）=可能性（L）×严重后果性（S）$$

表 2–1　　　　　　　　　　　风 险 度（*R*）评 估 表

可能性（*L*）		频繁	可能	偶尔	很少	不可能
		A	B	C	D	E
严重性（*S*）	灾难性（Ⅴ）	25	20	15	10	5
	严重（Ⅳ）	20	16	12	8	4
	中度（Ⅲ）	15	12	9	6	3
	轻微（Ⅱ）	10	8	6	4	2
	可忽略（Ⅰ）	5	4	3	2	1

风险度适应作业的宏观风险评估，它是对作业系统固有风险进行评估。缺乏如何改变系统配置、提高系统的本质安全水平的指导。

针对具体作业微观的作业风险评估，采用风险系数 $R_r=K_d×d$ 的方法，分别对人员、机械设备、环境存在的危险进行辨识，再进一步计算风险系数，采取措施把系统的风险系数降到可控的范围之内，则可以认定已经达到了"创造并保持安全级作业条件"的作业标准。

从理论上讲，风险度（*R*）=可能性（*L*）×严重后果性（*S*）和风险系数 $R_r=K_d×d$ 的方法有较高的相似性，其中风险系数（R_r）和风险度（*R*）相对应、危险概率（K_d）和风险发生的可能性（*L*）相对应、负能级指数（*d*）和风险后果严重性（*S*）相对应。

风险系数方法的应用，体现了从结果管理变为因素管理的风险管控理念，是因素代替后果的超前控制理论，可直观量化系统的最大风险。

第四节　本　质　安　全

一、本质安全理论

1. 本质安全的由来

本质安全一词源于 20 世纪 50 年代世界宇航技术界，主要指电气设备具有控制能量释放，避免引燃燃爆性物质的安全性能。1978 年，英国化工安全专家提出了一种理念，即事故预防的最佳方法不是依靠附加安全设施，而是通过消除危险或降低危险程度来取代安全装置，从而降低事故发生的可能性和严重度，并将其称为本质安全。

我国有关本质安全的研究起源于 20 世纪 50 年代电子产品的可靠性研究，在学术上明确提出本质安全概念是在 20 世纪 90 年代。自 20 世纪 90 年代以来，我国对本质安全的研究已经从最初的设备、技术方面的本质安全，逐步向生产系统和企业管理方面的本

质安全发展。

2. 本质安全的定义

本质安全是指生产系统在对应状态下所固有的安全水平（一般情况下以指数计算），系统的本质安全水平取决于风险系数 R_r 的高低。在生产系统中，系统的配置一旦确定，所对应的危险概率 K_d、最大负能级指数 d 就会确定，系统所具有的安全水平也就随之确定。系统一旦发生变化，危险概率 K_d 和系统最大负能级指数 d 就会发生变化，系统固有的安全状态就会发生变化。

应用本质安全管理对生产系统各个环节所对应的危险概率 K_d 和系统最大负能级指数 d 进行分析，查找系统中的危险环节，针对危险的环节，对系统的配置进行改进，消除危险就可提升生产系统的本质安全水平，将系统的风险系数 R_r 降低到可控状态。

本质安全管理的另一个过程是评价，对降低危险概率 K_d 和系统最大负能级指数 d 所采取的技术措施、组织措施以及这些措施实施的可能性进行综合分析，进一步评价措施的可靠性。

3. 本质安全的演化模式

从本质安全的实现机制中可以看出，本质安全实现的过程实际上是系统和谐性实现的过程，是人类对事故成因认识水平上逐步提高的过程。客观地讲，人类对事故成因的认识主要经历了三次历史性的跨越，为本质安全管理理论的提出奠定了坚实基础。

（1）第一次跨越：技术致因论。在这次跨越中，人们从事故不可抗力学说转变为事故技术致因说，认为事故成因于技术本身的不可靠性。由于一种技术本身就有缺陷，所以应用该技术制造的机械也会不可靠，人们在使用这类机械时则会造成事故。这个阶段的研究主要集中于如何采用可靠的技术设计安全可靠的机械设备，从而消除机械运转故障导致的事故。

（2）第二次跨越：行为失误论。在这次跨越中，人们对事故成因认识有了进一步发展，认为事故是由于人为因素和技术因素耦合的结果，其中人为错误起主导作用，即操作者的行为失误和认识缺陷是事故的主因。因此，这个阶段的研究主要是如何改变和规范人的行为问题，主要措施是通过规范管理、制度和立法来改变人的不安全行为。各国针对高危行业制订了大量的法律法规、技术规范来约束和规范人的行为。

（3）第三次跨越：系统不和谐性耦合论。这次跨越开始于 20 世纪 90 年代，随着企业文化及安全文化研究的蓬勃发展，研究者和实践者认识到处于高危行业的员工执行任务时并不只是单纯地与工具、设备及仪表等技术因素打交道，而是以团队形式相互协作完成任务，会受到情绪化和社会化因素影响，安全文化扎根于每个人心中，影响每个人的安全观念、行为，系统安全性最终取决于系统内外部交互作用和谐性的耦合结果。技术的措施只能实现低层次的基本安全，管理和法制措施尽管可以实现较高层次的规范安全，但要实现根本的安全，最终出路还在于实现系统和谐。从此人类对安全的认识进入到本质安全阶段。

4. 系统本质安全能力的理论计算

从定义上看，作业系统的本质安全水平和系统的风险系数是一对对应概念，两者都是运用系数计算得出的。一般来说，系统的风险系数越高，本质安全水平就越低。随着系统风险上升，系统的风险系数不断地提高，本质安全能力降低，同时本质安全水平就随之下降。当系统的风险系数达到 1 时，再谈系统的本质安全水平就失去了意义。

根据上述特征，系统的本质安全水平（系数，Intrinsic Safety）与系统的风险系数关系可用下列数学公式表示，即

$$I_s = (1 - R_r) \times 100\% \tag{2-12}$$

二、本质安全思想

本质安全作为一种理论，分析量化作业系统的安全能力。同时，本质安全又是一种思想，作为一种思想比起作为一种理论更有意义。

1. 本质安全思想是一种预防为主的思想

能量在生产过程中是不可缺少的。在正常的生产过程中，能量受到各种因素的约束和限制，按照人们的意志流动、转换和做功。但如果由于某种原因使能量失去了控制，超越了人们设置的约束和限制而意外地逸出或释放，则可导致事故的发生。无论是人的因素、设备的因素还是环境的因素，它们在同一时空坐标中运动，只要时空长度进行足够的延展，人的因素、物的因素、环境的因素其中任意两者就有可能触及，当两个或两个以上的因素触及时，能量便失去了控制，超越其约束和限制，导致意外的逸出或释放。任何作业中都存在着能量的转化或转移，一旦发生能量的不受控释放就可能导致事故的发生。

本质安全思想从理论上揭示了任何作业都是有风险的，任何风险都是可以预控的。因此，它是一种预防为主的思想。

2. 本质安全思想是全方位解决安全问题的思想

为了有效反映系统危险触及的可能性，引入了系统的风险系数这一概念，并将风险系数定义为作业系统危险触及的可能性。系统的风险系数不仅取决于危险发生的概率，还取决于作用于事故点上的最大负能级指数。因此，对系统风险的控制应从危险概率与负能级指数两个方面着手，体现了本质安全思想是一种全方位解决安全问题的思想。

3. 本质安全思想是没有借口的管理思想

直接性风险管控措施采用各种安全阻断或隔离等防护手段，从根本上改变系统中各组件的配置方式，使危险概率与负能级指数降低，提高系统的本质安全能力；间接措施作为一种补充措施，采用安全规定及设置（警示）标志提醒或规范人员行为，降低人的失误概率，间接提高系统本质安全水平。

从本质安全思想可以看出，一切生产活动中的风险都是可控的，事故的发生不能以无法采取预防措施为借口。因此，本质安全思想是一个没有借口的管理思想。

4. 本质安全思想是一种不留管理隐患的思想

直接性风险管控措施大多属于技术手段，如电气作业中的停电、验电、装设地线、装设遮栏等。落实直接性风险管控措施要求将着眼点放在技术手段之上，利用技术能力来提升系统的本质安全能力；间接措施包括工作组织的监护措施、旁站措施等各种措施，强调现场劳动组织纪律，提高作业的标准化与规范性。要有效落实相应的间接措施必须提高执行能力，严格按照规程执行并落实。

本质安全思想说明了直接措施的实施靠技术能力，间接措施的有效靠执行能力，能够有效地克服安全生产中的形式主义，是一种不留管理隐患的思想。

5. 本质安全思想是一种实事求是的思想

安全措施一般是为提高系统的本质安全能力所采用的手段，完备的安全措施是指为达到系统安全可靠所采用的一系列手段的总和。一个完备的安全措施包括直接措施和间接措施，直接措施能够直接提高系统的本质安全水平，采取阻断和隔离的方法消除系统的危险，降低系统的危险概率和负能级指数；间接措施是保证技术措施实施的制度和监督方法，可以对直接措施进行补充完善。但无论是直接措施还是间接措施都无法提升人的工作能力，有效地降低人的失误的概率。

本质安全思想揭示了完备的安全措施尚不能解决人的失误的原理，是一种实事求是的思想。

三、本质安全思想的意义

1. 消除安全意识的误区

安全意识就是想安全、会安全。想安全的关键是从实际出发，解决安全生产中的问题，本质安全思想的核心就是实事求是的思想，仅靠直接的安全措施尚不能解决人的失误的原理，要想控制风险管控中人的失误，就必须从人的思想上解决问题，让安全第一的思想深入人心，让第一责任意识深入人心。

本质安全思想有助于消除管理者的借口，从机理上抓住风险管控的要点，揭示制定和落实直接措施首先需要技术能力。直接措施是硬措施，需要管理者决策力和担当精神；间接措施是软措施，但绝不是绵软的懦弱无刚，而是滴水穿石，需要的是执行者的耐心和细致，间接措施虽不需要技术能力，但绝不是部分管理者推卸责任的挡箭牌。这就是本质安全思想的关键所在。

本质安全思想是坚持以人为本的思想，揭示了安全为了人，同时安全要依靠人的理念。

2. 有助于安全理念的更新

（1）本质安全思想是一种预防为主的思想。它指出了所有作业都存在危险，所有的风险都是可以管控的。本质安全理念认为，所有事故都可以预防和避免：一是人的安全可靠性，二是物的安全可靠性，三是系统的安全可靠性，四是管理规范和持续改进。这既能消除操作者的麻痹思想，同时又能树立风险管控的信心。

（2）用直接措施解决问题，以直接措施提高系统的本质安全水平，这既是本质安全理论，也是本质安全思想。

（3）管控系统不仅要控制危险发生的概率，还要控制危险的负能级指数。

第五节　事　故　成　因　理　论

一、危险的轨迹交叉

作业存在危险是一个固然的存在，只要有能量运动就必然有这种趋势的存在，这就是生产作业中危险无处不在的客观事实。

所有人的不安全行为、物的不安全状态、环境的不安全因素，都是危险的来源。物的不安全状态和环境的不安全因素存在的危险是作业系统固有的危险，只要有生产作业，这种危险就必然随之而来。用逻辑函数表示为

$$d = f(t)$$

从事故成因理论分析，任何两个以上的危险都有可能相遇即两条危险曲线的交叉，见图2–1。

（1）坐标是一个四维空间，由三维空间和时间 t 构成。X、Y、Z 组成的三维空间和时间 t 均无限延伸。

（2）d_1 和 d_2 是在四维空间中的危险，即为人的不安全行为、物的不安全状态、环境的不安全因素。

（3）在 X、Y、Z 组成的三维空间和时间 t 无限延伸的前提下，任何两条曲线都有交叉的可能，即其交叉的必然性。

（4）从几何学上讲，在四维空间下，任何两条有限长度的曲线交叉的可能性较小，这是事故发生是小概率事件的原因。

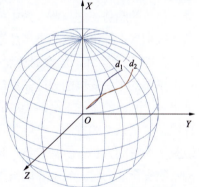

图 2–1　d_1 和 d_2 曲线相交

二、危险的触及

危险的轨迹交叉是形成事故的第一个先决条件，而危险的触及是形成事故的第二个条件。所谓危险的触及是指系统中两个以上的危险轨迹交叉，并产生能量的不受控释放。触及绝不是碰撞，而是一种相遇，有其偶然性，也有其必然性。

在传统的三维空间下，由于只涉及空间而没有时间的变化，危险因素的运动轨迹只

是以点的方式运动，因而无法充分说明危险因素运动轨迹相互触及诱发事故成因的特点。因此，引入时间变量 t，当考虑时间变量 t 后，危险因素的运动轨迹就不再是一个个的点，而是由一系列的点所组成的曲线。

在空间+时间的四维空间中，各种危险因素的运动轨迹相互共存，只要有任意两条曲线不平行、只要时空维度向下继续延伸，在某一时空位置处必然发生危险因素的触及而导致事故的发生，我们将事故的这一性质称为危险触及的必然性；同时，由于作业过程中危险因素的多元性，所以无法准确预知何时何地哪两个独立的危险因素发生触及造成事故，将事故的这一性质称为事故偶然性。

三、危险触及的条件

1. 第一个条件：两条以上的危险曲线交叉

从危险概率的角度出发，无论是利用直接措施消除的危险，还是采用间接措施控制的风险，危险发生的概率值一定存在。用轨迹交叉论解释即是人员–机械设备、人员–环境、人员–人员、机械设备–环境、机械设备–机械设备、环境–环境两条或两条以上危险曲线，延伸到足够长时间跨度时，必定会发生相交现象。一个危险与另一个危险的轨迹交叉，即一个危险与另一个危险相遇，为危险的触及创造了第一个条件。

2. 第二个条件：危险具有足够的能量

危险通常是指某一系统、产品、设备或操作的内部和外部的一种潜在的状态，可能造成人员伤害、职业病、财产损失、作业环境破坏。用能量运动的理论诠释是指能量不受控释放的趋势，是作业系统中的客观存在，只有危险具有足够能量，它才会有相应的负能级指数，是事故状态下产生破坏的又一基本条件。

3. 第三个条件：危险的负能级指数大于系统的本质安全能力

系统的本质安全能力即系统的安全指数，也就是系统在对应状态下所具有的本质安全水平。系统的本质安全能力越强，抗冲击能力越强。组成系统的是人员、机械设备、环境，这个系统的本质安全能力不仅取决于人员、机械设备、环境各自的能力，同时也取决于系统的人员、机械设备、环境之间的和谐。只有当危险的负能级指数，大于系统的本质安全能力时，危险才能被触及。

比如，同样的地震有的房屋发生倒塌，有的房屋完好无损；又以人体坠落为例，从同样高度的高处坠落，老人和年轻人所受的伤害程度肯定存在差异，这就体现了伤害程度取决于危险的负能级指数是否大于系统的本质安全能力。作业风险管控图如图2-2所示。

四、防止危险触及的方法

（1）危险辨识是基础，做到危险可见。危险辨识是电力企业安全管理的基础与首要环节。如果电力企业安全风险辨识不清，则无法对风险进行控制。电力企业开展危险辨

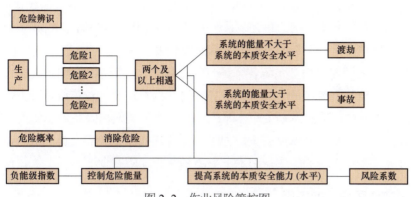

图 2-2 作业风险管控图

识，应遵循以下指导原则。

1）目的性原则：危险辨识工作要以风险控制、提高系统的本质安全能力为最终目的，将危险辨识工作最大程度地结合到日常管理工作中。

2）充分性原则：针对电力企业生产设备设施多样、现场作业过程复杂、作业岗位众多的特点，从全方位、多角度对危险进行辨识，重点辨识潜在风险，难点是查找动态风险，从而确保查找到的危险点全面、准确。

3）准确性原则：在辨识的过程中要准确反映现场危险点的情况，必须考虑已经采取的安全措施及其有效性，最大程度地实现现场风险管控的精细化、规范化管理。

4）系统性原则：危险存在于人员、机械设备、环境，而事故的产生则是危险的触及，为此危险辨识不仅要辨识危险的存在，同时要辨识危险的触及条件。辨识危险的触及条件，正是需要系统分析危险的存在，即系统性原则。

5）动态控制原则：危险是随时间、地点变化的，对危险的控制也应该是动态的、超前的。现场中的危险因素因工作时间、地点、任务、性质等条件的变化而变化，且相同的危险点也有可能存在于不同的作业过程中，因此力求从多角度、全方位全面辨识所有潜在风险因素，并对危险点进行全过程的监管。

（2）控制风险是目的，用好风险量化。风险量化是在危险辨识的基础上，对该危险可能导致的影响或损失的严重程度进行定量的、充分的估计和衡量，是进行发电企业安全管理的一项重要内容。

风险量化操作方法有很多，但无论何种方法，其共同的目标都是通过已有的组织信息找出作业面临的风险及其影响程度，以及目前安全水平与组织安全需求之间的差距。本书提出风险系数作为风险量化的工具。

进行风险量化的基础是大量的历史资料统计与工作实际经验的积累，因此相关的风险管理人员必须搜集和保存适当的资料，在资料齐全的基础上做好对危险概率和负能级指数的合理估计。

（3）提高本质安全能力是根本，改变系统配置。系统的本质安全水平取决于风险系数的高低，系统的配置一旦确定，所对应的危险概率 K_d、最大负能级指数 d 就会确定，系统所具有的安全水平也就随之确定。系统一旦发生变化，危险概率 K_d 和系统最大负能级指数 d 就会发生变化，系统固有的安全状态就会发生变化。

应用本质安全管理对生产系统各个环节所对应的危险概率 K_d 和系统最大负能级指数 d 进行分析，查找系统中的危险环节，针对这些危险环节，对系统配置进行改进，消除危险，达到提升生产系统本质安全水平的目的，将系统的风险系数降低到可控状态。

当需要提高某一系统的本质安全能力时，需要从构成系统的人员、机械设备、环境入手，通过改变系统本身的配置从根本上提高系统的本质安全能力。

五、事故成因理论的应用

1. 在事故预防方面的应用

（1）事故成因理论阐述了单一的危险不会形成事故。危险是伴随作业固然的存在，是不可回避的矛盾。但危险不是事故，只有危险发生触及才能发生事故，从源头管控危险，防止危险的触及，就能有效地防止事故发生。

1）危险存在于人员、机械设备、环境，机械设备和环境的危险靠改变系统的配置实施控制，人的危险靠提醒性措施实施控制。

2）违章是人的不安全行为，是所有的危险中最容易被触及的危险，控制违章是管控事故的重点。

（2）控制危险交叉。虽然作业存在危险是一个固然的存在，但危险有其运行的规律，危险是时间的函数，即 $d=f(t)$。抓住危险的运动规律，有效地控制危险的交叉，是防止事故发生的另一个途径。

1）控制危险存在的数量：采取有效的隔离措施，直接措施为主，间接措施为辅。

2）缩短危险存在的时间：减少作业，减少作业时间。

（3）控制危险的能量。危险的能量所对应的是控制危险负能级指数。通过前面的分析知道，危险的负能级指数决定了作业的危险程度，有效地降低作业中危险的负能级指数，也是防止事故发生的又一途径。如高空作业加装安全网，就是降低高空坠落危险的负能级指数的有效方法。

同时，有些作业的负能级指数是无法控制的，由于作业中危险的负能级指数往往和生产中能量转换中的正能级指数是一个相关的量，即提高作业正能级指数的同时也就相应地提高了作业危险的负能级指数。如驾驶汽车中，汽车的行驶速度和行驶时危险的负能级指数是对应量，即提高行驶速度也就提高了风险的严重程度。为此高速公路限速120km/h，它的实质机理在于控制行驶作业的负能级指数。又如，发电企业工作现场将行驶速度控制在 5km/h（实践证明，此相对速度即使发生相撞也不会对人体产生伤害），它的机理也是在于控制行驶作业的负能级指数，保持现场的安全级作业条件。

（4）提高系统的本质安全能力。本质安全是指生产系统在对应的状态下所固有的安全水平，系统的组成是人员、机械设备、环境，任何一项都会影响系统的本质安全能力。机械设备和环境的本质安全能力是靠改变系统的配置来实现的，而人的本质安全能力则是靠提高人的安全意识来实现，人的安全意识则与人文、社会相关，因此，安全管理不仅是自然科学，同时也是人文科学和社会科学。

2. 在事故原因分析中的应用

提到分析事故，人们会联想到"四不放过"：① 事故原因未查清不放过；② 事故责任人未受到处理不放过；③ 事故责任人和周围群众没有受到教育不放过；④ 事故制定的切实可行的整改措施未落实不放过。从技术层面要解决的主要是①、②、④，③属于管理层面的问题。

（1）从人员、机械设备、环境中找到直接发生触及的危险。

危险伴随作业而生，危险的存在就具备了事故产生的必要条件，危险的交叉又具备了第二个必要条件，危险的负能级指数大于系统的本质安全能力又是第三个必要条件。当这三个条件同时具备时，就是事故产生的充分条件。按照这三个条件，首先盘点存在的危险，再确定交叉的危险。在交叉的危险中找出具有较大负能级指数的危险，以及与其直接交叉的危险，这些危险就是触及的危险。

（2）产生直接触及危险的原因就是事故的直接原因。通过前面的分析知道，危险是时间的函数，$d = f(t)$。从函数曲线交叉理论可以得知，危险的交叉首先是时间的交叉，即两个以上的危险在同一时间里相遇，而导致这些危险相遇的原因则是触及危险的直接原因。

（3）对事故的直接原因负责的就是主要责任者。导致危险相遇的直接或间接人则是事故的责任者。

（4）从控制危险、防止危险轨迹交叉、控制危险的负能级指数和提高系统的本质安全能力四个方面制定防范措施。

下面通过几则事故案例分析，分别从人员-机械设备、人员-环境、人员-人员、机械设备-环境、机械设备-机械设备、环境-环境来说明事故成因理论在寻找事故成因及事故预防方面的应用。

[案例一] 某电厂人身伤亡事故（人员-机械设备）

1. 事故经过

某厂燃料部煤控制室监盘人员发现皮带落煤斗出现煤槽堵塞报警，通知燃料部设备值班负责人丁某进行处理。丁某与值班人员石某、闫某（死者，机械普工）前往堵煤现场，发现落煤管积煤严重。随即从落煤管下部打开人孔门并拆开堵煤报警装置露出的孔进行冲洗。冲洗一段时间后不见疏通，石某前往落煤斗上部准备挂手拉葫芦，拟通过拉动缓冲胶皮的方式消除堵煤。由于落煤管下部人孔门被缓冲胶皮堵压住，闫某从导煤槽出口（约 0.76m 宽、0.805m 高、4.5m 长）爬进内部，打算掰动缓冲胶皮打开一个缺口，方便将手拉葫芦挂在缓冲胶皮上。

石某发现闫某进入导煤槽后立即报告正在巡检的李某，随即李某赶紧用手敲打导煤槽外壳多次叫闫某出来。站在一旁的丁某说："不要紧，没事的。"不到几分钟，就听到落煤管内有"哗啦"声响，积煤已落下，丁某立即爬进导煤槽救人，随后石某听到呼喊也爬进去救人，拉人未果后立即汇报公司，救援人员到达现场后发现人无法拉出，立即决定割断导煤槽处皮带进行急救，皮带割断后，闫某随着皮带滑落出来，经抢救无效死亡。

2. 事故原因分析

（1）触及点：人的不安全行为（闫某从导煤槽出口爬进内部，掰动缓冲胶皮）和物的不安全状态（落煤管中的煤有随时下落的可能）。

（2）危险触及：落煤管中的积煤下落，将闫某掩埋。

（3）直接原因：闫某的安全意识淡薄，掰动缓冲胶皮。

（4）主要责任者：闫某。

3. 防范措施

（1）规范上煤操作，减少堵煤的可能。

（2）强化作业前的危险点分析，做好预控措施。

（3）提高员工的安全意识，严格加强员工安全教育培训力度，建立员工自身风险预控管理机制。

［案例二］起重设备伤害事故案例（人员-环境）

1. 事故经过

某广告公司作业人员到工地现场进行宣传牌安装工作，安装高度为地面上 6.8m 到顶棚，安装位置为井架南侧自西向南第 3~4 根立柱。由于宣传牌安装时作业人员要站在竖井井架横梁上，与抓斗起重机纵移相互干扰，存在较大的安全风险。广告公司负责人和工地现场负责人交涉停工未果后，和当班抓斗起重机司机王某擅自约定不停工情况下的避让措施。

根据当时现场作业需要，抓斗起重机司机王某准备将二衬钢筋从渣仓内吊运至井底，其运行路线是先从渣仓纵移至竖井上方，再吊运至井底。在起重机启动前，司机王某按照约定鸣了三声长铃，但未走出驾驶室观察井架横梁上安装作业人员的作业状况和具体位置，便启动起重机。广告公司当时有 3 人在进行安装作业，其中 1 人未及时撤离危险区，被自东向西移动的桥式起重机挤在龙门架的第 3 根立柱和起重机天车之间。

2．事故原因分析

（1）危险触及点：人的不安全行为（广告安装人员进行安装作业）和环境的不安全因素（起重机在此进行作业）。

（2）危险触及：起重机的移动。

（3）直接原因：导致触及的因素即为直接原因。

（4）直接责任者：起重机司机、广告牌安装人员。

3．预防措施

（1）尽可能减少交叉作业。

（2）交叉作业不可避免时进行可靠的互保措施。强化起吊提升作业管理，无论何种起吊作业，严禁进行上下交叉重叠作业，其他人员必须先撤离起吊作业区。当必须在起吊区作业时，起吊司机必须停掉机器，离开操作室，待起吊区的作业完成并撤离人员后，才能重新进入起重机操作室。

（3）提高作业人员安全意识，真正认识危险级作业的危险，加强安全生产法制教育，加强施工纪律、劳动纪律教育，促使全体员工切实认识到遵章守纪的重要性。

［案例三］发电企业基建施工脚手架拆除造成人身死亡事故（人员–人员）

1．事故经过

某发电厂工程施工现场，架子工王某、马某拆除 11 号炉钢架 2m 柱顶部脚手板。马某、王某上到 8m 层发现 6.2m 层有 3 人在干活（电焊安装），告诉他们躲开，上边要干活（拆除脚手板），然后继续往上走，到达 28.9m 处，剪断固定脚手板 8 号铁线后，准备转到一侧再往下放，在准备转身时木板失手，木板掉在 8m 处的槽钢上折成两段，其中一段正好砸在 6.2m 层干活的郭某（男、35 岁、焊工、作业时未佩戴安全帽）头上，经抢救无效死亡。

2. 事故原因分析

（1）危险触及点：人的不安全行为（拆板人员失误导致木板滑落，未清理作业下方现场）和人的不安全行为（郭某等未听提醒离开现场、未佩戴安全帽）。

（2）危险触及：交叉作业中人的不安全行为发生触及。

（3）直接原因：拆板人员失误导致木板滑落，同时未清理作业下方现场；郭某未撤离现场且未佩戴安全帽，两者发生触及导致事故发生。

（4）直接责任者：拆板人员和电焊人员。

3. 预防措施

（1）坚决控制交叉作业，实施脚手架拆除时必须彻底把下方作业人员清离。上下交叉作业应有警戒、隔离措施。

（2）郭某应正确着装，佩戴安全帽。高处拆下的物料应采用安全绳绑牢传递，不得往下扔。违章是人的不安全行为，是所有的危险中最容易被触及的危险。

（3）加强安全教育培训，提高作业人员安全意识和事故防范能力。

［案例四］某电厂 1 号机组异常停运事件（机械设备–环境）

1. 事故经过

某电厂运行人员发现 1 号机组汽包水位异常，汇报值长，并派人到现场查看，发现汽包水位保护测点分别达到 252、251、254mm，达到汽包水位保护动作定值（250mm，延时 10s），锅炉 MFT（锅炉自动保护措施）。机组跳闸后，调阅 DCS（控制系统）曲线并进行现场检查，发现汽包水位调节测点的两个修正压力测点管路结冻，立即拆除保温检查，伴热带正常，对管路进行化冻处理，并增加敷设伴热带，加厚保温棉、加装彩钢板挡风棚后，测点显示正常，恢复机组正常运行。经检查，当日现场实测温度为−20℃，风向为西北风，风力为 7~8 级，西北风直接吹在 1 号机组的汽包压力测点的取样管线上，电厂汽包压力伴热带为 15W/m 的加热型耐温恒温电伴热带，在一次门后沿分支管路走向（一次门前为 4 根伴热带加热 4 根取样管），一根伴热带加热单根取样管的设计热量无法应对当日的极寒天气，最终导致管路结冻，从而引发跳闸事故。

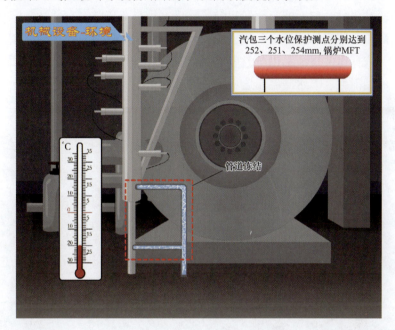

2. 事故原因分析

（1）危险触及点：物的不安全状态（压力测点的管路保温工作不到位）和环境的不安全因素（极寒天气）。

（2）危险触及：管路保温工作不到位与极寒天气发生触及，导致管路冻结。

（3）直接原因：因未做好管路保温措施，导致机组跳闸。

（4）直接责任者：保温管理人员。

3. 预防措施

（1）完善管道保温措施和伴热措施。

（2）对防寒防冻措施以及预案进行进一步的完善。完善针对极寒天气下测点故障的应对处置方案，细化防范措施，落实安全责任。

（3）组织对全厂汽水系统重要测点进行现场检查和评估，对在极寒天气下存在结冻风险的取样管、保温箱进行增加伴热带、加厚保温棉处理。

（4）跟踪天气预报，在极寒天气到来之前，及时投入伴热系统，加强巡视。

（5）组织电厂运行人员对热控测点的逻辑功能进行培训、讲课和学习，开展风险点评估和事故预想，掌握异常工况的应急预案。

［案例五］某电厂高压旁路阀门后管道爆裂（机械设备–机械设备）

1．事故经过

12：45：38，某电厂集控室人员听到 6 号机汽机房发出异常声响，监盘发现 6B 汽动给水泵汽轮机轴振动大，跳闸，辅助蒸汽联箱压力、6A 汽动给水泵汽轮机失去汽源，转速下降，进汽压力快速下降。12：46：10，锅炉给水流量低保护动作，锅炉 MFT，检查相关设备联动正常。13：08，汽轮机转子静止，投盘车正常。14：30，检查发现 6 号机组汽轮机高压旁路阀门后管道断裂，脱落到 8m 平台。经查，高压旁路阀门后管路在初期设计时，依据有关规范和设计温度 382.4℃，选择了 A672B70CL32 材质，未充分考虑高压旁路阀门泄漏、喷水减温温度不均匀等复杂工况对管路应力的影响。

2．事故原因分析

（1）危险触及点：两个机的不安全状态发生触及，第一个机的不安全状态是 6 号机组高压旁路阀后管道选用材质等级偏低，第二个机的不安全因素是高压旁路阀门泄漏。

（2）危险触及：选材等级偏低和管道超温，导致管道爆裂。

（3）直接原因：高压旁路阀门泄漏。

（4）直接责任者：生产管理人员。

3．预防措施

（1）加强高压旁路阀门的管理，杜绝泄漏。

（2）更换高压旁路阀后管路材质。

（3）在高压旁路阀门减温器后管道增加管壁温度测点，以监视高压旁路阀门后管路温度。

（4）加强金属技术监督。

（5）全体生产人员吸取本次事件教训，落实各级人员岗位责任。

［案例六］某热电厂输煤系统火灾事故（环境–环境）

1. 事故经过

2012年8月4日，某热电厂1号机组负荷为210MW，2号机组停机备用，C–5A皮带正常备用，C–5B皮带于15：30上煤结束后处于停运备用状态。8月4日21：27，输煤集控室发C–5B皮带跑偏报警信号，燃料部集控运行班长盖某立即到现场查看，发现C–5B皮带靠近拉紧装置处着火，立即联系燃料主值班员姚某汇报当值值长和燃料部副主任，请求值长报火警并将C–5B皮带停电。21：35，盖某组织班组人员和外协单位进行扑救，利用灭火器、消防水、冲洗水等进行灭火，但由于火势发展蔓延较快，有毒烟气过多，火情未能得到有效控制。22：30，接到报警后的市消防队赶到现场，盖某引导消防队员进入着火位置进行灭火。23：20，明火扑灭。8月5日4：15，经电网调度同意，1号机与系统解列停机。

2. 事故原因分析

（1）危险触及点：两个环境的不安全因素的触及，第一个环境的不安全因素是现场积粉，第二个环境的不安全因素是温度过高。

（2）危险触及：高温环境下，堆积的煤粉产生自燃。

（3）直接原因：积粉未及时清理。

（4）直接责任者：现场文明生产管理者。

3．预防措施

（1）加强现场设备治理，杜绝煤粉泄漏。

（2）加强现场文明生产管理，及时清理现场积煤、积粉。

（3）加强应急管理培训，认真组织开展消防知识宣传和培训，确保员工熟练掌握，做到应急响应及时、到位、有效。

（4）切实加强输煤系统动火作业管理，严格执行动火作业措施票制度，加强现场监护，工作结束后认真检查并清理遗留火种。

（5）燃用高挥发分煤种的电厂，要全面制定并认真落实防止自燃、爆炸的安全技术措施。

第 三 章

发电企业风险预控原理

学习和掌握安全生产理论的目的在于对存在的风险能够及时辨识、有效控制，尤其在电力生产一线，安全生产的关键是对作业安全风险的有效管控。在现场作业过程中风险总是客观存在的，风险预控的核心目标就是把现场作业环境中的风险减至最低。

本章基于能量运动理论对生产系统中的作业进行风险分析，根据作业系统本质安全水平，将其划分为安全级作业、次安全级作业和危险级作业。针对次安全级作业和危险级作业，采取相应的管控措施以改善系统的本质安全能力，这些措施包括直接性安全技术措施、间接性安全技术措施及完备的安全措施。通过选择恰当的风险预控措施及对系统风险的研判，强化对系统安全风险过程的控制，从而防止事故发生。

第一节 本质安全水平提高的途径

从图 2-2 可以看出，生产过程中存在若干种危险，即存在多种可能的能量不受控释放的趋势，当两个或者两个以上的危险相遇时，则存在事故发生的可能。具体情况为：当两个或者两个以上的危险相遇时，就危险能量来讲，若其不大于系统的本质安全能力，则顺利渡劫；若其大于本质安全能力，则会导致事故。在两个危险未相遇时，预防事故的最佳方法是采取各种安全措施，降低危险概率，消除危险；在两个危险相遇时，预防事故的最佳方法是控制危险能量，降低负能级指数和提高系统的本质安全能力，最终实现对系统的风险系数的控制。

系统的配置决定了系统本质安全水平的高低，改变系统人员、机械设备、环境的配置是提高系统本质安全能力的唯一途径。我们把改变系统人员、机械设备、环境配置的方法称为措施，在电力系统《电力安全工作规程》（以下简称《安规》）中通常将其分为技术措施和组织措施。其中，技术措施涵盖阻断、隔离以及标识等技术手段，如改变系统配置的停电、装设地线等措施和不能改变系统配置的装设遮栏、悬挂标示牌等措施；组织措施则属于管理措施，如工作票、工作许可、工作间断转移终结等制度，这些都是针对作业风险管控提出的具体制度。

提高系统的本质安全水平，主要是改变机和环境的配置，降低作业系统的危险概率及危险最大负能级指数。按照本质安全理论，系统的本质安全能力的改变必须使用阻断、隔离性的硬措施来实现，而提醒性的软措施不能改变系统的配置。为了更直接地说明本质安全原理，引入了直接措施和间接措施两个概念：把改变系统配置的硬措施称为直接性安全措施；把提醒性的软措施称为间接性安全措施。直接性安全措施的特点是以阻断和隔离的方式提高系统的本质安全水平；间接性安全措施的特点则是以提醒的方式提高人的安全意识，间接达到提高系统安全水平的目的。因为只有直接性安全措施才能实现系统本质安全配置，所以与系统本质安全水平相对应的只有直接措施，间接性安全措施提高的是人的安全意识，间接地提高系统安全水平，但间接性安全措施改变的绝不是系统的本质安全水平。

《安规》中的组织措施，是间接性安全措施的一部分，是保证直接性安全措施有效发挥作用的制度保障。当不折不扣地执行《安规》时，有些间接性安全措施就可视为直接性安全措施，如悬挂"有人工作、禁止合闸"的标示牌，对发电企业员工而言就相当于直接性安全措施。

根据多年发电企业现场管理经验，结合本质安全管理理论知识，将实现本质安全水平提高的途径具体地分为直接性安全措施、间接性安全措施和完备的安全措施。

一、直接性安全措施

直接性安全措施（简称直接措施）是指采用各种安全有效的阻断和隔离等技术手段改变系统的配置，是提高系统本质安全能力的直接办法。直接措施是一种硬措施，以改变系统的配置来实现系统本质安全水平的提高。《安规》中的大部分"技术措施"是直接措施，如电气作业中的停电、验电、装设地线，装设遮栏等；热机作业中的关闭阀门、上锁等。

1. 直接措施的具体类型

直接措施的第一种类型是通过阻断改变系统的配置。如通过对电气设备停电、装设

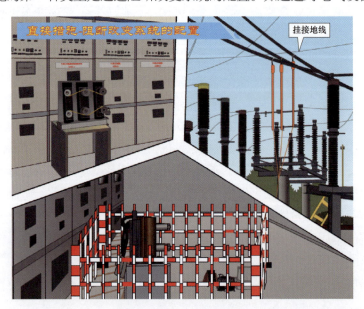

地线等将运行中的设备转变为检修状态，消除突然来电的危险，实现了电气检修作业系统的本质安全。

直接措施的第二种类型是隔离。这个隔离是刚性隔离，通过形成不可逾越的屏障实现区域的彻底隔离。如动火作业，把可燃物和动火点实现刚性隔离，保证火焰（包括热量）无法传导到可燃物，达到防火的目的；又如，目前检修标准化中使用的区域隔离，即是把检修区域和运行区域刚性隔离，既约束了检修人员的活动范围又限制了非检修人员进入。

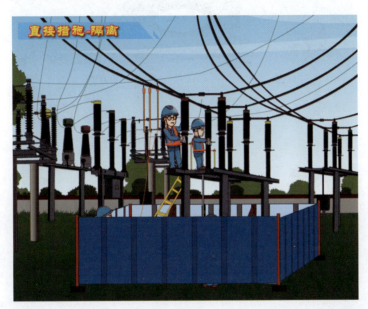

可见直接措施是消除系统危险的有效手段，它从减少系统的危险概率和系统的最大负能级指数两个方面来解决问题。对于系统中的任何一个危险，只要能采取直接措施进行控制，就可以认为此危险已经实现控制。

2. 直接措施的综合案例

以 22kW 水泵电动机轴承更换作业为例进行说明。此项作业过程的危险点包括设备触电，设备机械伤害，走错间隔，人员思想状态不稳，砸伤、碰伤、划伤，烫伤，临时电源触电等。

对设备触电危险来说是必需要以直接措施加以消除的危险点，防止触电发生的措施包括停电需拉开断路器、拉开隔离开关、在隔离开关上挂"有人工作、禁止合闸"牌。这三项措施的任何一项都必须认真执行，不执行就不具备工作条件。根据直接措施的定义，这三项措施都属于直接性安全措施。

二、间接性安全措施

间接性安全措施（简称间接措施）是指作业系统使用的安全管理规定以及设置标志

等非阻断、非隔离的措施，旨在实现对作业者以及其他人员的安全提醒，以达到提高人的安全意识，间接提高系统安全能力的目的。

1. 间接措施的内容

间接措施一般包括两个部分：第一部分是规定部分，是《安规》和《法规》中的组织措施，即管理措施；第二部分是标志，主要指的是工作指示牌、围栏（非刚性围栏）、工作中的监护措施（包括旁站措施）等各种非改变系统配置的措施。理论上讲，间接措施并没有改变系统配置，达不到提高系统本质安全水平的目的。但是，这些间接措施的应用可以有效地弥补直接措施的不足，既以制度保证安全作业，又能有效地控制人的失误。

从理论上讲，如果不计投入，任何作业都可以通过直接措施达到安全可控。但现实作业系统中，任何时候都不可能不计投入，这就必然导致某些作业系统在一定条件下仍然存在不可控的危险，这就需要靠间接措施保证安全作业。如公路上驾车就存在驾驶员的失误给行人带来危险的可能。理论上这个危险是无法通过直接措施进行控制的，保证安全驾驶只能靠驾驶者严格执行《中华人民共和国道路交通安全法》中的相关规定；又如现场运行人员的操作，理论上是一个安全级作业，保证安全只需控制人的失误即可，不能采取任何直接措施，所有的手段都是间接措施。

2. 间接措施综合举例

（1）在工作地点悬挂"在此工作！"的标示牌。

（2）在室内高压设备上工作，应在工作地点两旁间隔和对面间隔的遮栏上和禁止通行的过道上悬挂"止步，高压危险！"的标示牌。

（3）在室外地面高压设备上工作，应在工作地点四周用绳子做好围栏，围栏上悬挂适当数量的"止步，高压危险！"标示牌，标示牌必须朝向围栏里面。

（4）在室外架构上工作，则应在工作地点邻近带电部分的横梁上，悬挂"止步，高压危险！"的标示牌。此项标示牌在值班人员的监护下，由工作人员悬挂。在工作人员上下铁架和梯子上应悬挂"从此上下！"的标示牌。在邻近其他可能误登的带电架构上，应悬挂"禁止攀登，高压危险！"的标示牌。

（5）试验现场应装设遮栏或围栏，向内、外分别悬挂"止步，高压危险！"的标示牌，并派人看守。被试设备两端不在同一地点时，另一端还应派人看守。

在施工现场或作业现场的适当位置悬挂合适的标志，对于提高作业人员的安全意识具有重要作用。图 3-1 所示为发电企业作业现场经常悬挂的电力标志。

图 3-1　电力标志

三、完备的安全措施

完备的安全措施是指系统达到安全可靠作业所采用的一系列方法的总和。从本质安全的角度，一个完备的安全措施是直接措施和间接措施的有机组合，以直接措施为主，间接措施为辅，并以间接措施保证直接措施的有效实施。

1. 完备的安全措施内容

《安规》的技术措施能够有效地控制物的不安全状态，采取阻断和隔离的方法消除系统的危险，降低系统的危险概率和负能级指数，能够直接提高系统的本质安全水平。如《安规》规定的"停电、验电、装设地线、挂标识牌和装设遮栏"属于阻断性和隔离性措施。组织措施控制人的不安全行为，管理措施解决环境的不安全因素。可靠的技术措施、有效地组织措施和科学的管理措施形成了完备的安全措施。如"工作票制度"和"工作许可制度"保证了技术措施的有效执行，"工作监护制"是"工作票制度"和"工作许可制度"有效实施的保障。《安规》中，完备的安全措施是有效的组织措施和可靠的技术措施的有机组合，它囊括了两票（工作票和操作票）中的全部直接措施和间接措施，是直接措施和间接措施的组合。仅了解完备的安全措施还不够，关键是如何判定一个作业系统的安全措施是否完备，这也是对系统安全作业条件进行的判定。

2. 完备的安全措施综合案例

检修高压电动机和启动装置时，一般应进行下列安全措施：

（1）断开电源断路器、隔离开关，经验明确无电压后装设接地线或在隔离开关间装绝缘隔板，小车开关应从成套配电装置内拉出并关门上锁。

（2）在断路器、隔离开关把手上悬挂"禁止合闸、有人工作！"的标示牌。

（3）拆开后的电缆头须三相短路接地。

（4）做好防止被其带动的机械（如水泵、空气压缩机、引风机等）引起电动机转动的措施，并在阀门上悬挂"禁止合闸、有人工作！"的标示牌。

上述案例所采取的措施是直接措施和间接措施的有机组合，其中（1）（2）（3）属于直接措施，（4）属于间接措施。直接措施有效控制物的不安全状态，提高系统本质安全水平；间接措施有效控制人的不安全行为，提高人的安全意识。两者有机结合有效地解决作业系统的不安全因素。

第二节　安全作业等级划分

完备的安全措施是安全作业的前提，但如何判定作业系统的安全措施是否完备是实现作业安全的关键，这就需要对系统进行本质安全水平的量化描述。为更好地量化描述作业系统的本质安全水平，清晰地诠释作业的安全标准，把作业分成安全级作业、次安全级作业和危险级作业。其中，安全级作业是指作业系统的机械和环境具有较高的本质安全水平，不需布置任何措施，系统的危险概率和负能级指数都在可控的范围之内。在此作业中不存在作业者无法控制的风险，只要控制人的失误就可以保证系统的安全可控；次安全级作业指的是机械和环境不具备安全作业的条件，需采用直接性安全措施改变系统的配置，使之达到安全级作业条件；危险级作业是指即使对作业系统采取直接性安全措施改变系统配置，也无法达到安全级作业条件，在作业过程中始终存在作业者无法控制的风险。

一、安全级作业

安全级作业是指机械和环境具有很高的本质安全能力，不需要再布置任何措施就可以实施作业，在此作业过程中只要控制人的失误就可以保证作业过程安全可控。

安全级作业的数学表达式：$K_d \to 0$ 或 $d \to 0$，即在可控范围之内系统的危险概率无限趋于零或系统的各个危险的负能级指数均趋于零。

对安全级作业而言其风险主要来自于人的风险，针对安全级作业的此类性质，其具有以下特点：

（1）无需采取任何直接措施，系统的危险概率和负能级指数都处于可控的范围之内。在该情况下，不用采取任何直接措施来提高系统的本质安全水平。

（2）系统存在的人员失误的危险无法采取直接措施进行管控。由于安全级作业的机械和环境具有很高的本质安全能力，若有事故风险则来自人的失误。人员、机械设备、环境的负能级指数相比，人员所带来负能级指数远远大于机械和环境的负能级指数。

（3）人员失误的风险是固然存在的，在系统没有采取措施的情况下，人员失误的风险无法得以控制。由于安全级作业中主要风险来源是人的失误，在风险管控措施中只有使用安全规定和设置警示标志是直接指向人的行为，应对其进行规范与指导。因而，要降低人员风险只能采取间接措施。

（4）控制人的失误只能靠间接性安全措施和人的能力。人的行为失误又可称为人的不安全行为，是指工作或作业过程中影响工作或作业安全或导致事故发生而产生的人的行为。造成人的失误的原因有很多，有人的自身因素对过负荷的不适应，如超体能、精神状态、熟练程度、疲劳、疾病时的超负荷操作、环境过负荷、心理过负荷或人际立场负荷等；也有与外界刺激要求不一致时，出现要求与行为的偏差，这种情况可能出现信息处理故障和决策错误。此外，还有对正确操作方法的不清晰或有意采取不恰当的行为等而出现完全错误的行为。

（5）必须保证人的精神状态良好。根据大量的安全事故案例表明，员工精神状态不好会导致员工注意力不集中、工作倦怠、心烦意乱等，这些现象的出现都增加了人的失误出现的概率。

重点提示：安全级作业绝非安全作业，绝不可麻痹大意。安全作业只是一种理想作业状态，是人员、机械设备、环境都具有极高的安全水平，任何情况都不会发生事故。

二、次安全级作业

次安全级作业指的是机械和环境不具备安全级作业的条件，需要采用直接性安全措施改变系统的配置，使之达到安全级作业条件。在此作业过程中管理者要重点关注直接性措施的可行性。

在实际操作过程中，大多数的作业过程都属于次安全级作业。例如，电力生产检修工作。由于次安全级作业在电力生产过程中的大量出现，对于次安全级作业所带来的风险进行有效的管控就成为电力生产安全管理中的一大课题。在次安全级作业中，机械和环境不具备安全级作业的条件，机械和环境管控理应成为重点。然而，在各类事故的致因因素中，人的因素占有特别重要的位置，几乎所有的事故都与人的不安全行为有关。因此，即使将重点转向机械和环境，对防止人的失误依然要给予足够的重视。

次安全级作业是通过一系列的直接措施达到安全级作业的一种作业方式，因此，除具备安全级作业的特点外，还有如下特点：

（1）由于直接措施的本身存在一定程度的危险，所以要防范所采取的直接措施带来的危险。

（2）作业过程中要防止人的失误。在次安全级作业中，机械和环境不具备安全级作业的条件，需要对其采取直接措施以提高本质安全水平，但同时也不能放松对人员失误的预控。

三、危险级作业

危险级作业是指系统本质安全能力达不到作业条件，需同时采用直接措施与间接措施相结合的方式来提高系统整体的安全指数，进而维持操作的正常进行。

大部分的危险级作业是由于生产条件或生产技术水平的限制而促使一些作业不得不在危险的作业环境下进行，这些作业在直接措施无法保证安全可控的情况下，必须采取间接措施。如动火作业，应努力控制作业区内的易燃易爆品；此外还有一些由于沟通不到位而引发的危险级作业形式，如交叉作业等，应采取互保协议和监护等间接性措施对其进行管控。

1. 危险级作业的特点

由于大部分危险级作业是由生产条件或生产技术水平的限制而造成的，所以危险级作业通常可看作是一种无奈的作业，具有以下特点：

（1）作业者在作业过程中有无法掌控的风险。

1）他人的失误给作业者带来的危险。

2）作业产生的不可预知的危险。

3）目前的科技水平尚不能探知的危险。

（2）作业者要相信危险级作业是真的有危险。这就要求作业者尽可能减少危险级作业，同时对于危险级作业一定要严格执行间接措施。如交叉作业存在此作业影响彼作业安全的危险，动火作业中的焊接或切割存在金属燃烧的不可预知的危险，采矿作业存在现有科技下对地质情况无法准确掌握的危险。

（3）在危险级作业中，只有靠间接措施不折不扣地执行才能保证安全，这也是危险级作业的又一特点。

2. 危险级作业的应对措施

在现场的操作过程中不可避免地存在多种危险级作业，企业的管理层和基层员工都应该积极采取措施来应对危险级作业。具体的应对措施有以下几点：

（1）规避措施，尽可能地少作业。危险级作业的性质决定了危险级作业的危险性在现阶段没有有效的控制途径，而危险级作业在电力生产过程中存在且难以避免。因此，在危险级作业的危险概率无法通过技术途径进行有效控制时，尽可能减少危险级作业出现的频率，通过减少危险级作业的次数来降低系统的风险。

（2）运用间接措施，并且要求严格。针对危险级作业，通过直接措施从技术手段方面管控机械设备因素与环境因素的难度大且效果不佳，在此情况下加强间接措施的力度，通过间接柔性的手段来控制危险级作业中可能出现的风险则成为安全管理工作的必然选择。如强调使用过程中遵守安全规定，在显要位置悬挂设置（警示）标志，强调作业现场的组织管理以规范人员现场操作，严格要求人员规范其行为。

重点提示：要有效区分危险级作业和危险作业。危险级作业在间接措施不折不扣地执行时即可保证安全，而危险作业无论采用什么样的措施、怎样改变系统配置，系统的本质安全能力均达不到安全级作业条件，如带压堵漏。

无论在任何作业条件下，遵章守纪是保证安全的基础，也是每名员工的自觉行为，不能依靠他人来督促完成。但是，由于员工安全意识和素质的差异，加上其他各种因素的影响，在实际生产作业过程中，有些员工不能自觉地遵章守纪，出现领导和安全人员在现场与不在现场、管与不管时表现不同的现象。

因此，加强对员工作业行为的检查和监督是非常必要的。首先，各级领导和安全人员应对每个员工的作业进行检查和监督；其次，员工之间建立联保互保制，相互之间要监督，发现违章要及时纠正和制止。为了更好地检查和监督员工的作业行为，管理者还要及时了解和掌握每名员工的生理和心理状态，发现异常要即刻采取措施，以防意外发生。此外，对各种故意违章行为要给予严肃处理，防止类似现象重复发生，以强制手段培养员工自觉遵章守纪的习惯。

提高人的安全素质作为间接措施的控制主体，人员自身的安全素质高低往往会成为间接措施实行效果的决定性因素。加强安全教育培训，尤其是岗前及在岗、转岗的培训工作，提高企业领导和员工的安全责任感和自觉性。同时，安全技术知识的普及和提高，有助于员工掌握事故发生发展的客观规律，提高安全操作技术水平，保护自身和他人的安全和健康。如对员工进行危险预知训练、事故案例分析讨论、事故责任者现身说法、举行事故纪念日、事故演习（消防演习、工伤抢救演习）等活动，以增强员工安全意识，提高员工安全素质，加强员工的自我防护能力。只有切实提高他们的安全意识和安全技能，才能使其自觉遵章守纪，把人的不安全行为减少至最低限度，实现从"要我安全"到"我要安全"的飞跃。

注重调整员工的状态，进行合理的情感激励。在日常工作中，利用行政手段根据人的状态合理调整工作。由于人的生理状况和个性不同，每个人能够适应的工作内容与工作环境也不相同，在安全管理工作中，应高度重视这一点，合理运用行政手段安排不同类型的人从事不同的工作，并在工作中注重观察人的情绪和生理状态的变化，必要时做出合理的调整，避免因人的状态不佳发生行为意外。关爱生命安全，采取情感激励。在正确选择激励时间、激励程度的同时，注意激励方式的更迭，将物质激励和精神激励交替应用，即站在员工立场，以爱护、关心、帮助的情感去调动员工的积极性和创造性。有的企业，随着安全生产形势的好转，以往血的事故教训逐渐在员工的脑海中退去，甚至对严格的安全管理产生抵触情绪。因此，要开展以关心员工生命安全和家庭幸福为中心的情感激励工作，采取多种形式再现历史教训，通过相关企业过去及现在的事故案例，给员工敲警钟，提高员工的安全意识，把安全生产要求变为员工的自觉行动。

第三节　作业风险的量化分析

上节提出了安全作业的标准，如何判断作业条件是否达到安全作业标准，是本节要回答的问题。以下从危险的分析、危险的量化以及风险的量化等方面解答如何实现作业前危险可见，风险量化，防范有序，措施到位。

一、抓住危险的源头

只要有生产活动，就会存在危险，如何管控这些危险，首先要查明危险产生的起源。众所周知，危险存在于人员、机械设备、环境中，所有人的不安全行为、物的不安全状态和环境的不安全因素都是危险的来源。

（1）危险来自于实际作业过程之中。《安规》(电气部分)规定：在电气设备上工作，并需运行值班人员对设备采取措施的或在运行方式、操作调整上采取保障人身、设备运行安全措施的，必须填用电气工作票或外包电气工作票。

（2）《安规》(热机和机械部分)规定：凡在热力、机械和热控设备系统上进行安装、检修、维护或试验的工作，需要对设备采取安全措施的或需要运行人员在运行方式、操作调整上采取保障人身、设备运行安全措施的，必须填用热力机械工作票或外包热力机械工作票。对于安全风险较大，可能影响人身和设备安全的工作，虽不需要运行采取措施，仍需填用工作票。"

（3）《安规》(电气部分)规定：下列各项工作可以不用操作票：

① 事故处理；

② 拉合断路器的单一操作；

③ 拉开全厂（站）仅有的一组接地开关（装置）或拆除仅有的一组接地线；

④ 程序操作。

上述三条规定可以理解为：第一，不论在电气、热力、机械和热控设备、系统上工作，或需要运行值班人员对设备采取措施或在运行方式、操作调整上采取保障人身、设备运行安全措施，必须填用（外包）电气工作票或（外包）热力机械工作票。第二，除简单单一的操作外，运行的操作必须用操作票。通常把操作票、工作票统称为"两票"。可见"两票"制度是电力生产实现作业组织的重要手段，发电企业的风险管控从"两票"制度入手就是抓住了风险的源头。

二、科学地分析危险

以实现"危险可见、风险量化"为目的，以全员参与为主要思想的发电企业现场风险管控新模式，利用信息化技术，建立风险数据库，采用群策群力、群防群治的管理模式，对发电企业作业现场风险管控工作实施深度进行探索提升，有效提升了两票的实施力度，良好地规范了发电企业各类人员的安全行为，提高了人员的安全意识和理念，切实推动了发电企业安全生产水平的提升。

作业风险管控以"两票"为切入点，参照 GB 6441—1986《企业职工伤亡事故分类》，综合考虑起因物、引起事故的诱导性原因、致害物、伤害方式等，划分危险点，进而对不同类别的风险采用相应的风险评估方法确定安全风险等级，根据风险评估的结果，针对安全风险特点，通过隔离危险源、采取技术手段、实施个体防护、设置监控设施等措施对安全风险进行有效管控，达到规避、降低和监测风险的目的，实现对安全风险分级、分层、分类、分专业进行管理，逐一落实企业、车间、班组和岗位的管控责任，尤其要强化对重大危险源和存在重大安全风险的生产经营系统、生产区域、岗位的重点管控，确保安全风险始终处于受控范围内，见表 3–1。

表 3–1　　　　　　　　　　　　作业危险点及预控措施

序号	作业危险	控制点	预 控 措 施
1	人的失误	违章作业	（1）作业人员进入现场规范着装，正确使用劳动防护用品。 （2）作业人员严格执行操作规程。 （3）严格执行《安规》
		行为失控	（1）作业人员应精神饱满、精力充沛。 （2）作业时应心平气和、不急不躁
2	触电	设备触电	（1）以工作票落实完备的安全措施。 （2）以操作票落实完备的运行操作安全措施。 （3）巡视时，与带电设备保持安全距离
		临时用电 （10kW 以上）	（1）办理临时用电申请单，不允许从检修电源箱接线。 （2）办理特殊作业措施票。 （3）临时用电设备、线路绝缘良好。 （4）临时电源使用前必须经过验收
		临时用电 （10kW 以下）	（1）施工电源只能从检修电源箱插座接取。 （2）临时电源线必须采用卷线电缆盘接入的方式。 （3）必须安装漏电保护器，动作正常
		电动工器具 （手持式）	（1）保持电动工具清洁，电线完好，插头完整无损。 （2）电动工具外壳、手柄无裂缝和破损。 （3）Ⅰ类电动工器具外壳必须可靠接地。 （4）安装漏电保护器，动作正常
		电动工器具 （移动式）	（1）移动式电动工器具绝缘良好。 （2）移动式电动工器具外壳必须可靠接地
		带电作业	（1）进行地电位带电作业时，人体与带电体的安全距离满足《安规》要求。 （2）等电位作业人员对接地体的安全距离满足《安规》的要求，穿均压服，保证人体等电位工作。 （3）悬浮电位工作，应站在绝缘板上或穿绝缘橡胶鞋，保持人体对地绝缘良好
		作业环境	（1）在周围均是金属导体的场所和容器内工作时，行灯电压不应超过24V。在特别潮湿的工作区域作业时，所使用行灯的电压不准超过 12V；行灯变压器不应放在容器内或容器上，行灯变压器的外壳应可靠接地。

续表

序号	作业危险	控制点	预 控 措 施
2	触电	作业环境	（2）使用电动工具按使用环境必须保证可靠的防护等级。 （3）潮湿环境内作业必须有可靠的绝缘措施，使用Ⅲ类电动工器具，防止漏电、触电。 （4）在潮湿地方焊接施焊，应用干燥的木板或橡胶片等绝缘物作垫板，阴雨天严禁室外作业；在锅炉、压力容器、管道、狭小潮湿的地沟内焊接施焊，更换焊条时，应戴好手套，避免身体与焊件和焊钳接触。 （5）邻近带电设备作业，应装设遮栏，悬挂"止步，高压危险！"等标示牌，保持安全距离。 （6）高压试验现场应装设围栏或遮栏，向外悬挂"止步，高压危险！"的标示牌，并派人看守，严格执行相关试验规定。 （7）在摇测绝缘电阻或耐压试验工作结束后，必须充分放电，以防剩余电荷电击。 （8）为防止感应电压触电，在邻近的带电设备与检修设备间装设绝缘屏蔽，检修设备挂设接地线
3	三误	误碰	（1）与带电部位保持安全距离或设置安全围栏等。 （2）清扫运行设备和在二次回路上工作时，应使用绝缘工具。 （3）作业人员应精神饱满、精力集中。 （4）根据"禁止触摸清单"对作业处存在的禁止触摸对象采取防误碰措施
		误接线	（1）认真核对设备名称及编号。 （2）认真核对接线号和端子号。 （3）拆线前应做好记录，并标号清楚。 （4）将拆下的接线用绝缘胶带封好，不要裸露在外。 （5）接线恢复后，检查接线情况。 （6）接线后应检查接线是否牢固
		误整定	（1）编制继电保护及安全自动装置整定方案。 （2）继电保护整定值通知单应有专人复核，定值单的签发、审核和批准应符合规定。 （3）遇有运行方式较大变化或重要设备变更，应及时修订整定方案。 （4）根据电网运行方式的变化，每年进行一次整定方案的校核或补充。 （5）认真执行有关继电保护调试定值的管理规定，整定资料齐全。 （6）继电保护定值单的变更，必须认真执行定值通知单制度，每年进行一次整定值的全面核对。 （7）保护装置调试的定值，必须根据最新整定值通知单规定，先核对通知单与实际设备是否相符（包括互感器的接线、变比、软件版本、校验码）及有无审核人签字。根据电话通知整定时，应在正式的运行记录上作相应记录，并核对无误，在收到整定通知单后，对试验报告与通知单逐条进行核对。 （8）所有交流继电器的最后定值试验必须在保护屏的端子排上通电进行。开始试验时，应先做原定值试验，如发现与上次试验结果相差较大或与预期结果不符等任何细小疑问时，应慎重对待，查找原因，在未得出正确结论前，不得草率处理。保护整组试验结果，应符合相关要求。 （9）远方可投退软连接片的，应定期检查软连接片状态
4	机械伤害	设备	（1）以工作票落实防止机械设备转动的完备安全措施。 （2）以操作票落实完备的运行操作安全措施。 （3）设置机械安全防护装置和断电保护装置。

续表

序号	作业危险	控制点	预 控 措 施
4	机械伤害	设备	（4）对机械设备要定期保养、维修，保持良好运行状态。 （5）经常进行安全检查和调试，消除机械设备的不安因素
		工具（包括电动工具）	（1）工器具连接部分可靠紧固，无锈蚀、断裂或缺损。 （2）工器具转动部分转动灵活。 （3）使用电动工具时，不准触碰电动工具的转动部分。 （4）电动工器具使用过程中突然停止转动时，必须立即切断电源。 （5）安装钻头、砂轮片、磨具时，必须断开电源。 （6）手持电动工具时，必须握持工具的手柄。 （7）小工件钻孔前必须先固定牢固
		作业环境	（1）通道保持畅通，地面应保持清洁。 （2）工作场所必须设有符合规定照度的照明。 （3）与周边设备有效隔离
5	灼烫	人员失误	（1）高温作业人员应严格执行安全技术操作规程，与危险区域有效隔离。 （2）正确穿戴个人防护用品。 （3）电气操作时要采取必要的防护措施，防电弧灼伤。 （4）动火时要采取必要的防护措施，防灼伤。 （5）接触酸、碱等可能造成灼伤的危险化学品，要采取必要的防护措施，防灼伤
		工具器	（1）人员应熟悉发热工具（喷灯、轴承加热器、电火焊等）的使用方法。 （2）工作地点不应靠近易燃物品和带电体。 （3）喷灯用完后应消压，待冷却后方可放入工具箱内。 （4）使用发热工具（喷灯、轴承加热器、电火焊等），要加装隔离，防止伤害他人
		设备环境	（1）和周围高温高压设备系统隔离。 （2）与使用发热工具（喷灯、轴承加热器、电火焊等）进行作业的区域进行必要的隔离
6	高处坠落	人员失误	（1）高处作业人员应精神饱满、精力充沛。 （2）高处作业人员的身体条件必须符合安全要求。 （3）高处作业人员的个人着装必须符合安全要求，根据作业性质配备安全帽、安全带和有关劳动保护用品。 （4）高处作业人员应充分了解作业的安全风险、安全措施和工作要求，严格按照规范要求进行高处作业
		脚手架	（1）作业平台和脚手架符合要求，验收合格。 （2）脚手架搭建及使用过程中必须使用围栏警戒，人员必须经指定的临时通道进出。 （3）脚手架禁止超荷载使用，结构脚手架荷载不得超过 $270kg/m^2$，装修用脚手架荷载不得低于 $200kg/m^2$。 （4）脚手架上临时放置的零星物件，必须做好防窜、防坠、防滑的措施。做好雨、雪、霜、冰的防滑措施。 （5）不准用脚手架作起重装置来起吊重物，也不准把起重装置与脚手架的结构连接在一起。 （6）移动式脚手架工作时应与建筑物绑牢，并将其滚动部分固定住。移动前，架上的材料、工具以及施工垃圾等应清除干净

续表

序号	作业危险	控制点	预 控 措 施
6	高处坠落	负能级指数控制	（1）高处作业需办理特殊作业措施票。 （2）1.5m 以上高处作业必须使用安全带。 （3）移动平台工作面四周应有 1.2m 高的护栏，各检修口、上料平台口等洞口必须设有牢固、有效的安全防护施（盖板、围栏、安全网）。 （4）高处作业必须遵守作业标准，不准攀爬脚手架或乘运料井字架吊篮上下。 （5）高处作业前，必须检查脚踏物是否安全可靠、脚踏物是否有足够的承重能力，已部分腐烂的跳板等不准当踏脚板使用
		作业环境	（1）禁止登在不坚固的结构（如石棉瓦、彩钢板屋顶）上进行工作，不得坐在平台、孔洞边缘和躺在通道或安全网内休息。 （2）室外高处作业必须在晴好天气下进行，不准在五级强风或大雨、雪、雾天气从事露天高处作业。 （3）进行立体交叉作业时，合理安排施工工序。上下层同时进行工作时，中间必须搭设严密牢固的防护隔板、罩棚或其他隔离设施。 （4）及时清理作业平台上的杂物，防止高空落物。 （5）与架空电线保持安全距离
7	物体打击	高空落物	（1）作业人员着装必须符合安全要求，根据作业性质配备安全帽和有关劳动保护用品。 （2）设置警戒区，悬挂警告牌。 （3）高处作业上下传递物件时禁止抛掷，使用溜槽或起重机械运送时，下方操作人员必须远离危险区域。 （4）高处作业人员应使用工具袋，所使用的工具或切剥下来的废料，须采取防坠落措施，严禁到处乱放。 （5）高处作业临时使用的材料必须放置整齐、稳固，且放置位置安全可靠，所有有坠落可能的物件，应先行撤除或加以固定
		工器具	（1）切削工具、磨具等应按要求安装保护罩，控制磨屑飞溅在安全范围。 （2）检修工作台设置安全防护网。 （3）工器具无机械损伤、变形、老化、碳化等现象。 （4）不得使用锈蚀、断股的钢丝绳。 （5）大锤、锉刀、手锯等的手柄应安装牢固
		作业环境	（1）签订互保协议。 （2）在同一垂直面上下交叉作业时，必须设置安全隔离层或安全网。 （3）作业现场临边、临空及所有可能导致物件坠落的洞口都应采取防护措施
8	起重伤害	人员失误	（1）起重机司机、行车司机、信号指挥人员、安装维修人员持有"特种设备作业人员证"。 （2）进入起重机作业现场必须戴好安全帽，起重机在吊物或抓料过程中，严禁人员从下方经过。 （3）起重指挥人员佩戴明显的标志，精神集中，指挥信号畅通
		起重设备	（1）使用年检合格的起重机械。 （2）起重机械应按规定进行经常性日常维护保养，并定期自行检查。 （3）起重机械的保险装置、联锁装置和防护装置完好

续表

序号	作业危险	控制点	预控措施
8	起重伤害	起重附件	（1）起重机械的绳索、吊钩、链条、齿轮等状况良好。 （2）起吊重物时，所采用的索具、缆绳等应符合安全规范的技术要求。 （3）应每天定期检查吊索、吊具、主副卷钢丝绳及制动器，确保安全可靠
		起吊物	（1）不得斜拉物体。 （2）物体重量不清或超载不得起吊。 （3）起吊物绑扎牢固，散装物不应装得太满。 （4）吊物边缘锋利应有防护措施。 （5）吊物上不得站人。 （6）正式起吊前应进行试吊，试吊中检查全部机具、地锚受力情况，发现问题应先将工件放回地面，故障排除后重新试吊，确认一切正常，方可正式起吊
		特殊环境	（1）光线阴暗严禁起吊。 （2）特殊情况下，吊臂作业半径范围有电线或危险设备、设施时，最小距离符合相关规定，有专人监护。 （3）在大雪、暴雨、雷电、大雾等恶劣天气及风力达到5级时应停止起吊作业，并卸下货物，收回吊臂，停止起重作业。 （4）多台起吊时，每台起重机的荷重均不准超过该机的安全起重量。 （5）两台起重机的升降、运行应保持同步，起重物应保持水平，起重绳应保持垂直。 （6）易燃易爆区域起吊作业使用防爆型起重设备，并做好防静电和防止火花的措施
9	化学性爆炸	人员失误	（1）进入易燃易爆场所，必须消除静电，禁止穿化纤衣服和穿带铁钉鞋子。 （2）进入易燃易爆场所的人员应关闭移动通信工具，严禁携带火种。 （3）操作人员应掌握化学物品特性，操作中应注意力集中，严格按操作规程进行操作
		设备设施	（1）通过充入惰性介质，排除容器和设备管道中可燃物，防止形成爆炸的氛围。 （2）防爆装置完好。 （3）采取各种措施，防止爆炸混合物的形成。 （4）压力设备系统良好，防止可燃物泄漏。 （5）严格执行工艺规程，控制系统的可燃物浓度。 （6）消除各种火源，切断爆炸条件
		作业环境	（1）采取监测措施，安装报警装置。 （2）作业现场通风良好。 （3）与可燃物、爆炸物保持安全距离
10	中毒和窒息	人员失误	（1）涉及有毒有害场所作业，必须检测有毒有害物质浓度，符合安全要求。 （2）必须携带便携式泄漏检测仪。 （3）在有毒、有害、缺氧的场所作业，必须正确选择和使用适合的防护用具，如受限空间必须拴带安全救生绳。 （4）有毒场所作业应有专人监护
		设备设施	（1）能够产生中毒和窒息的场所应悬挂醒目的警示牌。 （2）有毒物质应专人保管，定点储存。

续表

序号	作业危险	控制点	预 控 措 施
10	中毒和窒息	设备设施	（3） 对生产和散发有毒物质的工艺设备、机动设备、监护仪器（如易燃、易爆气体的报警器）要加强维护，定期检查。 （4） 各类防护器材检验合格，定点存放，定期检查维护
		环境	（1） 工作环境（设备、容器、井下、地沟）氧含量必须达到 19.5%～21.5%。 （2） 有毒有害物质浓度符合要求。 （3） 密闭容器内作业前必须采取强制通风措施。 （4） 在剧毒的受限空间作业，须穿戴全身密闭防化服，戴正压式呼吸器，拴带安全救生绳
11	坍塌	人员失误	（1） 作业人员必须经过培训，掌握操作知识，考试合格后方可作业。 （2） 工作负责人作业前应向所有作业人员进行安全技术交底，作业人员要掌握施工方案中安全措施。基坑开挖前必须做好降（排）水工作，并采取保护措施。 （3） 拆除作业现场周围应设禁区围栏、警戒标志，派专人监护，禁止非拆除人员进入施工现场，拆除建筑物应该自上而下依次进行，禁止数层同时拆除，禁止掏挖
		基坑边坡	（1） 基坑开挖作业时，按照基坑支护标准执行。 （2） 基坑开挖前必须做好降（排）水工作，并采取保护措施。 （3） 雨季和冬季解冻期施工时，施工现场要进行全面检查和维护，保证排水畅通和无异常情况后方可施工。 （4） 机械开挖土方时，作业人员不得进入机械作业范围内进行清理和找坡作业
		搭拆	（1） 按规范要求搭建脚手架，基础牢固，必要时加垫板，架子与建筑物连接牢固，扫地杆、剪刀撑规范齐全。 （2） 为保证模板的稳定性，除按照规定加设立柱外，还应沿立柱的纵向及横向加设水平支撑和剪刀撑。 （3） 检查脚手架搭建材料和构造应符合相关技术标准的规定，高度超过20m 时，应有专项设计方案。 （4） 脚手架搭设完成后，必须检验合格。 （5） 拆除脚手架，应该自上而下依次进行，应设置围栏警戒线，无关人员禁止入内
		堆放	（1） 基坑（槽）、边坡和基础桩孔边堆置各类建筑材料的，应按规定距离堆置。 （2） 清库作业必须将物料降至安全标高。 （3） 堆置物做好稳固措施。 （4） 作业平台严禁超载。 （5） 施工区域存放的物料应摆放整齐、有序，且不能占用、堵塞通道
		受限空间	（1）落煤斗、渣仓、粉煤仓等检修必须做好防掩埋措施。 （2） 严禁进入储存有煤粉的煤粉仓、储存有灰渣的渣仓内作业。 （3） 落煤斗内堵煤时，严禁从下方进入进行疏通
12	火灾	人员失误	（1）动火作业人员应精神集中。 （2） 进入易燃易爆区域应交出火种

续表

序号	作业危险	控制点	预控措施
12	火灾	设备	（1）以动火票落实完备的动火安全措施。 （2）动火作业区域的周围和下方应清理杂物，加防火垫和防火毯等。 （3）高温物体要做好隔离和保温工作，必要时采取降温措施。 （4）电气设备防止过负荷、发热等
		一级动火作业	（1）严格执行一级动火票安全措施。 （2）一级动火要经各级人员审批后方可执行。 （3）一级动火应每隔 2～4h 测定一次可燃性气体、易燃液体的可燃蒸汽含量或粉尘浓度。 （4）现场准备足够的消防器材。 （5）进入氢区、液氨区等进行一级动火作业，应做好防止火花和静电的措施。 （6）动火作业做好防止火花飞溅和炽热物体掉落的措施
		二级动火作业	（1）严格执行二级动火票安全措施。 （2）二级动火作业，消防管理部门、动火部门负责人审批。 （3）在可能转动或来电的设备上进行动火作业，应事先做好停电、隔离等确保安全的措施。 （4）现场准备足够的消防器材
		用电作业	（1）电气设备绝缘良好，电线接头接触良好，电线老化应及时更换，插座、保险良好。 （2）规范现场照明
		工器具	（1）电动工器具引线接头接触良好，避免过热。 （2）电动工具电缆绝缘良好，绝缘不合格或电线破损裸露的不得使用。 （3）在易燃易爆场所必须使用防爆型工器具。 （4）严禁利用电气、热控信号管道、转动设备轴承等作为电焊机接地回路通道，防止线路短路引起火灾或设备损坏
		环境控制	（1）生产现场不应堆放易燃和可燃物品。 （2）加强设备整治，及时消除作业场所漏煤、漏油、漏粉、漏氢、漏燃气等现象。 （3）现场积煤、积粉、积油应及时清理
13	物理性爆炸	人员失误	（1）操作中应注意力集中。 （2）操作人员应掌握物质物理特性，严格按操作规程进行操作
		设备设施	（1）锅炉与压力容器的安全阀等安全附件安全可靠。 （2）不合格的压力气瓶不得使用。 （3）高压气瓶应按标准充装与存放，不得超压充装，在使用和存放过程中应远离高温物质或阳光曝晒。气瓶必须戴瓶帽，在运输过程中应轻装轻卸，严禁抛、滑、滚、撞。 （4）锅炉、压力容器、压力管道严禁超压运行
		作业环境	（1）采取监测措施，安装报警装置。 （2）作业现场通风良好，防止高温
14	车辆伤害	人员失误	（1）严禁酒后驾车、疲劳驾驶。 （2）严禁超速、违章超车、违章超载。

续表

序号	作业危险	控制点	预 控 措 施
14	车辆伤害	人员失误	（3）行人应走人行道，避让车辆时，应不避让于两车交会之中，不站于旁有堆物无法退让的死角。 （4）乘坐车辆，头、手、身不得露出车厢外
		车况	（1）出车前应检查车况良好，车辆维修及时，严禁带病行驶。 （2）车辆的安全装置如转向、制动、喇叭、照明以及后视镜和转向指示灯良好。 （3）蓄电池车调速系统良好，制动正常
		环境	（1）大风、雨、雪、雾天气、夜晚以及照明、视线不良时，减速慢行。 （2）检查厂内各种交通信号、标志、设施应齐全。 （3）在邻近机动车道的作业区和脚手架等设施，以及在道路中的路障应加设安全色标、安全标志和防护措施。 （4）冰雪天气轮胎加装防滑装置
15	火药爆炸	人员	（1）应对火药进行妥善储存、保管，由专人负责。 （2）掌握火药使用特性，要正确使用火药进行作业
		火药	（1）尽量不使用或少使用火药。 （2）防止撞击、摩擦产生火花。 （3）防止接触高温物质。 （4）防止明火，消除静电，预防雷电火花引发火药爆炸
16	淹溺	人员	（1）水上作业人员应经过体检，无高血压、冠心病等疾病。 （2）潜水作业必须由持有潜水专业资格的人员执行
		防护	（1）近水作业必须使用救生衣或救生圈等防护设施。 （2）临水作业人员作业时必须穿好救生衣
		作业环境	（1）近水区域应设置"当心落水"安全警示牌。 （2）水上作业平台周边应设置安全围栏。 （3）夜间水上作业必须提供足够照明
17	其他伤害	生物伤害	（1）控制传染源。 （2）切断传播途径。 （3）保护易感人群及家畜，增强免疫力
		指除上述以外的危险因素，如摔、扭、挫、擦、刺、割伤和非机动车碰撞、轧伤等	（1）防止坐姿不良、提举重物、重复动作、别扭姿势等引发人机工程伤害。 （2）防止照明不足，通风不良，温度、湿度、空间不够等引起人身伤害。 （3）正确佩戴防噪声耳塞，粉尘环境正确佩戴防尘口罩

三、系统风险的量化

（一）危险概率的量化

对于安全管理中的任何一个参数都不可能用绝对数据量化，只能用相对数值进行量化。对危险的量化主要是量化被触及的可能性，也就是危险被触及的概率。

危险触及的概率只能针对某一个危险分析，但产生危险的因素往往是多个，而每一个危险因素都会触及该危险的发生。因此，量化危险的原则一定是从产生危险的因素入手，以每个危险因素的危险概率的逻辑和作为系统危险的危险概率。

一个危险被触及的可能性大小是一个难以估计的数据，这也是安全生产管理的难点，同样是危险量化的难点。一个危险中往往存在多个危险因素，这些危险因素决定了危险的触及，这些危险因素的危险概率的逻辑和作为该危险的危险概率。

量化危险概率大小时，为所有必需要用直接措施消除的危险因素的危险概率均定义为1。含义是：这些危险因素是互与的关系，有一个存在，就不具备工作条件。

把作业过程中作业者可以自我掌控的风险定义为低风险概率，它的大小是人的失误率即万分之一以下。含义是：不需要他人的帮助作业者就可以消除的风险，这些风险掌控在作业者的手中。

（二）负能级指数的量化

危险能量的大小以负能级指数进行量化，这是一个理论突破。负能级指数的求解理论上可通过对事故过程中所释放的能量函数进行求导得到，但在实际应用中却无法以该方法进行量化。原因在于：一是找到事故过程中能量释放函数比较困难；二是进行大量求导计算在实际应用中不现实，且无必要。因此，对危险能量的量化只能进行评估量化。

危险能量是针对某个危险进行的分析，因此，负能级指数只是对某个危险的严重度进行描述，不涉及导致该危险发生的具体危险因素。在危险能量的评估性量化中，要遵循如下原则：

危险一旦触及就对人体产生伤害，这样的危险定义为高风险，其负能级指数为 1。含义是：危险的能量达到一定的量级，不消除就不具备作业条件，如触电、高空坠落等。

危险即使触及也不能对人体产生伤害，这样的危险定义为低风险，其负能级指数定义为百分之一，如常温淋水、脏污等。

四、作业风险量化综合案例

[例 3–1] 以 22kW 水泵电动机轴承更换作业为例，分析其风险的量化。

此项作业中的危险点分别为设备触电，设备机械伤害，走错间隔，人员思想状态不稳，砸伤、碰伤、划伤，烫伤，临时电源触电。设备触电、设备机械伤害和走错间隔是需要直接措施消除的高风险项，其余四项是操作者自己掌控的低风险项，没有难以控制的风险项，因此此作业定义为次安全级作业。

1. 危险概率量化

（1）设备触电：设备触电是必须要做直接措施才能消除的危险点，防止触电发生的措施包括拉开断路器、拉开隔离开关、在隔离开关上挂"有人工作、禁止合闸"牌。通过这三项安全措施才能实现对触电危险的管控。即触电危险包含这三项危险因素。为此这三项措施中，任何一项都必须认真执行，不执行就不具备工作条件，故这三项措施每一项的危险概率都应为1，设备触电的危险概率 $K_{d1}=3$。

（2）设备机械伤害：防止机械转动需要关断水泵入口门、出口门及对泵进行机械制动三项措施，危险概率为 $K_{d2}=3$。

（3）走错间隔：安全措施是悬挂警示牌"在此工作"，故其危险概率为 $K_{d3}=1$。

（4）人员思想状态不稳：在作业过程中，作业者可以通过自我调试对自己的心理状态进行把控，故为低风险。它的大小就是人的失误率，即 0.000 1 以下，故 $K_{d4}=0.000\ 1$。

（5）砸伤、碰伤、划伤，烫伤，临时电源触电：这三项危险发生主要为人的失误，即 0.000 1，故 K_{d5}、K_{d6}、K_{d7} 均为 0.000 1。

2. 负能级指数量化

（1）设备触电：人一旦触电，电流通过人体内部，使人体组织受到伤害。这种伤害的危险性很大，使人的心脏、呼吸机能和脑神经系统都受到损伤，甚至引起死亡。故对人体构成严重的伤害，其负能级指数 $d_1=1$。

（2）设备机械伤害：机械设备运动（静止）部件、工具、加工件直接与人体接触，可能会引起的夹击、碰撞、剪切、卷入、绞、碾、割、刺等形式的伤害。故其负能级指数 $d_2=1$。

（3）走错间隔：其负能级指数 $d_3=1$。

（4）人员思想状态不稳：由于人员思想状态不稳可能造成操作中的疏忽大意，对员工的身体健康造成严重的伤害，故其负能级指数 $d_4=1$。

（5）砸伤、碰伤、划伤：砸伤、碰伤、划伤一般导致人体出血、骨折、截瘫、内脏损伤等。其负能级指数 $d_5=1$。

（6）烫伤：皮肤是人体的保护组织，防止细菌等侵入，一旦烫伤，这个功能即失去，且烫伤部位极易感染，会对人体的健康造成危害，但其危险程度低于触电，且及时处理尚能治愈，其负能级指数 $d_6=0.1$。

（7）临时电源触电：同设备触电，其负能级指数 $d_7=1$。

3. 风险系数计算

根据危险系数和负能级指数的量化，通过风险系数的公式 $R_r=K_d \times d$ 可得：

（1）设备触电风险系数为

$$R_{r1}=K_{d1} \times d_1=3 \times 1=3$$

（2）设备机械伤害风险系数为

$$R_{r2}=K_{d2} \times d_2=3 \times 1=3$$

（3）走错间隔风险系数为

$$R_{r3}=K_{d3} \times d_3=1 \times 1=1$$

（4）人员思想状态不稳风险系数为

$$R_{r4}=K_{d4} \times d_4=0.000\ 1 \times 1=0.000\ 1$$

（5）砸伤、碰伤、划伤风险系数为

$$R_{r5}=K_{d5}\times d_5=0.000\ 1\times 1=0.000\ 1$$

（6）烫伤风险系数为

$$R_{r6}=K_{d6}\times d_6=0.000\ 1\times 0.1=0.000\ 01$$

（7）临时电源触电风险系数为

$$R_{r7}=K_{d7}\times d_7=0.000\ 1\times 1=0.000\ 1$$

22kW 水泵电动机轴承更换操作风险量化分析详见表 3–2。

表 3–2 22kW 水泵电动机轴承更换操作风险量化分析

序号	危险点	危险概率 K_d	负能级指数 d	风险系数 $R_r=K_d\times d$
1	设备触电	$K_{d1}=3$	$d_1=1$	$R_{r1}=3$
2	设备机械伤害	$K_{d2}=3$	$d_2=1$	$R_{r2}=3$
3	走错间隔	$K_{d3}=1$	$d_3=1$	$R_{r3}=1$
4	人员思想状态不稳	$K_{d4}=0.000\ 1$	$d_4=1$	$R_{r4}=0.000\ 1$
5	砸伤、碰伤、划伤	$K_{d5}=0.000\ 1$	$d_5=1$	$R_{r5}=0.000\ 1$
6	烫伤	$K_{d6}=0.000\ 1$	$d_6=0.1$	$R_{r6}=0.000\ 01$
7	临时电源触电	$K_{d7}=0.000\ 1$	$d_7=1$	$R_{r7}=0.000\ 1$

故 22kW 水泵电动机轴承更换作业系统风险系数为

$$R_{rs} = R_{r1} + R_{r2} + R_{r3} + R_{r4} + R_{r5} + R_{r6} + R_{r7}$$
$$= 3 + 3 + 1 + 0.000\ 1 + 0.000\ 1 + 0.000\ 01 + 0.000\ 1$$
$$= 7.000\ 31$$

其中：直接措施控制系统风险系数为

$$R_r=R_{r1}+R_{r2}+R_{r3}=3+3+1=7$$

间接措施控制的系统风险系数为

$$R_r=R_{r4}+R_{r5}+R_{r6}+R_{r7}=0.000\ 31$$

通过改变系统的配置方式，采取直接措施可以把 $R_r=7$ 消除，系统中的风险只剩下 $R_r=0.000\ 31$，称为残余风险。残余风险是指通过改变系统的配置方式，消除直接措施的系统风险后剩余的风险。任何系统都是有风险的，也不是所有的安全控制措施都能完全消除风险。如果残余风险没有降低到可接受的水平，则必须重复风险管理过程以找出一个将残余风险降到可接受水平的方法。

从上述计算可以看出，残余风险很小，只有 0.000 31，虽然残余风险值很小，但残余风险主要与人的因素有关，需要作业者自我去掌控，而无法用直接措施消除，只有靠作业者自己的努力才能控制，因此他的危险仍然很大。在现场作业中，人是最活跃的因素，是最不可控的，或者说，人是最不可靠的。

第 四 章

作业风险管控实务分析

在现实的风险管控工作中，掌握其工作原理并不一定能够完全做好风险管控这一环节的具体工作，这是因为从原理到实践是一个逐渐积累的过程。俗话说"纸上得来终觉浅，绝知此事要躬行"。传统的《安规》培训，要求作业者"只需执行《安规》，不需理解《安规》"，原因是《安规》来源于实践，是实践经验的总结，"是用血的教训写成的"。而面对新生代的高知识员工，这种解释不仅难以让人信服，而且容易产生异议。因此本章将结合《安规》，以"两票"为切入点，对电力企业作业进行风险管控实务分析，以指导作业者创造并保持安全级作业条件，同时指导管理者保证作业者的安全。

第一节　作业风险管控的依据

一、创造并保持安全级作业条件是安全作业的前提

（一）安全级作业条件是实现安全作业的标准

作业的危险主要来源于人的不安全行为、物的不安全状态和环境的不安全因素三个方面。因此，在怎样的安全条件下进行作业、如何创造安全的作业条件，以最大限度地保证每一个作业者和设备的安全，一直是安全生产管理者要解决的问题，也是风险管控的核心。

作业的安全等级分为安全级作业、次安全级作业和危险级作业。

系统中机械设备和环境具有较高的本质安全水平，在人不发生失误的情况下，这个作业就安全，即为安全级作业。这个定义的前提为"人不发生失误"，原因是作业中的物的不安全状态和环境的不安全因素都可以通过改变系统的配置提高其本质安全水平，而人的不安全行为（人的失误）是非理性的，无法通过改变系统实现本质安全水平的提高。

安全级作业解决了作业安全标准问题，创造安全级作业条件是安全作业的基础和前提。在作业过程中，不仅要创造安全级作业条件，还要保持安全级作业条件，从而为安全作业奠定基础。

例如，一台 380V 电动机停电作业，它的工作任务是拉开此电动机断路器，拉开此电机隔离开关，就意味着完成了此工作。这项作业不需要改变系统配置，就可以安全地进行作业。此种作业即是安全级作业。

再例如，一台 380V 电动机检修作业，它的工作任务是对电动机进行解体检修，有触及带电部位的可能，需要对电动机停电，即需要改变系统配置，才能进行工作。此种作业需要创造安全级作业条件。

电动机停电需要拉开断路器和隔离开关，对电气回路采用了阻断和隔离措施，创造了安全级作业条件，这是安全工作的基本条件。但断路器和隔离开关还存在被别人合上的可能，没有从根本上消除突然来电的危险。因此，只是创造了安全级工作条件，还没有实现保持安全级作业条件。要实现保持安全级作业条件，还需要在断路器和隔离开关的操作把手上悬挂"禁止合闸，有人工作"标示牌，提示操作人员，以确保安全作业条件不被破坏。

（二）创造和保持安全级作业条件是实现"四不伤害"的基础

"四不伤害"即不伤害自己、不伤害别人、不被别人伤害、保护他人不受伤害。其从表面上看是对人的安全行为的要求，实质则是对人的安全意识的要求。因此，分析伤害的致因机理，从中找到真正实现"四不伤害"的途径，才能从根本上杜绝伤害的发生。

因为人的不安全行为、物的不安全状态和环境的不安全因素中的任何两个危险发生触及都会产生事故，所以人的不安全行为和其他危险因素发生触及都会带来人身伤害。

理论上，发生自我伤害的机理有四种情况：

（1）个人的第一个不安全行为和个人的第二个不安全行为发生触及。

（2）个人的不安全行为和他人的不安全行为发生触及（严格地讲这也是构成他伤的主要原因）。

（3）人的不安全行为、物的不安全状态发生触及。

（4）人的不安全行为和环境的不安全因素发生触及。

伤害他人和被他人伤害的机理是个人的不安全行为和他人的不安全行为发生触及，而发生这种触及大多情况是物的不安全状态在起作用。

在事故成因理论中，危险触及的基本条件是危险交叉和危险的能量大于系统的本质安全水平。如果有效地控制物的不安全状态和环境的不安全因素——即创造和保持安全级作业条件，就会大大降低人的不安全行为与其他危险发生触及的可能，从而有效减少作业中的伤害。由此可见，创造和保持安全级作业条件是实现"四不伤害"的基础。

（三）创造并保持安全级作业条件靠"组织措施"和"技术措施"

把改变系统的配置，使系统的本质安全水平提高称为措施。把以消除、阻断和隔离的方式改变系统配置的硬措施称为直接性安全措施，把通过提高人的安全意识，间接达到提高系统安全水平的软措施称为间接性安全措施，把直接性安全措施和间接性安全措施的有机结合称为完备的安全措施。完备的安全措施的标准是创造并保持安全级作业条件所需措施的总和。

这里对安全措施的提法和分类有别于《安规》中的"技术措施"和"组织措施"。《安规》中的"技术措施"中涵盖阻断、隔离以及标识等安全措施，如改变系统配置性的停电和不能改变系统配置的悬挂标志牌等措施；"组织措施"则属于管理措施，是一项工作制度，如工作票、工作许可等针对作业风险管控提出的具体制度。

但是，《安规》最大的不足是未能将电气作业和热机作业的措施有效融合，如《安规》（电气部分）中的"组织措施"和"技术措施"仅是针对电气作业而言，由于当年的电力生产没有实现集控制，而是按照专业管理，所以安全管理也是在专业管理基础上形成的管理体系。针对现在电力生产过程中作业交叉、集控管理的现象，可以通过直接措施和间接措施分析"组织措施"和"技术措施"，实现对《安规》的全新解析。

当不折不扣地按照《安规》执行安全措施时，有些间接措施就可视为直接措施，如悬挂"有人工作、禁止合闸"牌，对发电企业员工来说相当于直接措施。警示牌一旦挂到操作把手上，就不会有人操作此把手，即使这张警示牌挂错，也必须由相应人员取回警示牌，方能操作此把手。

为此在分析系统的本质安全能力时，往往将类似的间接措施视为直接措施。而改变系统本质安全水平的是直接措施，但提高人的安全水平还要依靠间接措施，因此在人员、机械设备、环境系统中需要靠完备的安全措施来提高系统的本质安全水平。

二、组织措施

（一）《安规》的结构组成

目前《安规》分为电气、热机两个部分，从结构上看：

《安规》（电气部分）分为五大部分，分别为总则、高压设备工作的基本要求、保证安全的组织措施、保证安全的技术措施及专业规程。其中，第一部分"总则"包括通则、作业现场的基本条件、电气工作人员应具备的基本条件、教育和培训、电气设备分类、安全用具的要求；第二部分"高压设备工作的基本要求"包括电气设备的运行值班工作、电气设备的巡视、倒闸操作、高压电气设备上的工作分类和相关规定；第三部分"组织措施"包括工作票制度，工作许可制度，工作监护制度，工作间断、转移终结制度；第四部分"技术措施"包括停电，验电、装设接地线，悬挂标识牌和装设遮栏；第五部分"专业规程"包括线路作业时发电厂的安全措施，带电作业，发电机和高压电动机的检修、维护工作，变压器的检修、维护工作，在六氟化硫电气设备上的工作，在低压配电装置、低压电动机和低压导线上的工作，在继电保护、自动装置、通信、仪表等二次系统上的工作、电气试验、电力电缆工作。

《安规》（热机部分）分为三大部分，分别为总则、热机工作票及专业规程。第一部分"总则"包括热机检修工作人员的基本条件、工作场所、工器具管理、设备维护；第二部分"热机工作票制度"包括热机工作票的填用、工作票中所列人员的基本条件和责任、外包工作票、工作票填写、执行安全措施的要求、工作票的执行程序、工作票管理；第三部分"专业规程"包括储运煤设备的运行和检修，燃油及燃机设备的运行和检修，锅炉和煤粉制造设备的运行和维护，锅炉设备的检修，汽轮机的运行与检修，管道、容器的检修，化学工作，氢冷设备和制氢、储氢装置的运行和维护，水轮发电机组的检修，水工建筑物及水库的运行和维护，风力发电机组的运行和检修，电焊和气焊，高处作业，起重和搬运，土石方工作，水银和潜水工作。

（二）组织措施是《安规》的管理核心

从内容上看，热机部分的工作票制度需要在电气部分的"组织措施"支撑下才得以有效实施。由此可以说明《安规》（电气部分）的"组织措施"既适用于电气专业，也适用于热动专业，广义地讲它适用于所有社会化大生产的安全管理。然而，由于历史的局限性造成了电气专业和热机专业管理措施的差异，但其本质上都是以直接措施和间接措施创造并保持安全级作业条件。《安规》中的组织措施是间接措施的顶层，即管理措施。

之所以很多著作把安全管理分为人员、机械设备、环境、管理，是因为管理措施是以管理制度的形式作为间接措施的顶层措施，它的严格执行是其他措施能够有效执行的保证。《安规》中的"组织措施"就属于这样的管理措施，只有它得到严格的执行，其他措施才能有效地发挥作用。工作票作为一种创造并保持安全级作业条件的措施，能否有效地发挥作用，关键是工作票制度是否严格执行。可见，组织措施是《安规》整个管理的核心。

（三）组织措施的核心

保证安全的组织措施包括工作票制度、工作许可制度、工作监护制度、工作间断、转移终结制度。其中的"工作票制度"是核心，工作许可制度是对工作票的许可；工作监护制度是对执行工作票所列工作的监护；工作间断、转移终结制度是对执行工作票所列工作的间断、转移终结。以工作票实现作业组织是电力系统的生产组织特点，落实工作票制度是作业风险管控的保障措施。

1. 工作票是创造并保持安全级作业的基础

工作票以纸面的形式要求作业过程中创造并保持安全级作业的条件，其要点是明确改变系统配置的方法，由工作负责人以纸面的形式填写创造并保持安全级作业条件所需的各项措施，再经工作票签发人、工作许可人、值长审查确认这些措施的科学性和正确性。《安规》规定，工作票签发人、工作负责人、工作许可人、值长对工作票负有以下安全责任：

（1）工作票签发人：工作票上所填安全措施是否正确、完备。

（2）工作负责人：确认工作票所列安全措施正确、完备，符合现场实际条件，必要时予以补充。

（3）工作许可人：负责审查工作票所列安全措施是否正确完备，是否符合现场条件。

（4）值长：审查工作票所列安全措施是否正确完备、是否符合现场实际安全条件。

现场监察工作票管理的第一项是检查工作票纸面的措施是否完备正确，只有工作票纸面的措施完备正确才能为下一步工作票的执行奠定坚实的基础。同时，工作票的填写也是对工作负责人技术能力的检验，检验工作负责人对《安规》的掌握程度、对作业系统的熟悉程度、对作业风险的管控能力，只有具备这些能力，才能填写出一张合格的工作票。只有填写出一张合格的工作票，才能为运行人员改变系统配置提供准确的措施，运行人员才能为检修人员创造并保持安全级作业条件。

2. 工作票制度是创造并保持安全级作业的保障

工作票是执行工作票制度的第一步，为创造并保持安全级作业条件奠定了基础，而工作票制度的严格执行才是创造并保持安全级作业条件的全部。工作票制度作为一项制度规定了工作票的使用要求、办理过程及各层级人员的责任，为工作票的使用提出了具体的要求。工作许可制度、工作监护制度和工作间断转移终结制度对工作票制度进行了完善。

如果工作票填写合格，却未能严格执行工作票制度，工作票就是白纸。换言之，工作票不是"护身符"，只有严格地执行工作票管理制度，才能发挥它应有的保障作用。没有执行工作票制度中的逐级审批，致使出现安全措施不严密或不准确，就是违章；没有执行工作票制度中工作监护、间断、转移等制度，从而造成人的不安全行为对安全级作业条件产生破坏，也是违章。

[**例 4-1**] 1987 年，某电厂一名继电保护人员对 6kV 母线保护回路进行清扫、检查（设备为 GG1A 框架式开关柜），开具一张电气工作票。其措施是拉开其断路器、拉开其断路器的操作直流保险、拉开其断路器的动力直流保险。

工作票提交后，工作票签发人审查不仔细，误认为是继电保护二次回路工作，没必要拉开隔离开关，对工作票给予了签发。工作许可人、值长犯同样的错误，给予许可和批准。

工作许可人做现场措施时，按照工作票所列的措施执行，安全措施执行完毕后，认为开具的是电气工作票，一定是高压设备已经停电，误将开关柜防护网门打开。

工作负责人在完成保护回路清扫检查后，发现母线 TA 有灰尘，即刻进入开关柜进行清扫，触电死亡。

这是一起典型的由于措施不全，在没有创造出安全级作业条件的情况下进行工作而导致的人身伤害事故。

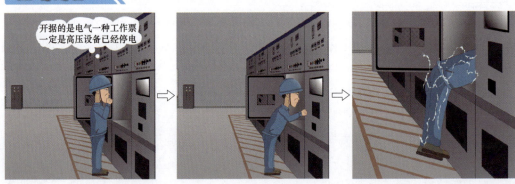

[**例4-2**] 2017 年，某电厂一名外包人员在未得到工作指令且无人监护的情况下，擅自用工具打开断路器仓门进入仓内进行清理，并打开静触头隔离挡板，当其右手接近电源侧静触头小于安全距离时，电源侧静触头对其放电，导致其触电死亡。基于事故成因理论分析，该起事故包含两个危险因素：人的不安全行为即外包人员自行打开开关柜触头防护挡板，物的不安全状态即母线带电，这两个危险因素发生触及，从而引发人员触电死亡事故。

但是引发事故的间接原因是工作票签发人、工作负责人、工作许可人、工作联系人、工作班组成员等一系列连锁违章行为。

（1）工作票签发人未严格执行工作票制度，履行工作票签发人的安全责任，没有对工作内容的必要性和可行性进行把关，扩大了作业范围；没有对外包人员的素质进行把关。

（2）工作许可人、工作负责人、工作联系人未严格执行工作许可制度，没有一起到现场检查所做的安全措施是否正确完备，没有进行安全交底，也没有指明带电位置。

（3）工作负责人未严格执行工作监护制度，安全技术交底不到位。

（4）工作负责人、工作班组成员未严格执行工作间断制度，在无工作负责人或专责监护人带领情况下，工作人员擅自进入工作地点作业。

在事故调查过程中，外包电气工作票票面中危险点、预控措施、安全措施并没有明显的失误，从理论上说这张工作票能够为作业现场创造一个安全级作业条件，然而正是由于工作票制度未能有效执行，工作票签发人、工作负责人、工作许可人、工作联系人、工作班组成员等一系列连锁违章行为，最终导致人员触电死亡。这是一起典型的工作票制度执行不严格导致的人身伤亡事故。

从这两起事故可以看出，票面措施完备是创造并保持安全级作业条件的基础，这个基础一旦动摇，后患无穷。目前，工作现场仍有许多工作票票面上未能达到创造并保持安全级作业条件的要求，提交时仍能通过各级审批，这就给现场工作埋下了隐患。有的工作负责人依靠他人的工作票为自己创造安全级工作条件，这是绝对不允许的。一张合格的工作票票面就能够靠完备的措施创造并保持安全级作业条件。

工作票票面是创造安全级作业条件的第一步，落实工作票制度，是更重要的一步。[例4-2]就是一起没有严格执行办理工作票制度而导致的一起触电事故。工作许可制度，工作监护制度，工作间断、转移终结制度等一系列组织措施都属于工作票办理的一部分。因此，抓住《安规》核心的关键在于掌握和理解《安规》的组织措施，通过制度的刚性执行来保持安全级作业条件，才能实现作业现场风险可控。

3. "专业规程"是创造并保持安全级作业条件的指南

"专业规程"是总结组织措施和技术措施在现场应用的经验而制定出的一系列创造并保持安全级作业条件的指南。为了让大家深入地理解《安规》，应用风险管控理论的危险点分析方法，对部分"专业规程"进行解析。

（1）高压电动机及其附属装置检修。

1）危险点：

a. 设备触电，在高压电动机及其附属装置检修中存在忽然来电的危险。

b. 设备机械伤害，高压电动机存在忽然转动的危险。

2）直接措施（技术措施）：

a. 断开电源断路器、隔离开关，将手车断路器拉至"检修"位或"试验"位。

b. 验电、挂地线。

c. 隔离高压电动机带动的机械部分的入口、出口阀门。

3）间接措施（技术措施）：

a. 在断路器、隔离开关操作把手上悬挂"禁止合闸、有人工作！"标示牌并装设遮栏。

b. 在隔离的阀门上悬挂"禁止操作、有人工作！"标示牌。

直接措施（技术措施）控制了物的不安全状态带来的危险，改变了系统的安全配置，为检修作业现场创造了安全级作业条件。但是，保持安全级作业条件需要依靠间接措施。

间接措施（技术措施）对作业人员起到警示作用，目的是为了防止人员误操作对已创造的安全级作业条件产生破坏。因此，间接措施（技术措施）能够起到保持安全级作业条件的作用。

比如工作票制度明确规定了工作票所列人员的基本条件：

a）工作票签发人应由熟悉工作成员的技术能力、熟悉设备情况、熟悉本规程，并具有相关工作经验的生产领导人、技术人员或经本企业主管生产的厂领导（或总工程师）批准的人员担任。

b）工作负责人应由具有相关工作经验、熟悉设备情况、熟悉工作班人员工作能力和本规程的人员担任。

c）工作许可人应由有一定工作经验、熟悉本规程的运行值班人员担任。

d）工作票签发人、工作负责人和工作许可人名单应由本企业主管生产的副厂长（总工程师）批准并每年公布。

如果所列人员的专业素质不满足岗位的基本要求，危险辨识就做不到位，执行安全措施就可能发生误操作，甚至开具不出一张不合格的工作票，就无法创造安全级作业条件，更无法保持安全级作业条件。

同时，人员仅具备专业素质还不够，必须要有执行力。工作票制度就明确规定了工作票所列人员的安全责任：

a）工作票签发人。

① 工作必要性；

② 工作是否安全；

③ 工作票上所填安全措施是否正确、完备；

④ 所派工作负责人和工作班人员是否适当和足够，精神状态是否良好。

b）工作负责人（监护人）。

① 正确、安全地组织工作；

② 结合实际对工作成员进行安全教育。

③ 确认工作票所列安全措施正确、完备，符合现场实际条件，必要时予以补充；

④ 负责与工作许可人一道检查所做的安全措施是否正确完备，并符合现场实际条件；

⑤ 工作前向工作班全体成员告知危险点，交待作业活动范围、内容及安全措施和注意事项。

⑥ 督促、监护工作班成员执行现场安全措施和技术措施。

⑦ 工作班人员变动是否合适。

⑧ 负责每次作业开工前，复查安全措施是否完备。

c）工作许可人。

① 负责审查工作票所列安全措施是否正确完备，是否符合现场条件；

② 工作现场布置的安全措施确已完善和正确地执行；

③ 负责检查停电设备是否有突然来电的危险；

④ 对工作票所列的内容即使发生很小的疑问，也必须向工作票签发人询问清楚，必要时应要求作详细补充。

⑤ 负责对工作负责人详细说明哪些设备带压、高温、爆炸危险、有毒有害、有

电以及有关注意事项等。

d）专责监护人。

① 明确被监护人员和监护范围；

② 工作前对被监护人员交待安全措施，告知危险点和安全注意事项；

③ 监督被监护人员执行本标准和现场安全措施，及时纠正不安全行为。

e）值长。

① 负责审查检修工作的必要性，审查工作票所列安全措施是否正确完备、是否符合现场实际安全条件；

② 对批准检修工期、审批后的工作票票面、安全措施负责；

③ 不应批准没有危险点控制措施的工作票。

f）工作班成员。

① 熟悉工作内容、工作流程，掌握安全措施，明确工作中的危险点，并履行确认手续；

② 遵守安全规章制度、技术规程和劳动纪律，执行安全规程和实施现场安全措施；

③ 正确使用安全工器具和劳动防护用品。互相关心施工安全，并监督本规程和现场安全措施的实施。

工作票制度相关人员履行职责的过程就是严格执行工作票制度，工作许可制度，工作监护制度，工作间断、转移终结制度的过程。

工作票相关人员具备相应的岗位素质、履职尽责是工作的基础，只有达到这样的条件才能开具出合格的工作票以创造并保持安全级作业条件，做到现场风险可控。

（2）电气设备属于同一电压、位于同一楼层、同时停送电，且不会触及带电导体时，允许在几个电气连接部分共用一张工作票。开工前工作票内的全部安全措施应一次做完。

在发电企业，存在一部分人员对《安规》中的这一条例理解不深，尤其对几个电气连接部分同时停送电的要求存在误解。

同时，停送电即几个电气连接部分的电气设备由同一个电气开关控制，能够经一次操作完成停、送电。

一部分电厂通常把不能同时停送电的几个电气连接部分的电气设备开在一张电气工作票中，如一台机组的 4 台磨煤机 6kV 断路器检修开在一起，一台机组的所有一次风机、送风机、引风机电动机检修开在一起。往往把同时停送电理解为依次停送电，存在一定危险。

在机组检修，设备全停时，即使不满足同时停送电要求的几个电气连接部分的电气设备开在一张电气工作票中，只要危险辨识到位，安全措施落实到位，就能够创造安全级作业条件，很多人往往把创造安全级作业条件当成风险管控的终点，以为开了票，停了电，挂了牌，检修就没有任何风险，忽略了保持安全级作业条件这一重要环节。主要存在以下两个方面的问题：

1）比如一台机组不在同一条母线的 A、B 送风机电动机检修共用一张电气工作票，是能够创造安全级作业条件的，也能够保证作业过程中风险可控；但是，如果 A、B 送风机电动机检修分两个作业小组同时开工，首先存在的问题就是检修过程中不能很好地执行工作票监护制度，工作负责人监护其中一台风机不可避免地会忽略另一台风机检修；另外，如果两个作业点检修进度不一致，A 送风机电动机顺利完成检修，而 B 送风机电动机进度较慢，那么 A 送风机电动机修完就有工作负责人在未了解 B 送风机电动机检修进度的情况下押票试运的危险；同时，由于一张操作票只能操作一个回路，运行人员可能失去对风险的整体把控，那么就有运行人员拿到票未到现场确认即恢复措施的危险，B 送风机电动机检修的安全级作业条件就会被破坏，从而引发事故。这种现象在一些企业作业过程中确实存在，现场设备还处于解体状态，而工作票已提交恢复安全措施。

2）如果两个作业点检修进度不一致，A 送风机电动机顺利完成检修，而 B 送风机电动机由于缺备件或发现重大缺陷要扩大检修，即使工作负责人熟悉进度情况，在工期压力下，也必然会提前对 A 送风机电动机提前押票试运（因为试运发现问题还有足够时间返修），那么 B 送风机电动机正在检修，它的安全措施就无法恢复，工作许可人就要临时制定局部恢复安全措施的方案，如哪些设备要送电、哪些风门要打开，甚至要检查其他专业未完工的工作有没有相同的安全措施，确定局部恢复措施的范围很重要，这个过程中发生失误，就存在应该恢复措施的没有恢复或者不应该恢复措施的恢复的危险。

因此，当几个电气设备检修共用一张电气工作票时，能够创造安全级作业条件，如果完成所有检修任务再整体恢复措施试运，就能够保持安全级作业条件；但是一旦因为工期要求出现部分电气设备提前试运的情况，在电气设备局部试运状态转换过程中，发生人的失误的概率会大幅增加，安全级作业条件就可能被破坏。

（3）系统工作票。

《安规》（热机部分）中，机组大、小修或临检时，可按设备、系统、专业工作情况分别使用系统工作票，系统工作票由工作任务、分部工作清单和相应隔离措施组成。

某个时期一部分电厂曾推行过系统工作票，如机组检修期间在热机中仍采用的是系统工作票，每一个系统对应一张系统隔离卡，系统隔离卡的安全措施经过专业班组层层审批是非常完备的。比如制粉系统检修，运行人员按照系统隔离卡将系统内所有磨煤机、给煤机停电，电动执行器停电隔离，气动执行器隔离气源等，上述措施一次性做完。而锅炉、热工班组负责人则根据工作任务在制粉系统工作票内办理工单，那么工单的办理过程就相当快捷，因为安全措施已经全部提前完成了。当所有工单任务完成，再由运行人员按照系统隔离卡一次性将措施全部恢复，再进行整体试运。

安全监察中发现，系统工作票存在以下几个缺点：

1）由于整个系统设备开在一张工作票中，且安全措施由运行人员根据系统隔离卡来执行，那么工作负责人、工作班成员就可能对自己所从事的工作有哪些危险、有哪些安全措施等均不熟悉，把自身的安全完全寄托于系统隔离卡以及操作它的运行人员手里，一旦系统隔离卡存在漏洞或者运行人员执行不到位，就存在检修人员在危险级作业条件下开展工作的可能。

2）由于整个系统设备开在一张系统工作票中，系统隔离卡中的安全措施是相当庞大的，也就使得工作票监护制度中的"安全技术交底"、工作许可制度中的"工作许可人会同工作负责人到现场确认安全措施"、工作间断制度中的"复工前，工作负责人须重新检查安全措施"等一系列制度无法执行。

3）系统工作票通过系统隔离卡能够创造出安全级作业条件，也能够保证检修中的风险可控，但是必须强调的是对检修完成度要求相当高，只有该系统所有设备检修任务均已完成，才能根据系统隔离卡整体恢复措施，进行试运；一旦其中一部分设备需要延长工期，而其余设备受工期压力要提前试运，那么在临时制定局部安全措施恢复方案以及安全措施执行的过程中，人的失误的概率将大幅增加，安全级作业条件被破坏的概率大幅增加。

三、技术措施

技术措施是改变系统配置的方法。《安规》中的技术措施是创造并保持安全级作业条件的直接措施和间接措施的有机结合。在电气专业中的"停电，验电、装设地线，悬挂标示牌和装设遮栏（围栏）"；而在热机专业中应是"关断阀门、上锁、悬挂标示牌和装设遮栏（围栏）"。不论是电气还是热机所采取的技术措施都是为了提高作业的本质安全水平。

四、完备的安全措施是组织措施和技术措施的有机组合

作业系统实施的完备安全措施不仅是改变系统的配置，同时还包括对这些措施的执行过程。工作票要求票面上所列的措施"是否正确和完备"，这里的措施是技术措施，技术措施能否执行到位，还需制度的保障，即"组织措施"。技术措施提出了"正确和完备"的一系列要求，"组织措施"保证这些要求有效实施，从而形成"完备的安全措施"。即完备的措施是组织措施和技术措施的有机组合。

第二节　运行作业风险管控的依据——操作票

操作票是设备进行状态转换的程序。设备通常分为四种状态，即运行、热备用、冷备用、检修。运行指设备处于正常运行状态；热备用指设备经一次操作即可进入正常运行的状态；冷备用指设备需经二次及以上操作方可进入正常运行的状态；检修指设备在

冷备用基础上，执行相关安全措施后，可在设备上进行相关检修工作的状态。

一、运行操作风险管控理论基础

运行操作的风险管控理论即基于能量运动的本质安全理论，其中涉及系统的本质安全能力、安全级作业条件以及危险的来源。

基于能量运动的本质安全理论揭示出只要有生产活动，就会有危险存在。由于生产系统是由人员、设备、环境组成的有机整体，因而系统的危险主要来自于人员、机械设备、环境，即人的不安全行为、物的不安全状态和环境的不安全因素。要想提高系统的本质安全水平，就需要对这三种因素进行有效控制。

系统的本质安全是生产系统所固有的安全水平（能力），系统的本质安全能力决定了系统的安全性，组成系统的任何一项改变都会改变本质安全能力。因此，在运行操作中对危险因素进行有效管控，最大限度地降低人为失误，增加设备和环境的本质安全能力，从而为整个运行操作者提供安全性高的作业条件。对于运行的大部分操作一般都属于安全级作业，即机械设备和环境具有较高的本质安全水平，只需要控制人的失误就能使整个系统达到较高的本质安全水平。但是安全级作业并不是绝对的安全，因为它没有考虑人的失误。因此，对于运行操作的风险管控，要把着力点放在人因失误的控制上，即人是整个作业系统安全的决定因素。只有人的安全意识达到一定的高度，遵守操作规章制度，才能保证人身设备安全，为此可以说运行操作风险管控的核心工作是管好人。

在电力系统中，人因失误典型表现为人的行为失控和违章作业两种情况。

1. 人的行为失控

导致人的行为失控的主要原因是人的情绪失控、人的安全意识淡漠、人的安全技能不足三种原因。人的情绪失控表现为精神"萎靡不振"或"忘乎所以"，情绪一旦失控就会出现动作变形、行为失常。操作前需确认监护人、操作人的精神状态良好，这个精神状态就是指人的情绪是否稳定。

2. 违章作业

违章作业有两种情况。

（1）安全思想松懈。

1）侥幸心理。表现为无视安全作业规章，把危险触及的偶然性绝对化，认为"万一"离我很远。

2）随性心理。干活图省事、怕麻烦，得过且过。

3）麻痹心理、逆反心理、逞能心里、冒险心理等。

（2）安全技能不足，想要安全，但对危险认识不足，无知无畏，违章作业。

生产事故统计分析表明，生产中的人身伤害80%以上来自人的失误，为此防止生产中人的失误是安全生产管理中的重中之重。人的失误风险难以通过直接措施实现有效的预控，只能通过提高人的安全意识和规范操作人员的行为来解决。操作票是实现运行操作风险管控的最有效手段，是控制运行操作危险的源头，如果运行作业风险管控离开了操作票，则是无源之水，无本之木。

二、操作票的概念及作用

操作票通常是指电力系统中进行电气和热机操作前填写操作内容和顺序的规范化票式，包含编号、操作任务、操作顺序、操作时间以及操作人、监护人或发令人签名等。

操作票是操作的依据，是防止人员误操作的主要措施，是进行电气操作和热机操作组织的重要手段。用能量运动理论诠释是指现场进行危险、重大和复杂运行、倒闸操作的操作指令单、程序单、安全措施单和危险预控单。

（1）操作票是操作指令单。操作人是操作申请人，监护人既是操作监护人又是操作工作第二发令人，值长是操作工作第一发令人。操作人、监护人、值长等依据操作票提出申请和发令。

（2）操作票是程序单。操作人、监护人依据操作票逐项操作，严格执行唱票复诵制，不跳项、漏项，完成操作任务。

（3）操作票是安全措施单。操作票是控制人的风险的安全措施单。

（4）操作票是危险预控单。对于运行操作作业，填写"操作票危险点预控卡"是操作票管理制度的一个创新，使操作作业危险一目了然，达到危险可见、风险量化。

三、操作票填写要求

（1）操作票由操作人员填写，每张票填写一个操作任务。操作人员是指具备操作资格的人员。操作人员填写操作票并审核后，也可能不在本班操作，而由其他班操作人员重新审核并操作。操作票审核人员应对操作任务、操作项目、操作顺序进行全面的检查。操作票审查中若发现问题，应重新填写操作票和履行审查程序。操作人员填写操作票的过程也是熟悉电气操作内容和操作顺序的过程，这对防止误操作是一个重要措施。此外，操作人员是电气操作的执行者，操作票的正确与否对其自身的人身安全有着重要作用。因此，各项操作应由操作人员填写操作票。

（2）对电气操作来说，根据同一操作指令，为实现同一个操作目的而依次进行的一系列相互关联的电气操作全过程，称为一个操作任务。每张操作票是指每份操作票，一份操作票可以包含一个操作任务的若干自然张操作票。为了更好地达到操作目的，使操作人和监护人清楚地了解操作项目和操作顺序，规定每张操作票只能填写一个操作任务。电气操作票"操作任务"栏的填写应指明电压等级、设备双重名称，凡是符合运行、热备用、冷备用、检修四种状态的，应以其状态变化来表示。设备（断路器、线路、主变压器、母线等）的四种状态应执行各级电网现场调度规程的规定。小车开关和抽屉式开关的状态应以运行状态、热备用状态、冷备用状态、试验状态和检修状态表示。

（3）操作前应根据模拟图或接线图核对所填写的操作项目，并经审核签名。操作人和监护人应在操作前对照模拟图或接线图核对填写的操作项目，必要时就地核对确认，以防止或纠正操作指令、操作任务和操作项目。若操作票存在问题，应重新填写操作票。电气操作票的操作项目中，拉开、合上开关（断路器）或隔离开关（刀闸），应填写设备双重名称；热机操作票的操作项目中，开启、关闭阀门等应填写设备名称并保证名称的唯一性。操作人和监护人对操作票审核正确无误后，分别签名。然后经值班负责人、值长审核签名。

（4）操作票应按统一操作术语填写，不得任意涂改（包括刮、擦改），个别错、漏字修改时，应在错字上画两道横线，漏字可在填补处上方或下方作"∨"记号，然后在相应位置补上正确或遗漏的字，字迹应清楚，并在错、漏处由值班负责人签名，以示负责。错、漏字修改每项不应超过一个字（连续数码按一个字计），每页不得超过三个字，但是设备的双重名称、动词、操作顺序号码和打"∨"记号等不得作为个别错、漏字进行修改。

（5）操作票一般只填写操作开始和终了时间，但操作涉及系统的倒闸操作或并、解列（包括机组）、待令以及测量绝缘、拉开合上断路器或隔离开关、点火、盘车、暖管、投退轴封汽、抽真空、破坏真空、冲转、暖机、达全速、并网等操作时，应将有关操作时间记录在完成时间栏内。

（6）验电和装设接地线（包括合上接地开关）应作为一个操作项目填写，即在验明确无电压后立即进行接地，接地线（包括接地开关）应填写编号或编码。

（7）一个操作任务需续页填写时，续页的前一页最后一栏应注明下页的电气操作票编号："接下页 No：×××××"，续页上的第一栏应写出所承接上页的操作票编号："承上页 No：×××××"。操作票的每一页都应写明操作任务，所有各页上的操作人、监护人、值班负责人都应签名。操作票未填完空格，应在第一空行盖"以下空白"印章。

（8）每个操作项目均应专项填写，下列操作必须列入操作项目：

1）拉开、合上隔离开关前，检查相应的断路器实际分、合位置，确认断路器状态正确。

2）拉开、合上断路器或隔离开关后，检查确认断路器或隔离开关的实际位置。

3）检查断路器和隔离开关位置时，凡就地操作的，"检查"可与该断路器或隔离开关的操作合填一项；远方操作的，"检查"应专项填写；连续拉开或合上几个断路器时，允许几个断路器操作完毕后再分项填写"检查"各断路器位置。

4）在操作过程中，如连续拉开几个断路器和相应的隔离开关，允许先拉开几个断路器后再分别拉开隔离开关，但拉开隔离开关前必须检查相应断路器位置。

5）倒闸操作需要拉开（合上）的隔离开关列入操作项目；在操作前已经拉开（合上）的隔离开关，也应列入隔离开关实际位置的检查确认。

6）在接地操作前应检查相应隔离开关确在断开位置，检验是否确无电压；检查和验电均需单列。

7）倒闸操作前，应就地检查有关隔离开关、接地开关操作机构闭锁是否解除，是否有机械锁未解情况，解锁操作应在操作票中单独列一项。

8）设备检修后，合闸送电前，检查送电范围内的接地开关，确认已拉开或接地线确已拆除。

9）需要分项填写的检查项目，检查带电显示装置是否正常。

10）并、解列（包括系统并解列、变压器并解列、双回线并解列、倒母线等）应填写检查"负荷分配"的项目，并在该项末尾，记上实际电流数值。

11）在进行倒换母线操作前，应填写"检查母联开关及两侧隔离开关确在合闸位置""拉开母联开关操作熔断器"等项目。

12）为了同一操作目的，且根据调度或值长命令中间必须进行间断操作时，应在操作项目中专项注明"待令"。

13）测量设备绝缘电阻（并填写绝缘电阻值、是否合格）。

14）拉开或合上控制、操作回路或电压互感器回路的熔断器。

15）切换保护回路。

16）一套继电保护的几个连接片，其投入或退出必须分别逐项填写。

17）辅机投运、退出，关闭、开启各类阀门，注水、排气、充泄压、疏水、暖管，自动控制的状态改变，检查辅机、阀门、设备的电、气、液源、自动控制的状态，检查、记录、打印参数等内容。

之所以强调将上述内容填入操作票内操作项目，除了防止这些内容遗漏、颠倒外，还有以下原因：

1）电气倒闸操作的设备位置检查项目是倒闸操作一项十分重要的步骤。为了保证操作安全、正确，防止设备操作后实际位置未到位（或未全部到位）时执行下一项操作而造成人为误操作事故，要求拉合设备，如断路器、隔离开关、接地开关等后检查设备位置项目应填入操作票内。

2）进行停、送电操作时，在拉合隔离开关，小车式开关拉出、推入前，检查断路器确在分闸位置，以防止带负荷拉合隔离开关或带负荷拉出、推入小车。

3）合闸送电前，送电人应检查接地开关（装置）已拉开，接地线已拆除，包括检修工作过程中合上或加挂的临时工作接地、保安线应全部拉开或拆除，防止带接地线或接地开关合闸断路器误操作事故。

4）倒负荷或并、解列操作前后，检查相关电源运行及负荷分配，是为了防止负荷分配不均，造成相关电源过负荷，同时应检查并、解列断路器的三相位置。

四、操作票执行流程

（一）操作任务下达

（1）值长（值班负责人）应审核操作任务的必要性、可行性。必要是指是否必须要进行这项操作，值长需要审核把关；可行是指现场是否具备操作的条件，运行方式、设备状况（缺陷）、天气状况等是否满足。

（2）操作发令。发令人（通常是值长、值班负责人）发布命令应准确、清晰，使用规范的操作术语和设备双重名称（即设备名称和编号）。为了防止因误发操作指令而造成误操作事故，要求发布指令时应准确、清晰。为防止对操作指令理解歧义，应使用规范的操作术语和设备双重名称。双方宜全过程做好录音以备核查。发布操作任务要同时发布给监护人及操作人，发令人应明确操作任务的目的和要求，同时讲清被操作设备或系统当时的状况，布置必要的安全措施，交代详细安全注意事项等。

（3）操作受令。受令人接令后，应复诵无误后执行。为了防止因误接操作指令而造成误操作事故，接受操作指令者，应记录指令内容和发布指令时间。接令完毕，应将记录的全部内容向发令人复诵一遍，并得到发令人认可。正式操作命令以值长（值班负责人）签名、发令时间为准。

（二）危险点辨识与预控

（1）安全风险辨识准确、充分、完整。通过"作业风险管控数据库"，调用与操作任务对应的《操作票危险点预控卡》，根据操作过程分析所处立体空间环境以及涉及的各类能量和可能引起危险的潜在因素（电能、动能、热能、势能、化学、生物、环境、人为因素和其他不确定因素），补充完善操作风险预控措施，形成《操作票危险点预控卡》。

（2）填写《操作票危险点预控卡》，制定预控措施全面、有针对性，核心是全面分析人员、机械设备、环境因素。以电气操作票为例，电气设备以5种状态为核心，实现"五防"。

（3）操作票种类、格式符合《安规》要求。

（三）操作票填写

由具备操作资格的人员按照"操作票填写要求"进行填写。

（四）操作票审核

由操作票上所列人员（操作人、监护人、值班负责人、值长）分别对操作票及《操作票危险点预控卡》中内容进行审核，补充完善其内容，监护人、值长等对其正确性、完备性负责。

由于现场操作人员经常会调用标准票，所以必须对现场是否具备使用标准票的条件进行审核，并按实际情况进行修改，确保操作票完全符合工作现场设备、系统的实际状况。

（五）操作与监护

（1）操作前模拟操作，准备符合要求的操作工具。

（2）正式发令，按操作票顺序，严格执行唱票复诵操作。

（3）检查核对设备名称、编号、位置和状态；每执行一项应严格执行"四对照"，即对照设备名称、编号、位置和拉合方向。

（4）不漏项、跳项，每项操作完毕打"√"；不得擅自更改操作顺序。

（5）有疑问时立即停止操作和汇报。操作过程中有关对外联系的项目均由监护人向值长（值班负责人）提出，统一由值长（值班负责人）负责对外联系。

（6）一般电气操作票只填写操作开始和终了时间，但如操作涉及系统的倒闸操作或并、解列（包括机组）、待令等操作时，应将有关操作时间记录在完成时间栏内。

（7）操作过程中不得擅自解除五防闭锁装置，确实需要解除，须按相关制度逐级批准，并须相关领导、专业人员到现场确认。

（六）操作结束与汇报

操作完毕后应全面检查确认无误后及时汇报、盖章、登记、归档。

（七）操作票管理

（1）重大操作监督。制定重大或复杂的操作清单，细化重大或复杂操作现场到位标准和记录。

（2）年度审核。对操作票各责任人进行年度审核和公布。

（3）检查、分析、评价、考核。定期对操作票进行检查、统计、分析、评价、考核。

五、操作票执行标准及"不合格"操作票

（一）操作票执行标准

（1）准确的设备双重名称（设备名称、编号）。

（2）规范的操作术语。

（3）严格执行唱票复诵制，按顺序操作，不跳项、漏项。

（4）正确使用操作票危险点预控卡，实现危险可见。

（5）票面静态检查、动态执行检查均合格。

（二）"不合格"操作票

具有以下任一情况者为"不合格"操作票：

1. 静态检查

（1）操作票无对应预控措施卡。

（2）预控措施卡内容无针对性，内容不全，有重大的危险点没有被分析和识别出来。

（3）操作票（《操作票危险点预控卡》）无统一编号或手书编号或编号存在空缺。

（4）操作票危险点预控卡与操作票编号不一样。

（5）字迹模糊或漏、错字修改不符合规定。

（6）承上页、接下页不符合规定要求，或未在操作票留下的第一空行标注"以下空白"。

（7）各种签名人员资质不符合《安规》规定或漏签姓名。

（8）操作票执行完毕后，未盖"已执行"印章。

（9）操作开始时间或结束时间未填写、填写明显错误或造假。

（10）操作任务不明确、错误，电气操作票无设备双重名称，操作任务栏设备无电压等级，热机操作设备名称未保证唯一性。

（11）未使用规范的操作术语。

（12）电气操作项目中断开、合上断路器或隔离开关无双重名称。

（13）应装（拆）接地线无编号或编码，接地点不明确。

（14）操作项目遗漏、操作顺序错误（包括顺序号颠倒或涂改）。

2．动态检查

（1）操作前未认真学习危险点预控措施，未交代安全注意事项。

（2）未持操作票（《操作票危险点预控卡》）进行操作。

（3）操作票或对应的操作票危险点预控卡丢失。

（4）危险点预控卡中的控制措施未全部落实。

（5）执行操作项目不符合操作任务要求。

（6）没有弄清操作目的，电气操作不经过模拟图核对操作项目，操作不监护、不唱票、不复诵者。

（7）操作时漏项、跳项操作。

（8）操作时不是操作一项做一个记号"√"（含一个项目打两个"√"或打"√"涂改）。

（9）系统倒闸操作和并列、解列操作、待令等没有填写完成时间。

（10）未经批准解锁操作。

（11）装设接地线前（包括接地开关）没有验电或验电没有填写，验电方法不正确。

六、关于操作票的思考

依据现场检查的操作票情况，对操作票存在的危险点辨识不全面、预控措施针对性差等问题，作以下思考：

1．必须扎实开展运行人员技能技术专业深度培训

（1）在实际工作中发现，相当一部分运行人员存在机械执行操作票的行为，对具体内容不了解，照"票"宣科。原因是电厂大多数都建立了典型票库，方便了运行人员调取，但同时也带来了人员的懈怠，加上目前绝大多数电厂为集控人员，知识面普遍大而全，但专业深度不够，导致只知其然，不知其所以然，尤其是电气专业方面。如对系统运行方式不熟悉；对设备原理不熟悉；默写系统图、操作票的能力下降；电气典型操作票为什么这样写、为什么这样要求、为什么不能改变步骤，全然不知；电气典型操作票的操作步骤通常是综合考虑一次设备的状态转换（运行、热备用、冷备用、试验、检修）、高/低压操作原则、等电位原则、设备系统运行方式变化与二次保护定值设备配合、关键可见点、人员行走路线等因素，核心是实现五防，达到保护人身、设备安全的目的。

（2）技能技术专业深度不够，事故处理应急应变能力下降。发生异常时不会判断、误判断，不会处理、错误处理，甚至扩大处理，必然影响安全生产。

2. 监护人、操作人各司其职，杜绝监护人协助操作人操作

为防操作失去监护，操作过程中，监护人应切实有效执行监护任务。实际操作工作中，有电厂发生过监护人协助或代替操作人操作，导致失去监护，造成漏项或措施执行不到位，甚至发生人身事故。如协助操作时，注意力集中在大力推车上，接地手车推至仓内未摇至接地位置，协助 400V 设备测绝缘，碰到带电母线。因此，不建议操作人协助操作，要各司其职。

3. 严格验电

《安规》规定：对无法进行直接验电的设备，可以进行间接验电。即通过设备的机械指示位置、电气指示、带电显示装置、仪表及各种遥测、遥信等信号的变化来判断。判断时，应有两个及以上的指示且所有指示均已同时发生对应变化，才能确认该设备已无电；若进行遥控操作，则应同时检查隔离开关的就地状态指示、遥测、遥信信号及带电显示装置的指示进行间接验电。

《安规》规定：反映设备断开和允许进入间隔的信号、经常接入的电压表等，不得作为设备无电压的根据。

4. 提高操作票合格率，建立良好的考核机制

应如实统计操作票的合格率和不合格票。所谓"两票"合格率 100%，是我们追求的目标，就如同我们追求"零违章"是同一个道理。个别单位"两票"合格率达不到 100%时，就考核安监部，这是错误的做法。应该鼓励大家认真督查"两票"，对查出的不合格票进行考核，而不能形成为应付考核逼人造假的机制。同时，各单位也应建立良好机制，督促生产部门积极开展自查。对于生产部门自查出的不合格票且未造成后果，可考虑免于或减半考核生产部门，对于安监部查出的要严格考核生产部门，对于厂部领导检查出的要严格考核安监部。

5. 高度重视热机操作票

大多数电厂对电气操作票很重视，有全面详细的规章制度，执行也规范。但对热机操作票不够重视，规章制度未健全，从开始无热机操作票，到后来有。虽然有了操作票，但执行不规范，甚至还有很多电厂无热机操作票预控卡。在实际工作中，热机操作票因为执行不到位发生过很多危险、甚至事故。如有的电厂进行高、中压主汽门活动试验时，因无操作票、无监护，误把高压主汽门当作中压主汽门点击操作，高负荷工况下造成机组汽包水位低跳闸。

6. 强化操作票管理重点

（1）建立健全的"操作票"管理体系，严格落实各级责任制。尤其要加强领导层的重视程度，领导层重视后，层层抓落实，一切难题就迎刃而解。厂领导要定期对操作票进行体验式抽查，保证各职能部门和责任部门能尽职尽责。

（2）抓好本厂相关制度的修订。各单位要在学习新安规、新本安体系文件的基础上，及时修订本厂的《操作票管理标准》。

（3）做好日常监督检查工作。日常监督检查保持高压态势，确保不发生大的安全问题。

七、关于《安规》（电气部分）中与运行操作相关的条目解析

（1）停电操作必须按照断路器–负荷侧隔离开关–母线侧隔离开关的顺序依次操作。送电操作应按与上述相反的顺序进行，严防带负荷拉合隔离开关。

解析：

实际工作中，发现部分员工专业技术技能不过关，不知道制定此项规定的缘由，从而产生无所谓的思想，随意颠倒操作顺序，这就是因知识缺失而产生无意识人因失误。此类行为主要是员工自身知识缺乏，不知晓所采取行为的对错或者后果而无意之中造成的失误。

电气运行操作中所规定的种种管理措施、手段根本核心就是彻底实现"五防"（防止走错带电间隔、防止误分合断路器、防止带负荷分合隔离开关、防止带接地线或接地开关合断路器、防止带电挂接地线或合接地开关），"五防"的实现有助于避免人身伤害、设备损坏。此条规定有两层含义：

1）停电操作先断开断路器，目的是断路器有快速灭弧功能，而隔离开关不具备灭弧功能，因此，可以实现防止带负荷拉合隔离开关。

2）断开断路器后，先进行断开负荷侧隔离开关的操作、再进行断开母线侧隔离开关的操作，目的是防止带负荷拉隔离开关，虽然进行了断开断路器的操作，但万一断路器未断开，此时先断开负荷侧隔离开关相当于带负荷拉开隔离开关肯定产生大电弧，保护会动作，跳断路器一次，如果断路器跳闸则不影响上一级保护动作不至于扩大故障范围影响母线运行，如果断路器不跳闸则会依靠上一级保护动作而扩大故障范围影响母线运行。如果先断开母线侧隔离开关则会导致母线保护动作直接跳闸母线，扩大故障范围。

（2）将检修设备停电，必须把各方面的电源完全断开（任何运用中的星形接线设备的中性点必须视为带电设备）。禁止在只经断路器断开电源的设备上工作。必须拉开隔离开关，小车开关应拉至"试验"位置或"检修"位置，停电设备的各端应有明显的断开点，或应有能反映设备运行状态的电气和机械等指示，不应在只经断路器断开电源的设备上工作。与停电设备有关的变压器和电压互感器，必须将设备各侧断开，防止向停电检修设备反送电。

（3）应断开停电设备各侧断路器、隔离开关的控制电源和合闸电源，闭锁隔离开关的操作机构。

解析：

实际工作中，部分人员业务技能水平低或想当然，认为只需断开断路器即可在设

备上工作。因此，工作票措施上也不填写拉开隔离开关或小车开关拉至"试验"位置或"检修"位置。这也是因知识缺失或想当然而产生的无意识人因失误。

检修设备停电，必须把各方面的电源完全断开，这就是通过技术措施改变系统配置，创造安全级作业条件的直接措施。任一侧不断开，设备检修时，该侧电源都会造成检修工作人员触电事故。如果设备只经断路器断开电源，而隔离开关未断开或小车开关未拉至"试验"位置或"检修"位置，相当于设备热备用状态，此时在设备上工作，就会面临突然来电的危险，导致检修工作人员触电事故。故应断开停电设备各侧断路器、隔离开关的控制电源和合闸能源，闭锁隔离开关的操作机构，确保不向停电检修设备反送电。

前述实际工作出现的情况，仅依靠断路器断开电源是一个危险，为检修工作埋下隐患，如果再有另一个危险，有人合上断路器，两个危险触及，必然产生触电事故。

（4）当验明设备确无电压后，应立即将检修设备接地并三相短路。

装设接地线必须先接接地端，后接导体端，接地线应接触良好，连接可靠。拆接地线的顺序与此相反。装、拆接地线均应使用绝缘棒和戴绝缘手套，人体不应碰触接地线。

解析：

在实际现场工作检查中发现，检修人员填写危险点预控卡中的预控措施时，防止触电措施为通过验电保证自己安全，这是错误的概念。应先检查停电措施执行或接地线（刀）已合，再验电，当验明设备确无电压后，应立即将检修设备接地并三相短路，这样预控措施才正确全面。操作票管理制度也规定应将此操作填写入一条操作项目，不允许分两条操作项目填写。

这是因为，当验明设备确无电压后，只表明现在时段设备无电压，如果间隔一段时间后再进行检修设备接地操作，不排除发生再次操作时人员失误未核对设备名称编号而走错间隔的危险，如果误入带电间隔，可能认为之前已经验电正常，不会再验电，又产生一个危险，两个危险触及，就会发生带电挂、接地线恶性电气事故，从而造成人员伤亡。

装设接地线必须先接接地端，后接导体端。这也是从防止人的失误出发，如果人员失误，误入带电间隔或未对设备充分放电而设备存在感应电形成一个危险，如果先接导体端，人与地线又碰触再形成一个危险，两个危险触及，设备电流就会经地线、人，形成通路，电能量无序释放，导致触电事故。如果先接接地端，后接导体端，即使人触碰地线形成一个危险，但因人与地并联且人的电阻远远大于地线电阻，只有很小电流会通过人，形成通路，电能量有序释放，不会对人造成伤害。而规定装、拆接地线均应使用绝缘棒和戴绝缘手套，也是避免人体碰触接地线。

（5）在室内高压设备上工作，应在工作地点两旁及对侧运行设备间隔的遮栏上和禁止通行的过道遮栏上悬挂"止步，高压危险！"的标示牌。

高压开关柜内手车开关拉至"检修"位置时，隔离带电部位的挡板封闭后禁止开启，并设置"止步，高压危险！"的标示牌。对封闭挡板进行活动试验需要开启时，工作人员与带电部位的距离不得小于表4-1的规定。

表4-1　　　　　　工作人员工作中正常活动范围与带电设备的安全距离

电压等级 kV	安全距离 m
10及以下（13.8）	0.35
20～35	0.60
60～110	1.50
220	3.00
330	4.00
500	5.00
750	8.00

注　1. 表中未列电压等级按高一档电压等级安全距离。
　　2. 750kV数据按海拔2000m校正，其他等级数据按照海拔1000m校正。

解析：

检修设备附近有带电运行设备时，无法采取停电的直接措施，运行人员通过在检修人员工作地点两旁及对侧运行设备间隔的遮栏上和禁止通行的过道遮栏上悬挂"止步，高压危险！"的标示牌，提醒、警示相关人员设备有电，避免碰触带电设备。这里悬挂标示牌则是采取提示性的间接措施来提高人的安全意识，降低人的失误概率，间接提高系统安全能力。

高压开关柜内手车开关拉至"检修"位置时，手车开关已出仓，仓内母线侧静触头属于带电部位，此时母线仍运行，无法采取停电的直接措施，只能采取间接措施，检查隔离带电部位的挡板封闭，禁止开启，并设置"止步，高压危险！"的标示牌，提醒、警示相关人员仓内设备有电，避免进入触碰带电部位。

间接措施的第一个特点就是运用制度、规定等管理措施来规范人的行为，具有强制性。如果制度、规定落实不到位，人因失误的危险概率就会大大增加，因此，制度、规定的执行力是间接措施是否落实到位的关键。间接措施第二个特点就是通过各种安全标识对作业人员进行提醒和警示，对提高作业人员安全意识、减少人因失误起到辅助作用。

在某电厂曾发生手车开关已出仓，但未按《安规》规定悬挂"止步，高压危险！"的标示牌，形成一个危险；后外包检修人员又未认真核对工作内容，擅自打开仓门进入仓内进行清扫，又形成一个危险；清扫过程中打开隔离带电部位的挡板，又形成一个危险。三个危险触及，造成人员触电死亡事故。血淋淋的深刻教训告诫我们，不能轻视间接措施的作用。虽然外包检修人员违章，但如果当时已悬挂"止步，高压危险！"的标示牌，外包检修人员也会看见的。

（6）发电机在检修状态，其中性点接地开关必须断开。发电机在检修状态，其中性点与其他发电机的中性点连在一起，则在工作前必须将检修发电机的中性点分开。出口无断路器时，还应将主变压器、高压厂用变压器的中性点断开。

解析：

发电机中性点与其他发电机中性点都与接地网接地，如果检修前未断开，在检修中如果其他发电机发生单相接地故障或其他故障，可能引起中性点电压升高，导致检修人员伤亡。因此，中性点接地开关必须断开，也是保证安全的一项直接措施。

出口无断路器时，还应将主变压器、高压厂用变压器的中性点断开。这是避免发生检修前发电机的中性点未断开，在检修中其他变压器发生单相接地故障或其他故障，引起中性点电压升高，导致检修人员伤亡。这是保证安全的另一项直接措施。

关于这项规定理解需要一定的专业素养，运行操作人员很容易因知识缺失而产生无意识人因失误，因此，要加大电气专业技术技能培训，专业深度不够，只能导致只知其然，不知其所以然，离开技术技能无法谈安全。

第三节　检修作业风险管控的依据——工作票

工作票是检修人员在电力生产现场、设备、系统上进行检修、维护、安装、改造、调试、试验等工作，明确安全职责、落实安全措施、履行工作手续的书面依据，是创造并保持安全级作业的手段，也是检修、运行人员双方共同持有、共同强制遵守的书面约定和安全许可证。

一、工作票的概念及作用

工作票是实现检修作业组织的必要手段，是控制作业危险的源头。它是现场检修作业的工作申请单、工单、工作措施单、风险预控单。工作票的种类：按专业分有（外包）电气工作票和（外包）热力机械工作票；按性质分有工作票、生产区域（外包工程）工作联系单、事故紧急抢修单、电气带电作业工作票，以及为保证作业安全采取的特殊安全措施需要办理的动火作业措施票、特殊作业措施票、继热措施票等。

（1）工作申请单："工作许可制度"决定了电力检修工作实施的是工作申请制，工作票就是工作申请单，工作负责人则是工作申请人。工作票签发人是第一工作批准人，工作许可人是第二工作批准人，值长才是最终的工作批准人。

（2）工单：工作票签发人作为生产的组织者，保证安全生产是他的重要责任，下达的工作指令是他的工作权利，工作票又是他下达工作命令的工单。

（3）工作措施单：工作票制度另一项作用是工作措施单，它提出保证安全工作的直接措施。

（4）危险预控单：对作业进行危险点分析是工作票管理制度的一个创新，是安全生产精细化管理的实施。准确翔实地分析工作危险点，可以使作业危险一目了然，达到危险可见，风险量化。

二、工作票的执行流程

（一）合格工作票的标准

检验工作票是否合格的终极标准，是这张工作票是否能够为检修工作创造并保持安全级作业条件。通过实践总结出，满足以下这 6 个条件，就可以为检修工作创造并保持一个安全级作业所需的全部条件。

（1）保证设备名称的唯一性。

（2）完备的直接措施。

（3）标准的调度术语。

（4）明晰的危险点清单。

（5）可以实现风险量化。

（6）票面动态、静态检查合格。

（二）办理合格工作票应具备的基本条件

（1）完善的设备双重编码。用两种编号系统对设备进行命名，使设备名称双重化，目的是确保设备的唯一性，在工作中通过核对设备名称和编码可以有效防止走错间隔(设备)。对于电气设备来说，双重名称和编码是《安规》中的基本要求。对热机设备来说，还有一部分单位只有名称，没有编码。若厂里的设备没有进行双重编码，应保证设备在全厂范围内名称的唯一性。

（2）标准调度术语。为保证安全措施的描述规范统一，防止因用语不标准造成理解上产生歧义而带来安全措施执行中的错误。

（3）开放的作业危险分析数据库。对生产现场的每一项实际工作进行危险分析并采取有针对性的预控措施，同时利用 PDCA 的方法不断完善更新，保证数据库中的数据实时有效，满足现场作业要求。

（4）规范有效的工作票管理制度。是用来指导作业人员准确认识、正确使用、严格执行工作票的依据，是对工作票进行有效管理的手段。

（三）工作票办理流程

工作票办理流程见图 4-1。

1. 确定作业项目

在对检修工作进行必要性、可行性分析的基础上确认检修工作内容。

2. 危险点分析及预控

针对工作场地、工作环境、工具设备、技术水平、工艺流程、作业人员身体状况、思想情绪、不安全行为等可能带来的危险因素，工作负责人要组织分析制订预防高处坠落、触电、物体打击、机械伤害、起重伤害等发生频率较高的人身伤害、设备损坏、机组强迫停运、火灾等事故的控制措施，补充和完善《作业危险点（源）辨识预控措施卡》。

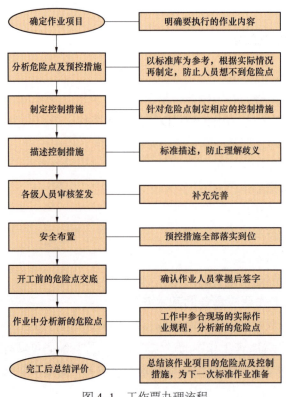

图4-1 工作票办理流程

3. 控制措施制定

在对作业危险点进行全面分析的基础上，通过采取完备的安全措施（由可靠的技术措施、有效的组织措施和科学的管理措施组成）来落实预控措施提出的要求，并符合现场实际。

4. 描述控制措施

按照电气措施优先的原则，用标准的操作术语、调度术语进行描述，并符合《安规》的相关规定。

（1）电气工作票中"安全措施"一栏应填写以下内容：

1）应拉断路器、隔离开关（应写明设备名称和编号）。

2）应装设接地线、应合接地开关（注明明确的地点、名称及接地线编号）。

3）应挂标示牌，应设围栏（遮栏），应放置绝缘挡板，防止二次回路误碰等措施。

4）应由检修人员执行的热控措施（必须在由继保、热控人员执行的安全措施栏内填写，并由继保、热控人员执行）。

5）工作地点保留带电部分或注意事项（由工作票签发人填写）。

6）补充工作地点保留带电部分和安全措施（由工作许可人填写，只能补充二次系统的安全措施，如取下二次熔丝等和悬挂标示牌、装设安全遮栏等。票中停电检修设备附近带电或一经合闸即可能带电的部位应在此栏中作补充说明）。

（2）热机工作票中"必须采取的安全措施"一栏，应主要填写以下内容：

1）要求运行人员做好的安全措施。如断开电源，隔断与运行设备联系的热力系统，对检修设备消压、吹扫等。填写时应具体写明必须停电的设备名称（包括应断开的断路器、隔离开关和保险等），必须关闭或开启的阀门（应写明名称和编号），并悬挂警告牌；还应写明应加锁的截止门；并在工作地点悬挂"在此工作"标示牌。

2）要求运行值班人员在运行方式、操作调整上采取的措施。

3）为保证人身安全和设备安全必须采取的防护措施。措施中凡由检修人员执行的，签发工作票时应注明"检修自理"。

4）工作票安全措施项目较多的，可使用热力机械工作票或外包热力机械工作票的附页，该附页上必须写明对应的工作票编号。安全措施和补充安全措施应适当分项，并顺序编号。工作许可人执行完一项后，在措施执行情况栏先写明与措施对应的编号，再画一个钩（√）。

（3）在"运行值班人员补充的安全措施"栏的内容包括：

1）由于运行方式或设备缺陷需要扩大隔断范围的措施。

2）运行人员需要采取的保障检修现场人身安全和运行设备安全的措施。

3）补充工作票签发人（或工作负责人）提出的安全措施。

4）提示检修人员的安全注意事项。

如无补充措施，应在该栏中填写"无补充"，不得空白。

（4）工作票如附有措施票，必须在工作票上注明措施票的内容和编号，否则应填写"无"。

（5）工作许可人和工作负责人在检查核对安全措施执行无误后，由工作许可人填写"许可工作开始时间"并签名，然后，工作负责人确认签名。

（6）"批准工作结束时间"栏：由值长根据机组运行需要填写该项工作结束时间。

5. 审核签发

工作票签发人根据工作任务的需要和计划工作期限确定工作负责人。工作票由工作负责人填写，填写后交工作票签发人审核，工作票签发人对工作票的全部内容确认无误后签发，并应将工作票全部内容向工作负责人做详细交代。工作票由工作负责人提交运行值班人员处。由运行值班人员对票面及安全措施的填写进行审核。由值长批准工作期限。

6. 安全措施布置

（1）工作许可人。要求对电气设备采取安全措施的按规范填写操作票，并正确执行对热力设备系统的安全措施，必要时使用隔离卡等组织措施保证安全措施落实。

（2）工作负责人。检修自理安全措施的布置，如围挡、防护、警示等。

（3）执行安全措施的要求。

1）热力设备检修需要断开电源时，应在已断开的断路器、隔离开关和检修设备控制开关的操作把手上悬挂"禁止合闸，有人工作！"的警告牌，并取下操作保险。

2）热力设备检修需要电气运行值班人员做断开电源安全措施时，如热机检修工作负责人不具备到配电室检查安全措施的条件，必须使用停电联系单取代此项检查。

3）热力设备、系统检修需加堵板时，应统一按以下要求执行：

a. 氢气、煤气、天然气及油系统等易燃、易爆或可能引起人员中毒的系统检修，必须关严有关截门后立即在法兰上加装堵板，并保证严密不漏。

b. 汽、水、烟、风系统，公用排污、疏水系统检修必须将应关闭的截门、闸板、挡板关严加锁，挂警告牌。如截门不严，必须采取关严前一道截门并加锁、挂警告牌或采取经批准的其他安全措施。

c. 在前两项中，凡属电动门、气动门或液压门作为隔离措施时，必须将其操作能源（如电源、气源、液源等）可靠地切断。

4）将检修设备停电，必须把各方面的电源完全断开（任何运用中的星形接线设备的中性点，必须视为带电设备）。禁止在只经断路器断开电源的设备上工作。必须拉开隔离开关，小车开关应拉至"试验"位置或"检修"位置，停电设备的各端应有明显的断开点，或应有能反映设备运行状态的电气和机械等指示，不应在只经断路器断开电源的设备上工作。与停电设备有关的变压器和电压互感器，必须将设备各侧断开，防止向停电检修设备反送电。

5）应断开停电设备各侧断路器、隔离开关的控制电源和合闸能源，闭锁隔离开关的操作机构。

6）由检修人员执行的安全措施，签发工作票时应注明"检修自理"。凡"检修自理"的安全措施在许可开工前必须执行的，运行人员必须在安全措施执行情况栏内打"√"，并由执行人签名后，方可工作。

7）根据工作票计划开工时间、安全措施内容、机组启停计划和值长（或单元长）意见，由运行班长（或单元长）安排运行人员执行工作票所列安全措施。运行人员根据工作票的要求填写操作票，依据操作票做好现场安全措施。运行为非集控模式，安全措施中如涉及设备停、送电操作时，应按《安规》热机部分相关条款执行。

8）开工前工作票的全部安全措施应一次做完。

7. 履行开工手续

检修工作开始前，工作许可人和工作负责人应共同到现场检查安全措施确已正确地执行。工作许可人将工作票一份交工作负责人，自持一份共同到施工现场，由工作许可人向工作负责人详细交代安全措施布置情况和安全注意事项。工作负责人对照工作票检查安全措施无误后，双方在工作票上签字并记上开工时间，工作许可人留存一份，工作负责人自持一份，作为得到开工的凭证。

8. 开工前安全交底

工作开始前，工作负责人应将分工情况、安全措施布置情况及安全注意事项向全体工作人员交代清楚后，方可下达开工命令。

9. 作业中危险分析与控制

在作业过程中，要随着现场环境、条件和作业方式等的变化，分析、查找新产生的动态危险点，并随时采取相应的控制措施。

10. 工作终结及总结评价

工作完工后，工作负责人应全面检查并组织清扫整理施工现场，确认无问题时带领工作人员撤离现场。工作负责人持工作票会同工作许可人共同到现场检查验收。确认无问题时，办理终结手续。

工作许可人在一式两份工作票上记入终结时间，双方签名后盖上"已终结"印章，将一式两份工作票留存运行处，工作方告终结；工作终结后，工作负责人即可开展新的工作；运行人员应根据具体情况，收回标示牌，恢复安全措施，由值班负责人在工作票上签字，盖上"已复役"印章，该工作票方告终结。

作业完工后，工作联系人和负责人要组织工作班成员进行总结，查找危险点分析是否贯穿于作业全过程、是否存在未受控的危险点等，并对数据库进行补充完善。

（四）工作票风险控制流程

在工作票的办理流程中，按照流程步骤，严格控制过程中可能出现的风险。工作票风险控制流程见图4-2。

（1）工作申请。风险管控内容：由工作负责人和工作票签发人分别审核检修工作的必要性、可行性。必要是指是否必须要进行这项工作，对于维护制的电厂来讲，有经验的工作人员具备这个能力，但对于点检制的电厂，点检员是否具备这个能力需要考验，工作票签发人需要审核把关。可行就是指现场具备不具备作业的条件，系统、设备能否完全隔离，运行方式、设备状况（缺陷）是否满足要求等。

（2）危险点分析。风险管控内容：由工作负责人对作业危险进行准确、充分的分析，并在此基础上制定全面、有针对性的预控措施（借助危险点分析预控数据库）。

（3）工作票填写。风险管控内容：工作负责人在作业危险点（源）辨识预控的基础上，按照电气措施优先的原则、用标准的操作术语填写安全措施，并且安全措施必须正确、完备，符合现场实际（运行方式、设备状况、设备

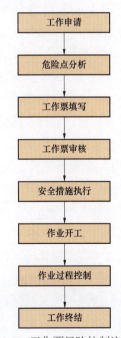

图4-2 工作票风险控制流程图

缺陷等）。把电气措施写在最前边的原因是电气措施是最容易出问题的，电气措施一旦出错，瞬间就会造成严重后果，没有任何挽救余地，危险性最大。因此，为了提醒作业者电气措施的重要性和危险性，以及提高安全措施执行的规范性，在办理工作票时规定，按照先电气措施、后热机措施的顺序填写工作票。

（4）工作票审核。风险管控内容：工作票签发人、工作许可人和值长审查安全措施满足工作要求，值长根据机组运行情况批准工作时间。工作票签发人是第一工作批准人，工作许可人是第二工作批准人，值长才是最终的工作批准人。

（5）安全措施执行。风险管控内容：工作许可人根据停电设备要求按照规范填写电气操作票，并正确执行有关安全措施。检修负责人进行有关自理安全措施的布置，如围挡、防护、警示等。这里要强调，检修自理的安全措施也是属于工作票上的措施，检修自理的措施一定要在运行的监护下完成，否则，一方面会造成无票作业，另一方面也不能保证作业安全。如在发电机氢管道上加堵板，检修人员并不清楚氢气管道是否已经置换完毕，这个措施的布置要在运行的监护下完成。当许可开工时，双方还要共同复核全部安全措施确已完成。再如当热机设备检修时，需要在检修设备隔离区域、设备本体等处悬挂"在此工作"标示牌。此标示牌是运行人员为检修人员指明工作地点、防止走错间隔最直接有效的手段，但有的单位是由检修人员悬挂，这是明显错误的。

（6）工作开工。风险管控内容：由工作许可人和工作负责人双方共同确认安全措施执行情况，由工作许可人向工作负责人交代设备、环境的安全风险。工作前工作负责人向工作班成员进行安全技术风险交底。

1）运行、检修双方共同逐项确认必须采取的安全措施是否全部按要求正确执行。创造并保持安全级作业条件靠的是安全措施，只有不折不扣地正确执行安全措施，作业的安全才有保证，因此，双方共同检查每项安全措施的执行情况是保证措施落实的必要手段。同时，由于作业环境的复杂性以及运行方式的不断变化，作业区域周边存在着较多不安全因素，这些不安全因素运行人员必须要向工作负责人交代清楚。因此，工作票许可开工前，运行、检修双方必须要到作业现场履行就地交底和开工手续，待工作负责人确已掌握作业现场存在危险因素，并在工作票上签字后，工作票方可开工。

2）作业开工前，工作负责人要向工作班成员进行安全技术交底。交底的内容除了与检修工作有关的诸如作业分工、进度计划等内容外，还要着重交代作业危险分析及预控措施落实执行情况、作业环境周边存在的不安全因素及危险情况下应采取的应急处置方法和逃生路线等内容。要让每名作业人员都要熟悉，并在作业危险点（源）分析预控措施卡上签字确认后工作方可正式开始。

（7）作业过程控制。风险管控内容：工作负责人、工作联系人做好现场作业的监护工作，监督作业人员执行安全规章制度和操作规程不违章作业，及时发现违章行为以及作业环境的变化，控制人员失误。工作开工后，随着时间的推移，与作业安全相关的一些因素也在悄然发生着变化。重点注意两点：

1）人的因素，受生理规律影响，长时间繁重劳动会对人带来如疲劳、注意力不集中、失误增加，甚至出现违章作业等不安全行为。

2）受设备系统运行方式的变化作业环境因素也在不断变化。

因此，工作负责人、工作联系人要做好作业人员行为控制和环境危险因素辨识与预控工作。

（8）工作终结。风险管控内容：作业结束后，由工作负责人负责组织清理工作现场，检查设备内无遗留物，确认人员全部撤出，恢复检修自理安全措施，达到"工完、料净、场地清。"工作许可人，在检修设备复役前，确认设备安全措施全部恢复。

（9）工作票管理。风险管控内容：由厂部安监部门对工作票所列人员进行年度审核并行文公布。各部门专业专工及安监人员定期对"工作票"进行检查、分析、评价、考核。

三、检修作业的风险管控及危险点辨识

检修作业过程中，危险来源于人的不安全行为、物的不安全状态和环境的不安全因素，如果不能进行有效管控，就可能造成人身伤害、设备损坏、环境污染或其他不可预知的损失。检修作业的风险管控措施很多，工作票是其中之一，它主要是对人员作业的风险进行管控。

在生产现场进行任何一项工作必须要持工作票，不持票就是违章。只有办理了工作票才允许进入现场开展工作，在工作中才会有危险，如果不工作就不会有危险，从这个意义上说工作票既是风险的源头也是控制风险的源头。当然，不办理工作票进入生产现场违章作业带来的风险不在讨论的范围。

对于进行一项工作办理的工作票而言，它是与该项工作相关的全部管理信息、流程信息、安全措施与风险分析预控的载体。通过对工作票上每一栏目内容的准确填写与落实，就可以对该项工作的作业风险进行有效管控。因此，正确填写、严格执行工作票，是对检修作业风险进行有效控制的核心。

"凡事预则立，不预则废"，安全生产管理中的"预"就是对危险的预知和防范。近些年引入风险管控的概念，严格地讲就是对生产过程中存在的危险进行预知和管控的概念。在安全生产管理中"预知"危险，就是在作业前对作业中存在的危险进行有效的分析，只有有效地预知危险，才能有效地管控风险，这就是作业危险点分析的意义所在。

（一）进行作业危险点分析的基础

从事某项专业工作首先要有专业技能，即需要有掌握和运用专门技术的能力，技术是解决问题的方法及方法原理。安全生产技能是运用生产技术和安全技术解决生产过程中安全问题的能力，是生产技能和安全技能的总和。

1. 生产技能是安全技能的基础

《基于能量运动的本质安全原理》阐述了生产过程就是安全过程与事故过程的总和，生产是一个能量运动过程，其总能量可分为安全能量和事故能量。确切地讲，安全是生

产的一部分，安全是生产的安全，离开了生产，安全就失去了意义。

没有生产技能就不会清楚生产工艺，没有对生产工艺清晰的了解，就不可能知道生产的危险在哪里，因此，进行危险点分析的基础是生产工艺，离开生产工艺，危险点分析就没有意义。

2. 安全技术不可忽视

安全技术是生产中管控风险的规律和方法及方法原理。生产中的安全技术是对生产能量的管控技术，是管控这部分能量的不受控释放技术。

作业中的风险来自于生产过程中的危险，危险是作业系统中的客观存在。本质安全理论揭示了只要有生产活动，危险就会存在。所有人的不安全行为、物的不安全状态、环境的不安全因素，都是危险的来源，危险的能量大于系统的本质安全水平，就具备了危险触及的条件，也就是事故形成的条件。这就是作业风险存在的条件。如果没有上述基本知识，就会忽略危险的存在，就会忽视作业风险的存在。

3. 安全技能是一项在生产技能支撑下的技能

生产技能是基础，它是支撑安全技能的基础，如果仅有安全技能，没有或没有足够的生产技能，安全技能就不会得到有效的发挥。发电厂安全管理中，如果不懂得"两票"，不能真正地理解"两票"的运用，就没有可能管理发电厂的安全。

（二）作业危险点分析方法

管控危险首先管控危险因素，导致危险存在的直接因素称为该危险的危险因素。分析危险存在的条件，是准确地判断构成这个危险的危险因素，管控危险的思路就是消除危险因素。

1. 准确判断危险的危险因素

了解作业的全部工艺过程是判断危险因素的基础，危险存在于作业中，只有懂得所有过程，才能知道危险在哪里。如电气设备检修作业，最大的危险是触电，触电的危险因素；第一是被检修的设备带电；第二是触碰到被检修设备。检修设备不触碰设备是不可能，就要从第一个方面解决问题，即消除被检修的设备来电的可能，这样此次作业中管控人身触电的危险就变成了管控设备的带电的危险。再研究设备带电的危险因素，设备只有和电源进行有效的隔离，才能保证不会突然带电，隔离得越是可靠，突然带电的可能性就越小。拉开断路器和隔离开关形成可靠的隔离，是创造了电气设备不会带电的条件，但不一定能保持这个条件，此时还不能彻底消除突然来电的危险，还需要挂一个"有人工作，禁止合闸"牌，这个牌是保持安全的条件。断路器、隔离开关、牌少一个隔离就增加一个危险因素。从风险管控的角度分析风险，有一个必须管控的危险因素没有得到管控，就增加一个 100%的风险，精确地把握工艺，才能准确地分析危险、消除危险，实现风险管控。

2. 抓住主要矛盾

（1）分清危险的危险概率高低。危险存在于作业中，并且危险存在多种多样。分清哪些是主要的、哪些是次要的尤为关键。危险概率较高的就是主要的危险。如在室内平地检修电动机，存在设备触电的危险（自身设备触电、相邻设备触电）、机械伤害的危险（自身设备机械伤害、相邻设备机械伤害）、临时电源触电、工具伤害的危险、烫伤、人自身失误的危险、起重伤害的危险、高空落物危险、房屋倒塌、地面沉降等。如把这些危险都写到危险点分析上会显得全面，但很难收到实效。原因是冲淡了主要矛盾，使危险点分析起不到应有的作用（提示、培训）。按照 GB 6441—1986《企业职工伤亡事故分类标准》并结合电力企业实际情况，把作业危险分为人的失误、触电、三误、机械伤害、灼烫、高处坠落、物体打击、起重伤害、化学性爆炸、中毒和窒息、坍塌、火灾、物理性爆炸、车辆伤害、火药爆炸、淹溺、其他伤害 17 种伤害类型。虽然不能说这是最标准的分类方法，但可以说这样分析是比较科学的，应该说是抓住了主要矛盾，避免冲淡主要矛盾。

（2）规范的使用术语。危险点分析的作用有两个，一是解决想不到；二是建立数据库培训员工。如果不能使用规范用语，让所有的人都能听懂，就起不到应有的作用，见表 4-2。

表 4-2　　　　　　　　　"高压电动机检修"作业危险点及控制措施

序号	危险点	控　制　措　施
1	设备人身触电	（1）开工前与工作许可人共同确认设备已停电，无突然来电危险。 （2）潮湿环境内作业必须有可靠的绝缘措施
2	工具人身触电	（1）使用电动工具必须确认检验合格，外壳清洁，手柄无裂缝和破损，导线绝缘良好，插头完整无损。 （2）轴承加热器等需要使用临时电源时，必须安装漏电保护器，试验动作正常。 （3）在摇测绝缘电阻或耐压试验工作结束后，必须充分放电，以防剩余电荷电击
3	人的失误	（1）工作班成员应具备必要的专业技术知识和业务能力，熟悉有关安全生产知识和技能。 （2）开工前工作负责人应检查工作班人员精神状态良好，思想稳定，否则严禁进入生产现场工作。 （3）作业时应心平气和，不急不躁，严格执行《安规》
4	走错间隔	（1）开工前工作负责人（联系人）必须向工作班成员交代清楚工作内容、地点、所列安全技术措施及安全注意事项。 （2）所有工作班成员必须共同核对设备名称、地点是否与工作票相符，否则严禁开工。核对"在此工作牌"位置
5	机械伤害	（1）工作开工前，应检查电动机所带机械出入口门（挡板）关闭并停电，确认对轮无突然转动的可能。 （2）使用机械对轮应两人把扶，防止落地砸伤手脚，液压对轮抓严禁正面对立，防止加压时器具损坏冲击人身。 （3）检查工器具是否合格，不合格的严禁使用。正确使用工器具，戴好防护用品
6	起重伤害	（1）起重和搬运作业必须由具有起重资质的人员担任操作与指挥，参加人员应熟悉起重搬运方案和安全措施，严禁违章指挥。 （2）检查起重机械的绳索、吊钩、链条、齿轮及制动器等状况良好，正式起吊前应进行试吊，发现问题应先将工件放回地面，故障排除后重新试吊，确认一切正常，方可正式起吊。 （3）起吊区域必须做好隔离警戒措施，禁止人员通行，严禁在起吊重物下站立及通行。 （4）电动机位移过程无关人员不得靠近，落地要有防止倾倒和滑动的措施

序号	危险点	控 制 措 施
7	火灾	现场作业需要动火，办理动火作业票，落实动火作业预控措施
8	烫伤	（1）工作中对部件加热时应做好防护，接触、搬运加热后的部件必须戴隔热手套。 （2）部件被加热后应告知工作班成员，避免误碰，在部件冷却到安全温度前负责人不得离开现场，防止其他人员误碰烫伤
9	作业环境	（1）作业现场保持通道畅通，严禁工器具、设备堵塞逃生通道。 （2）工作场所必须提供足够照明。 （3）正确佩戴防噪声耳罩，粉尘环境正确佩戴防尘口罩。 （4）当天作业结束及时清理现场卫生，生产垃圾禁止长时间存放在工作区域

3. 抓住需要他人协助控制的危险

他人协助控制的危险包括两部分。

（1）次安全级作业转换为安全级作业必须阻断的危险。这些危险不得以控制，作业的安全就无法保障。也就是说，这些危险对应的风险系数是 1，不控制就达不到安全级作业条件。

（2）特殊作业的危险。之所以称为特殊作业，主要是因为这些作业存在的危险是直接或间接的，需要他人协助控制。

4. 抓住人的意识

人的失误随时可能发生，这是安全管控中最难的一项。准确地讲，人没有本质安全，也没有直接措施，靠的是提醒性的间接措施。

（三）科学求实的落实措施

作业风险管控要解决两个问题，一个是认识危险的存在，且能判断危险发生概率；另一个是如何管控这些危险。作业中的危险各种各样，哪些需要直接管控、哪些需要间接管控、哪些是用间接措施能够管控的、哪些是需要直接措施才能够管控的是危险点分析要解决的问题。

1. 危险点分析预控单的措施是对工作票的弥补

准确地分析危险点是风险管控的第一步，科学地制定管控措施才是风险管控的目标。工作票上已经制定了完备的措施，这些措施是否能执行到位，需要工作负责人和工作许可人工作前共同确认，这样危险点分析中的提醒才起到作用。

2. 一定要实事求是

危险点分析的目的是提醒作业者落实工作票上所列的措施，是间接措施，在危险点分析的时候一定要实事求是。危险点分析包含两个部分，一部分反映在工作票上，另一部分反映在特殊作业票上。如危险点是"设备人身触电"，预控措施写"开工前验电"就不合理，因为验电措施只能证明验电的瞬间没有电，是不可能管控突然来电的危险的。

3. 坚持本质安全思想

制定预控措施一定从阻断和隔离危险源入手思考问题，从根本上消除危险触及的可能。如防火工作票，大部分电厂的措施是备消防器材、设专人监护、工作结束后监护2h。而正确的做法应当为从消除可燃物和阻断火源和其他可燃物上去思考：

（1）最大范围地清理现场的可燃物。

（2）对动火点进行有效的遮挡，有效地隔离火源和可燃物。

（3）备消防器材。

（4）设监护人。

四、关于工作票的思考

（一）准确认识工作票

工作票是为了在生产现场进行安装、检修、维护或试验工作时，保证作业人员人身安全及设备系统的运行安全，并为检修或安装工作提供安全的工作条件，防止发生事故发生而采取的一项重要的组织措施。概括地说，工作票就是用来"为作业者创造并保持安全级作业条件"的。

（二）正确使用工作票

1. 工作票使用类型的选择

在作业中使用何种类型的工作票是与工作内容直接相关的。措施票不能单独发出，它只能作为工作票的附票存在。工作票和工作联系单应附有作业危险点（源）辨识预控措施卡。

凡在热力、机械和热控设备、系统上进行安装、检修、维护或试验的工作，需要对设备采取安全措施的或需要运行人员在运行方式、操作调整上采取保障人身、设备运行安全措施的，必须填用热力机械工作票或外包热力机械工作票。

在电气设备上工作，并需运行值班人员对设备采取措施的或在运行方式、操作调整上采取保障人身、设备运行安全措施的，必须填用电气工作票或外包电气工作票。

带电作业或与带电设备距离小于《安规》（电气部分）规定的安全距离但按带电作业方式开展的不停电工作，填用电气带电作业工作票。

严禁采取口头联系的方式在生产区域进行工作，凡在生产区域进行不需要办理工作票的工作，必须填用生产区域工作联系单或生产区域外包工作联系单。

检修工作涉及动火作业时，应遵守DL 5027《电力设备典型消防规程》的相关规定，同时，必须附动火作业措施票。涉及有毒有害气体，缺氧环境、放射性作业时，必须附特殊作业措施票。涉及继电保护、热控措施的必须附措施票。

事故紧急抢修，经运行值班负责人许可后，使用事故紧急抢修单。抢修时间超过8小时或夜间检修工作延续到白班上班的均应办理或补办工作票。节假日、夜间临时检修可以参照事故紧急抢修执行。

机组大、小修或临检时，可按设备、系统、专业工作情况分别使用系统工作票，系统工作票由工作任务、分部工作清单和相应隔离措施组成。

同一部门或同一单位有两个及以上班组在同一个设备系统、同一安全措施范围内（或班组之间安全措施范围有交叉）进行检修工作时，允许签发一张总的热力机械工作票，并指定工作负责人中的一人兼做总的工作负责人。总的工作负责人负责统一办理工作许可和工作终结手续，协调各班组间工作的正确配合。各个工作负责人仍应对其工作范围内的安全负责。

一个班组在同一个设备系统上依次进行同类型的设备检修工作，如全部安全措施不能在工作开始前一次完成，应分别办理工作票。

在几个电气连接部分上依次进行不停电的同一类型的工作，可以共用一张电气工作票。

如设备属于同一电压、位于同一楼层、同时停送电，且不会触及带电导体时，则允许在几个电气连接部分共用一张电气工作票。

2. **正确认识工作票的安全措施**

合格工作票的作用是为了创造并保持安全级作业条件，保证作业安全。为了实现这个目标，靠的是完备的安全措施的落实。它是通过改变系统的配置来实现风险系数降低

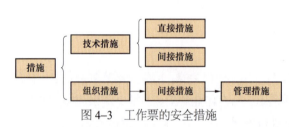

图4-3　工作票的安全措施

的手段。通常，措施分为组织措施、管理措施、技术措施，这里我们把措施分为技术措施（直接措施和间接措施）和组织措施，目的是为了使措施的概念更清晰，执行更明确，便于作业人员理解和执行，见图4-3。

直接措施通过采用各种安全有效的阻断和隔离，来提高系统的本质安全能力。它是一种硬措施，是以改变系统的配置来实现直接提高系统的本质安全水平的做法。如停电、将开关拉到试验（检修）位置，关闭阀门，彻底切断水源、汽源、风源等。

间接措施也称指导性安全措施，是指在系统及机械安装、运行、维修时使用的安全规定及设置标志，以达到间接提高系统本质安全能力的辅助措施。如《安规》中的各项安全规定、各种指示、警告标示牌等。

一个完备的安全措施是达到安全级作业所需要的全部措施。它是技术措施（直接措施和间接措施）和组织措施的有机组合。技术措施能够有效地控制物的不安全状态和环境的不安全因素。组织措施和管理措施有效地控制人的不安全行为和保证技术措施的有效落实。因此，在进行安全措施布置时要以直接措施为主、间接措施为辅，要尽可能地采取直接措施来消除作业中存在的风险，这样才能最大程度地为安全作业创造条件。

可靠的技术措施、有效的组织措施和科学的管理措施组成了完备的安全措施。

（三）严格执行工作票

严格执行工作票的目的是为了保证技术措施和组织措施的有效落实，为检修作业创造并保持安全级作业条件。一项检修作业存在的危险是否消除、作业风险是否得到有效控制，取决于工作票执行各环节要求是否得到有效落实。工作票从填写到开工的过程就是消除作业危险、控制作业风险的过程，因此，只有认真落实"工作票制度"要求才能

真正实现保证作业安全的目标。《安规》中提到的一系列工作程序都是为了满足工作票的使用而做出的规定。严格执行工作票要做到以下几点：

（1）票面是标准的、正确的，是本质安全的，只有严格按照票面的要求去执行，才能最大程度地减少作业风险，保证作业安全。

（2）工作票的执行程序要严格。从作业危险的分析、安全措施的提出、工作票的审核签发、接票、批工期、安全措施执行、履行开工手续、作业前安全交底等各环节认真做好。由于工作票票面的内容是固化、明确的，内容完善与否，可以一目了然就可确定。但工作票执行程序受人的影响较大，是否按要求进行了，不便于检查确认。因此，人的不安全行为只能从人的思想上来抓。

（3）工作票的执行要严格。工作票上的每项内容都必须按照要求不折不扣地落实。要严加细地进行管理，没有严管就会落实不到位，没有细管就会有遗漏。

五、关于《安规》（热力和机械部分、电气部分）中与工作票办理有关内容解析

（一）工作票的组织措施

安全组织措施是为保证作业安全而制定的一套制度体系和管理原则，涵盖了安全工作的全过程，目的是创造并保持安全级作业条件，它包括工作票制度，工作许可制度，工作监护制度，工作间断、转移和终结制度等。它不仅是在电气设备上工作必须采取的制度措施，也是保证在热力设备、系统上安全工作所采取的制度措施。这里工作票制度是核心，其余三个制度是为落实工作票制度服务的。正确实施保证安全的组织措施，从不同的职能职责上对工作票制度及工作票办理的主要环节予以合理地把握并严格执行，可以为电力设备运行、维护、检修作业安全提供有效保障。

1. 工作票制度

工作票制度是对工作票进行管理的制度，它包括工作票种类的定义，使用条件、范围及管理要求，工作票的填写、办理流程，执行程序与风险控制，工作票所列人员的安全职责以及检查与考核等诸方面内容。通过对工作票办理的各环节的严格要求并贯彻落实，从而能够创造并保持安全级作业条件，保证作业安全。

2. 工作许可制度

工作许可制度就是许可人制度，它包括两方面内容，一是工作票签发人、工作许可人及值长（值班负责人）在职责范围内对将要开始的工作进行的审核许可；二是工作许可人在工作开始前进行的开工许可。为了确保现场安全措施的完备，工作许可人应会同工作负责人对所做的安全措施共同逐项检查，确认布置完善并符合作业要求。工作许可人应在作业地点向工作负责人详细说明作业环境中存在的危险点、安全措施布置情况、安全注意事项等。工作许可人交代完毕，工作负责人认同后，双方在工作票上分别签名，检修作业方可开始。

3. 工作监护制度

工作监护制度就是对作业全过程实施工作监护的制度。开工后，工作负责人应始终在工作现场认真履行《安规》中规定的安全职责，对工作班成员的安全进行监护。有触电危险、施工复杂容易发生事故的工作或工作负责人无法全面监护时，工作票签发人或工作负责人应根据现场的安全条件、施工范围、工作需要等具体情况增设专责监护人和确定被监护的对象，确保工作班全体成员始终处于监护之中。

正常情况下工作负责人不参加工作班作业，如果工作负责人参加工作班作业，势必分散其精力，就不能起到监护的安全责任而发生危险。工作负责人（监护人）在全部停电时，可以参加工作班工作。在部分停电时，只有在安全措施可靠、人员集中在一个工作地点、不致误碰导电部分的情况下，方能参加工作。

所有工作人员（包括工作负责人）不许单独进入、滞留在高压室内和室外变电站高压设备区内。若工作需要（如测量极性、回路导通试验等），且现场设备具体情况允许时，可以准许工作班中有实际经验的一人或几人同时在他室进行工作，但工作负责人应在事前将有关安全注意事项予以详尽的告知。

工作期间，工作负责人若因故必须离开工作地点时，应指定能胜任的人员临时代替，离开前应将工作现场交代清楚，并告知工作班人员。原工作负责人返回工作地点时，也应履行同样的交接手续。工作票备注栏内要做好相关记录。

若工作负责人需要长时间离开现场，应由原工作票签发人变更工作负责人，履行变更手续，并告知全体工作人员。两工作负责人应做好必要的交接。

专责监护人对指定的监护范围和监护对象安全负责，为保证对被监护人员的有效监护，保持精力和注意力，在进行监护时不得兼做其他工作。专责监护人临时离开时，应通知被监护人员停止工作或离开工作现场，待专责监护人回来后方可恢复工作，以防止对被监护人员的行为失去监护。若专责监护人必须长时间离开工作现场时，应履行变更手续，并告知全体被监护人员。

4. 工作间断、转移和终结制度

工作间断、转移和终结制度是保证检修作业过程中安全的最重要的组织措施。间断一般指一项大型检修工作当天不能结束，需要多天连续进行；或是检修工作结束以前需要将设备、系统恢复进行试运。

日常工作间断时，工作班人员应从现场撤出，所有安全措施保持不动，工作票仍由工作负责人执存。间断后继续工作，无需通过工作许可人，但为防止工作间断期间安全级作业条件被破坏，工作负责人应重新认真检查安全措施应符合工作票的要求，方可工作。当无工作负责人带领时，工作人员不得进入工作地点。每日收工，应清扫工作地点，开放检修作业时临时封闭的通路。

对需要经过试运检验施工质量后方能交工的工作或工作中间需要启动检修设备时，如不影响其他工作班组安全措施范围的变动，经工作许可人同意可以进行试运。

此时，应将全体人员撤出工作地点，将该系统的所有工作票收回，将与试运设备工作票有关的安全措施撤除，经工作负责人和运行值班人员进行全面检查无误后，由运行值班人员进行试运工作。试运结束后仍然需要工作时，工作许可人应按照工作票要求重新布置安全措施并会同工作负责人重新履行工作许可手续后，方可恢复工作。如需要改变原工作票安全措施，应重新签发工作票。

在工作间断期间，若有紧急需要，运行值班人员可以在工作票未交回的情况下送电，但必须采取以下可靠措施：

（1）通知工作负责人，确认设备一、二次接线完好，具备送电条件，得到工作负责人全体工作班成员已经离开工作现场、可以送电的肯定答复。

（2）运行值班人员应到工作现场检查待送电设备是否符合送电条件，工作班成员是否已经全部撤离。

（3）拆除临时遮栏、接地线和标示牌，恢复常设遮栏，悬挂"止步，高压危险！"的标示牌，以提醒工作人员设备不具备工作条件。

（4）在所有通往工作地点的道路上派专人守候，以便告诉工作班人员"设备已经合闸送电，不得继续工作"，守候人员应等到工作票交回后方能离开。

在同一电气连接部分用同一工作票依次在几个工作地点转移工作或在同一热力系统不在同一地点的设备上工作时，为保证安全措施的完整性、提高工作效率，防止边做措施，边施工而可能导致的人身、设备事故，全部安全措施应由运行值班人员在开工前一次做完。在检修过程中转移工作地点时不需要再办理转移手续，但由于每一个工作地点的措施、周围带电设备、环境危险因素等情况不同，为了保证每名工作人员都能安全地进行工作，工作负责人在每转移到一个新工作地点时，都应向工作人员详细交代带电范围、周边环境因素、安全措施和注意事项。

检修工作结束后还有两个步骤，一是工作终结；二是工作票终结。工作结束后，工作负责人应全面检查，清扫、整理现场，达到"工完、料净、场地清。"确认无问题后带领工作人员撤离现场。工作负责人应将设备检修情况、设备异动情况以及运行人员应注意的事项记入检修交代记录本。工作许可人和工作负责人共同到现场验收，确认无问题后，双方在工作票上记入终结时间，签名后盖上"已终结"章，表明工作终结。工作终结后，工作负责人即可开展新的工作。

工作终结后，运行人员应根据具体情况收回标示牌、拆除临时遮栏、恢复常设遮栏，恢复安全措施，由值班负责人在工作票上签字，盖上"已复役"章，该工作票方告结束。

（二）工作票上各级人员的安全职责

《电力安全工作规程》的规定，各单位每年对工作票签发人、工作许可人、工作负责人、工作联系人组织进行一次培训，经考试合格后，由厂主管生产的副厂长或总工程师批准，以正式文件公布工作票签发人、工作许可人、工作负责人的人员名单。

1. 工作票签发人职责

（1）工作是否必要和可行。

（2）工作票上所填写的安全措施是否正确和完备。

（3）经常到现场检查工作是否安全地进行。

（4）所派工作负责人和工作班人员是否适当和足够，精神状态是否良好。

2. 外包工作票签发人职责

（1）发包单位工作票签发人职责。

1）对工作是否必要和可行负责。

2）对工作环境（隔离措施、场地等）是否安全负责。

3）设备名称及编号是否准确，采取的安全措施是否填写清楚、正确和完备。

（2）承包单位工作票签发人职责。

1）对所派工作负责人和工作班人员是否适当和足够、精神状态是否良好负责。

2）对现场施工安全措施是否正确、完备负责。

3）对现场施工机械、工具、安全用具的安全性能负责。

4）必须经常到现场检查工作是否安全地进行。

解析：

（外包）工作票签发人承担着重要的安全责任，应熟悉人员技术水平、设备状况、规程规定，具有相关工作的工作经验。（外包）工作票签发人应根据现场的运行方式和实际情况对工作任务的必要性、可行性、安全性，以及采取的安全措施等予以考虑；审查工作票上所填安全措施是否与实际工作相符，且正确完备，以及所派（外包）工作负责人及工作班成员配备是否合适等，各项内容经审核合格后签发工作票。

3. 工作负责人（监护人）职责

（1）工作是否必要和可行。

（2）正确、安全地组织工作，工作负责人必须持票并始终在工作现场监护工作。

（3）结合实际对工作班成员进行安全教育。

（4）确认工作票所列安全措施正确、完备，符合现场实际条件，必要时予以补充。

（5）负责与工作许可人一道检查所做的安全措施是否正确完备，并符合现场实际条件。

（6）工作前向工作班全体成员告知危险点，交代作业活动范围、内容及安全措施和注意事项。

（7）督促、监护工作班成员执行现场安全措施和技术措施。

（8）工作班人员变动是否合适。

（9）负责每次作业开工前复查安全措施是否完备。

4. 外包工作负责人（监护人）职责

（1）工作是否必要和可行。

（2）正确安全地组织工作。

（3）工作前对工作人员交代安全注意事项，并结合实际进行安全教育。

（4）督促、监督工作人员遵守国家和行业有关法律、法规、本规程和发包单位的有关规定，纠正不安全行为。

（5）负责检查工作票所填安全措施是否正确完备和运行人员所做的安全措施是否符合现场实际条件。

（6）工作负责人必须持票并始终在工作现场监护。

（7）对工作班成员正确使用施工机械、工具、安全用具负责，并对上述机具在施工过程中的安全性能完好负责。

解析：

（外包）工作负责人是指组织、指挥工作班成员完成本项工作任务的责任人员，对工作完成的质量和安全负责。因此，（外包）工作负责人除应具备相关岗位技能要求外，还应有相关实际工作经验和熟悉工作班成员的工作能力。

（外包）工作负责人负责正确安全地组织现场作业，同时，（外包）工作负责人还应负责对工作票所列安全措施是否正确、完备，是否符合现场实际条件等方面情况进行检查。在履行工作许可手续后，还应向工作班成员进行安全、技术交底，内容包括工作内容、人员分工、作业环境情况、现场布置的安全措施、作业危险点等，待每一个工作班成员都已清楚后，履行确认手续，工作方可开始。

（外包）工作负责人应始终在工作现场，认真履行监护职责，督促工作班成员遵守《安规》各项要求，正确使用劳动防护用品和执行现场安全措施，及时纠正工作班成员的不安全行为。

（外包）工作负责人还要负责工作班成员变动情况的审核，判断其精神面貌、身体状况、技术水平是否满足工作需要。

5. 工作许可人职责

（1）负责审查工作票所列安全措施是否正确完备，是否符合现场条件。

（2）工作现场布置的安全措施确已完善和正确地执行。

（3）负责检查停电设备是否有突然来电的危险。

（4）对工作票所列的内容即使发生很小的疑问，也必须向工作负责人询问清楚，必要时应要求作详细补充。

（5）负责对工作负责人详细说明哪些设备带压、高温、爆炸危险、有毒有害、有电以及有关注意事项等。

解析：

工作许可人对许可工作的命令和安全措施的正确性及正确布置负责。因此，工作许可人应由有一定工作经验、熟悉《安规》和设备、系统及运行方式的人员担任。

工作许可人应严格审查工作票所列工作内容、安全措施及注意事项等是否正确、完备，是否符合现场工作实际。对工作票内容、安全措施等有任何疑问时，应向工作负责人询问清楚，必要时要求做详细补充。落实工作票中相关的安全措施，检查工作现场布置的安全措施是否完善，必要时予以补充完善。向工作负责人详细说明作业区域周边环境中存在的危险因素及有关注意事项。

6. 工作联系人职责

（1）协助工作负责人检查工作票所列安全措施是否正确、完备和运行人员所做安全措施是否符合现场实际条件。

（2）负责该项工作的全过程质量监督。

（3）负责对工作负责人进行技术交底。

（4）经常到现场检查工作是否安全地进行，对于较复杂或危险性较大的工作，实行重点监督，及时纠正工作班成员的不安全行为。

（5）和工作负责人共同办理开工及终结手续。

解析：

工作联系人是保证外包工程作业全过程的安全、质量、进度而设置的人员。因此，工作联系人应具备工作负责人资格，熟悉作业流程，满足相关岗位技能要求。协助工作负责人办理工作票，检查工作票所列的安全措施是否正确完备，检查运行人员布置的安全措施是否落实，办理开工及终结手续。工作票开工后，应经常到现场检查检修质量与作业安全，及时纠正违章，保证作业安全。

7. 电气专责监护人职责

（1）明确被监护人员和监护范围。

（2）工作前向被监护人员交代安全措施，告知危险点和安全注意事项。

（3）监督被监护人员执行《安规》和现场安全措施，及时纠正不安全行为。

解析：

专责监护人是指不参与具体工作，专门负责监督工作人员现场作业行为是否符合安全规定的责任人员。

专责监护人应明确自己的被监护人员、监护范围，确保被监护人员始终处于监护之中。专责监护人在工作前应向被监护人员交代安全措施，告知危险点和安全注意事项，并确认每一个工作班成员都已知晓。专责监护人应全程监督被监护人员遵守《安规》和现场安全措施，及时纠正不安全行为，对作业环境的变化及时进行危险辨识，保证作业安全。

8. 值长职责

（1）负责审查检修工作的必要性，审查工作票所列安全措施是否正确完备、是否符合现场实际。

（2）对批准检修工期、审批后的工作票票面、安全措施负责。

（3）不应批准没有危险点控制措施的工作票。

9. 运行值班负责人（班长、单元长）职责

（1）审查检修工作的必要性，批准检修工期（燃料部门）。

（2）对工作票的许可至终结程序执行负责。

（3）对工作票所列安全措施的完备、正确执行负责。

（4）对工作结束后的安全措施拆除与保留情况的准确填写和执行情况负责。

解析：

值长及运行值班负责人作为相关检修工作的最终批准人，要对检修工作的工期、工作票办理流程及各环节的严格执行、安全措施的提出与正确布置负责。因此，值长应掌握全厂运行方式，熟悉工作票办理流程，掌握值内人员技术水平与精神状态，合理安排检修工期和工作票办理人员，保证各项安全措施的严格落实，督促检查工作票办理各环节按照相关要求规范执行，保证检修工作的顺利开展。

10. 工作班成员职责

（1）熟悉工作内容、工作流程，掌握安全措施，明确工作中的危险点，并履行确认手续。

（2）遵守安全规章制度、技术规程和劳动纪律，执行安全规程和实施现场安全措施。

（3）正确使用安全工器具和劳动防护用品。互相关心施工安全，并监督本规程和现场安全措施的实施。

解析：

工作班成员要认真参加班前会、班后会，认真听取工作负责人交代的工作任务，熟悉工作内容、工作流程，掌握安全措施，明确工作中的危险点，并履行确认手续。这是确保作业安全和人身安全的基本要求。

工作班成员还应自觉遵守安全规章制度、技术规程和劳动纪律。服从工作负责人的任务分配和统一指挥。对自己在工的作中的行为负责，不违章作业，正确使用安全工器具及劳动保护用品，并在使用前认真检查。按照"四不伤害"的要求，做好工作期间的作业安全工作。

11. 继保、热控安全措施监护人职责

（1）工作票上所填安全措施确已完善和正确地执行。

（2）工作结束后，工作票上所填安全措施确已完善和正确地恢复。

12. 继保、热控安全措施执行人职责

（1）正确地执行工作票上所填安全措施。

（2）工作结束后，正确地恢复工作票上所填安全措施。

解析：

继保、热控安全措施监护人与执行人负责继保、热控安全措施的正确布置与恢复。继保、热控安全措施由执行人填写，监护人审核，由监护人监督执行人正确执行。监护人由熟悉工作内容、具备一定工作经验的人员担任。

第四节　特殊作业的独立风险管控

特殊作业是指生产区域及生产相关联的区域内的动火作业，高处作业，吊装、起重和搬运作业，受限空间作业，高温作业，临时用电，容器开启作业，挖掘作业等。

一、动火作业

动火作业指能直接或间接产生明火的作业，包括熔化焊接、压力焊、钎焊、切割、喷灯、钻孔、打磨、锤击、破碎和切削等作业。

（一）危险点分析

（1）火灾。存在点火源引燃可燃物的危险。

（2）化学性爆炸。存在作业区域易燃易爆气体超标动火引发化学性爆炸的危险。

（3）灼烫。存在人被烫伤的危险。

（4）人的失误。发生行为失控或违章作业。

（二）风险管控措施

1. 防止火灾的措施

（1）燃烧必须同时具备下列三个条件：

1）有可燃物存在。凡能与空气中的氧或氧化剂起剧烈反应的物质均称为可燃物。可燃物包括可燃固体，如煤、木材、纸张、棉花等；可燃液体，如汽油、酒精、甲醇等；可燃气体，如氢气、一氧化碳、液化石油气等。在化工生产中很多原料、中间体、半成品和成品是可燃物质。

2）有助燃物存在。凡能帮助和维持燃烧的物质均称为助燃物。常见的助燃物是空气和氧气以及氯气和氯酸钾等氧化剂。

3）有点火源存在。凡能引起可燃物质燃烧的能源统称为点火源。如明火、撞击、摩擦高温表面、电火花、光和射线、化学反应热等。

（2）控制措施：

1）隔离。清理动火区域周边可燃物，使其远离点火源；不能清理，则用防火材料点火源与可燃物可靠隔离。

2）控制危险能量。如撞击、摩擦产生的高温表面用水降温。

2. 防止化学性爆炸的措施

（1）化学性爆炸必须同时具备下列三个条件：

1）可燃物。

2）氧化剂。

3）点火源。

当可燃气体和氧气混合并达到一定浓度时，遇有一定温度的火源就会发生爆炸。

（2）控制措施：

1）通风检测。控制可燃气体浓度在允许范围内。

2）控制点火源能量。如采用 12V 行灯、铜质工器具等。

3. 防止人员灼烫的措施

灼烫是指火焰烧伤、高温物体烫伤、化学灼伤、物理灼伤等。

控制措施如下：

（1）高温物体表面覆盖保温材料。

（2）人员接触高温物体佩戴耐高温手套。

（3）工作服采用纯棉制作。

4. 防止人的失误的措施

（1）在一级、二级动火区域进行动火作业时，应办理《动火作业措施票》。

（2）动火作业涉及进入受限空间、临时用电、高处等作业时，应执行相关安全管理规定。

（3）动火作业应辨识危险因素，进行风险评估，必要时编制动火工作方案及应急预案。

（4）动火作业前，工作负责人应向动火执行人、工作班成员进行安全技术交底。

（5）动火作业人员应严格执行"三不动火"的原则：即没有经批准的《动火作业措施票》不动火、消防监护人不在现场不动火、防火措施不落实不动火。

（6）各级人员发现动火现场消防安全措施不完善、不正确，或在动火过程中发现有危险或违反规范和有关安全作业程序时，应立即阻止动火工作，并报告消防管理部门和安监部门。

（7）一级、二级动火作业措施票签发人、工作负责人、许可人应经培训考试合格，由基层企业分管生产的领导或总工程师批准；电气焊及切割动火的作业人员必须取得政府有关部门核发的电气焊与热切割作业的有效证件。

（8）动火作业前应清除动火现场、周围及上、下方的易燃易爆物品；动火作业现场应配备足够、适用、有效的灭火设施、器材。

（9）动火作业时电焊机、气焊设备应放置在安全区域或经动火批准人批准同意的地点；焊接设备应完好无损，电焊机外壳必须接地，使用漏电保护器；气瓶减压阀及皮管应无泄漏，电焊夹钳线与接线外表绝缘完好，不允许有铜线露出。

（10）严禁利用油、氢气、乙炔、氧气、液化气、氨气、煤粉管道等易燃易爆设备管道作为电焊机接地回路，防止线路产生火花而引起爆炸。

（11）严禁利用电气、热控信号管道、转动设备轴承、建筑物金属构架等作为电焊机接地回路通道，防止线路短路引起火灾或设备损坏。

（12）使用中的氧气瓶和乙炔气瓶应垂直放置并固定，氧气瓶和乙炔气瓶的距离不得小于 8m。

（13）脱硫防腐作业及保养期间和防腐区域进行局部修补时，防腐区域周边 10m 范围及其上下空间严禁一切动火作业（包括切割、打磨等产生火花、火星的作业）。

（三）动火作业措施票所列人员的安全责任

1. 各级审批人员及签发人安全职责

（1）审查工作的必要性、安全性。

（2）审查申请工作时间的合理性。

（3）审查工作票和动火作业措施票上所列安全措施是否正确、完备。

（4）审查动火工作负责人、动火执行人是否符合要求。

（5）现场检查防火、灭火措施是否完备。

2. 许可人安全职责

（1）核实动火工作时间和部位。

（2）工作票和动火作业措施票上所列安全措施是否正确、完备，符合现场条件，必要时进行补充，协助开展危险点辨识和控制措施的确定。

（3）现场动火设备与运行设备是否确已可靠隔绝。

（4）向工作负责人交待运行所做的安全措施。

（5）动火完工后，会同动火工作负责人、动火执行人、消防监护人对现场进行检查，确认无火种并在《动火作业措施票》上签字终结。

（6）当发现动火部位与《动火作业措施票》不相符、动火安全措施不落实或任何异常情况时，有权拒绝许可。

（7）首次动火前，动火部位或现场可燃性气体或液体的可燃蒸汽含量或粉尘浓度符合安全要求。

3. 动火工作负责人安全职责

（1）进行动火前的检查，做好动火作业现场安全措施。

（2）正确地组织动火工作，布置动火工作；动火前向工作班成员、动火执行人进行安全技术交底，交待危险因素、防火和灭火措施。

（3）核实动火执行人的有效证件。

（4）始终监督现场动火工作，及时发现并制止违章行为；及时发现动火作业环境变化，发现不能保证施工安全时有权停止施工，排险后方可重新动火。

（5）动火过程中，动火部位或现场可燃性气体或液体的可燃蒸汽含量或粉尘浓度符合安全要求。

（6）办理动火作业措施票开工和终结。

（7）动火工作间断、终结时检查现场无残留火种。

4. 消防监护人安全职责

（1）负责对动火现场进行消防监护，保证动火现场配备必要的、足够的消防设施。

（2）检查现场消防安全措施是否完善和正确。

（3）始终监督现场动火作业的动态，不得离开现场，发现失火及时扑救。

（4）动火工作间断、终结时检查现场无残留火种，并按相关要求在现场留守，无异常后在《动火作业措施票》上签字终结。

（5）全面了解动火区域和部位状况，熟练掌握急救方法，熟悉应急预案，熟练使用消防器材及其他救护器具。

（6）发现有违反《动火作业措施票》、动火作业程序的行为，必须立即制止，待隐患整改后，方准许继续作业。必要时停止作业并通知动火审批人。

（7）动火工作间断、终结时检查现场无残留火种。

5. 动火执行人安全职责

（1）动火前必须收到经审核批准、许可的动火作业措施票。

（2）做好防火等安全措施。

（3）了解动火工作任务和要求，动火作业前，接受安全技术交底，核实动火部位、动火时间，确认各项安全措施已落实。

（4）在动火过程中，发现不能保证动火安全时有权停止动火。

（5）动火执行人应按规定摆放动火设备，正确穿戴符合安全要求的劳动防护用品、器具。

（6）动火工作间断、终结时清理并检查现场无残留火种。

（四）动火作业申请

（1）需要动火时，由工作负责人按动火等级申请和办理动火作业措施票。

（2）动火作业申请需辨识动火必要性、安全性，确定动火级别、时间期限，凡可动可不动火的一律不动火，凡能拆下来以后动火的设备、管线都应拆下来移到安全地方动火，严格控制一级动火，尽可能地把动火的时间和范围压缩到最低限度。

（3）外包项目需要动火时，施工单位（承包商）提出动火要求，由工作负责人按动火等级申请和办理动火作业措施票。

（4）一级动火作业措施票由申请动火部门负责人或技术负责人签发，消防管理部门、动火部门负责人（或部门技术负责人、安全员）、安监部门审核，分管生产的领导或总工程师批准。

（5）二级动火作业措施票由申请动火班组班长或班组技术负责人签发，消防管理部门、动火部门负责人（或部门技术负责人、安全员）审批。

（6）动火作业措施票由工作负责人填写，动火作业措施票签发人不得兼任该项工作的工作负责人；动火作业措施票的审批人、消防监护人不得签发动火作业措施票。一级动火作业措施票由申请动火班组提前一天提出。

（7）动火作业措施票分一级动火作业措施票和二级动火作业措施票。一级动火作业措施票的有效期为 24h，二级动火作业措施票的有效期：机组正常运行期间为 72h，机组检修和设备技改期间为 120h。

（8）动火作业措施票不得单独使用，必须附于工作票或工作联系单一起使用。

（9）动火作业措施票至少一式三份。其中，一份由工作负责人收执，一份由运行部门保存，一份由消防管理部门保存。

（五）动火作业现场的监护

（1）一级动火在首次动火前，各级审批人和动火作业措施票签发人均应到现场检查防火、灭火安全措施是否正确、完备，测定可燃、易爆气体含量或粉尘浓度是否合格，并在监护下做明火试验，确无问题后方可动火。

（2）一级动火作业，动火部门负责人或技术负责人或安全员、工作负责人、消防监护人必须始终在现场监护，消防队按灭火预案做好应急准备工作。

（3）二级动火作业，工作负责人和消防监护人必须始终在现场监护。

（4）消防监护人需经过消防安全培训。消防监护人应由本企业专职消防员或义务消防员担任。

（六）动火作业间断与终结

（1）动火作业间断，动火执行人、消防监护人离开前应清理现场，消除残余火种。

（2）动火间断时间超过 30min，继续动火前，动火作业人、监护人应重新确认安全条件。

（3）间断时间超过 2h，还应重新测定可燃、易爆气体含量或粉尘浓度，合格后方可重新动火。

（4）动火工作在次日动火前，应由工作负责人、消防监护人共同检查动火现场，重新检查防火、灭火安全措施并测定可燃气体含量或粉尘浓度，合格后经签字确认方可重新动火。

（5）动火作业结束后，应整理、清扫、检查现场，动火工作负责人、动火执行人、消防监护人、运行许可人应检查现场无残留火种等。消防监护人应按要求在现场留守 2h，防止死灰复燃，方允许工作负责人、工作许可人和消防监护人在《动火作业措施票》上签字，终结动火作业。

（6）需延期的动火作业，必须重新办理动火作业措施票。

（七）动火作业专项措施

1. 系统隔离与检测

（1）凡在生产、储存、输送可燃物料的设备、容器及管道上动火，应首先切断物料来源并加好盲板；经彻底吹扫、清洗、置换后，打开人孔通风换气；打开人孔时，应自上而下依次打开，并经测定可燃气体、易燃液体的可燃蒸汽含量或粉尘浓度合格，方可动火；一级动火工作的过程中，应每隔2～4h测定一次可燃性气体、易燃液体的可燃蒸汽含量或粉尘浓度是否合格，当发现不合格或异常升高时应立即停止动火，在未查明原因或排除险情前不得重新动火。

（2）动火施工区域应设置警戒，严禁与动火作业无关人员或车辆进入动火区域。

（3）动火作业人员在动火点的上风作业，应位于避开液体或气流可能喷射和封堵物射出的方位。特殊情况应采取围隔作业并控制火花飞溅。

（4）在动火前应清除现场一切可燃物，并准备好消防器材。动火期间，距动火点30m内严禁排放各类可燃气体，15m内严禁排放各类可燃液体。距动火点10m内及用火点下方不得同时进行可燃溶剂清洗和喷漆等施工。

（5）凡需要动火的罐、容器等设备和管线，应进行内部和环境气体检测，并将检测数据填入《动火作业措施票》中。常见可燃气体的爆炸下限和检测上限见表4-3，常见粉尘的爆炸下限和检测上限见表4-4。

表4-3　　　　　　　　　常见可燃气体的爆炸下限和检测上限

序号	名称	在空气中的爆炸极限	
		% （*V/V*）	
		爆炸下限	检测上限
1	氢	4	0.4
2	硫化氢	4.3	0.43
3	煤油	0.7	0.07
4	甲烷	5	0.5
5	氨	15	1.5
6	轻油	0.9	0.09
7	联胺	4.7	0.47
8	汽油（液体）	1.1	0.11

表 4–4　　　　　　　　　　　常见粉尘的爆炸下限和检测上限

序号	名称	在空气中的爆炸极限	
		（g/m³）	
		爆炸下限	检测上限
1	褐煤	49～68	4.9
2	烟煤	41～57	4.1
3	贫煤	34～45	3.4

注　可燃性物质浓度应低于10%LEL（下限）；受限空间动火作业或油罐、油箱检修时，受限空间中可燃性物质浓度应低于1%LEL。

（6）气体检测点或采取的气体样品要有代表性，在较大的设备内动火作业，应采取上、中、下取样；在较长的物料管线上动火，应在彻底隔绝区域内分段取样；在设备外部动火作业，应进行环境分析，且分析范围不小于动火点10m。在动火过程中，如出现紧急或异常现象，应立即停止动火，重新检测。

（7）动火作业应做好施工前的各项准备工作，应尽可能缩短采样分析时间，动火前可燃性、易爆气体含量或粉尘浓度检测的时间距动火作业开始时间不应超过30min。

（8）在可能转动或来电的设备上进行动火作业，应事先做好停电、隔离等确保安全的措施。

（9）用于检测气体或粉尘浓度的检测仪应在检验有效期内，并在每次使用前与其他同类型检测仪进行比对检查，以确定其处于完好状态。

2. 进入受限空间动火作业要求

（1）在油罐、塔、釜或其他存在可燃介质的受限空间内动火，在将其内部物料除净后，应进行蒸汽吹扫（或蒸煮）、氮气置换或用水冲洗干净，然后打开上、中、下部人孔，形成空气对流或采用机械强制通风换气，严防出现死角。

（2）凡进入受限空间动火，气体检测应包括可燃气体浓度、有毒有害气体浓度、氧气浓度等，其中氧含量为19.5%～21%，有毒有害气体含量应符合国家相关标准的规定。

（3）所有可能影响该受限空间的物料来源都应被切断。

3. 高处动火作业要求

（1）高处动火作业应设置有围栏和扶手的固定作业平台，如现场不具备条件则应采取防坠落措施，并经相关专业人员确认。

（2）高处动火作业应配备防落物设施，在多层构筑物的二层或二层以上动火必须采取防止火花溅落措施，并在火花可能溅落的部位设置围栏和警告标志或在其区域外安排监护人。

（3）在架空管线及脚手架上施工的人员，应系挂安全带。

（4）风力超过五级时，禁止露天进行焊接或气割。但在风力为五级以下、三级以上进行露天焊接或气割时，必须搭设挡风屏，以防火星飞溅引起火灾。

4. 挖掘作业中的动火作业要求

（1）挖掘作业必须进行作业危险分析，所有地下管道、电缆、光缆应确定方位。地面堆土、堆物应加以控制，进行必要的支撑以防滑坡。

（2）埋地管线动火施工，作业坑大小应根据实际情况（如管径、埋深等）来确定，坑的深度、坡度应方便施工和动火作业人员逃生。

（3）在埋地管线作业坑内进行动火作业的人员应系阻燃或不燃材料的安全绳。

5. 油系统设备上动火作业的特殊安全措施

（1）检测容器、四周、沟道等内的可燃气体浓度在安全范围之内，必要时加强通风，降低浓度。

（2）要动火的设备、管道内部，必须用蒸气冲洗，必要时可灌水，用碱水清洗或旧棉布清理干净。

（3）做好动火设备或管道的隔离措施，将通向油源即运行设备的管路系统隔绝，并在非动火侧用堵板封堵，管口或容器开口通大气，在动火管路内注满泡沫。如有特殊困难应保持两个串联门隔绝，并有一侧与大气相通，与大气相通的开口处禁止站人。

（4）明火作业周围应无易燃物品，地面油迹要清理干净，备好足够的消防器材。

（5）正在卸油时，严禁在近旁动火。

（6）直接与油区通的管系，如无可靠的隔绝，严禁进行电、火焊作业。

（7）乙炔、氧气瓶应各自远离动火地点 10m 以上。

6. 氢系统设备动火作业的特殊安全措施

（1）在制氢室、储氢罐、氢冷发电机以及氢气管路近旁 5m 内进行明火作业或做能产生火花的工作，必须事先经过氢气含量测定，证实系统内部和动火区域氢气的最高含量不超过 0.4%（体积），并经厂主管生产的领导批准，办理动火工作票后方可工作，工作中应至少每 2～4h 测定空气中的含氢量并符合标准。

（2）在有氢气的设备、管路系统上进行明火作业时，设备与管道全停，进行气体置换，设备与管道内氢气排空并与大气相通，并用测量仪检测设备与管道内外的空气中含氢浓度在安全范围以内，否则严禁动火。

（3）制氢室内的阀门管道或其他设备发生冻结时，应用蒸汽或热水解冻。

7. 氨系统设备动火作业的特殊安全措施

（1）氨区及周围 30m 范围内或有氨气设备、管路系统附近 5m 范围内，动用明火或可能散发火花的作业，应办理动火作业措施票，在检测可燃气体浓度符合规定后方可动火。

（2）涉氨系统动火前必须做好可靠的隔绝措施，与系统的隔绝点需挂锁、加装堵板，进行充分的置换、排空并与大气相通，经仪器检测合格后方可动火。

（3）尿素输送管道动火前应用热水冲洗干净。

（4）氨区内的阀门管道或其他设备发生冻结时，应用蒸汽或热水解冻。

8. 脱硫系统设备动火作业的特殊安全措施

（1）脱硫防腐涂抹防腐材料期间，作业区域应封闭，10m 范围内禁止动火。

（2）脱硫系统动火作业前，作业面与其他防腐区域应严格进行物理隔离，并悬挂醒目的防火警示标识。

（3）动火作业前，现场应配备充足的灭火器，并将消防水引至动火作业面，应试开消防水正常，确保消防水压力满足要求，消防设施跟随动火作业面移动，有条件的可调配消防车至现场。

（4）除雾器附近动火作业前，用浸湿的防火布对除雾器满铺进行隔离；除雾器冲洗水管道进行动火作业前，应进行局部系统有效隔离和加装堵板，防止火花被塔内负压吸入，保留其余除雾器冲洗水系统备用。

（5）脱硫吸收塔动火前，底部须做好防护措施或在底部注入一定高度的水。

（6）脱硫系统动火作业前，必须采取可靠的隔离措施，防止焊渣进入吸收塔等容器；容器及烟道外壁动火作业前，监护人员应正确判断外壁动火点对应的内壁位置，并将动火点周围 400mm 内防腐鳞片清理干净。动火过程中，应有专人监测容器内对应部位的状况，并用水对动火点周围的金属及防腐层进行降温。

（7）除雾器热熔等高温作业应严格控制工作温度，并做好冷却和防火措施。

二、高处作业

高处作业指在坠落高度离基准面 1.5m 及以上有可能坠落的高处进行的作业，其中包含临边作业。

高处作业按照不同的坠落高度，可分为Ⅰ级、Ⅱ级、Ⅲ级和Ⅳ级四个等级，其相应的高度分别是1.5~5、5~15、15~30、30m以上，可能坠落半径分别为3、4、5、6m。

高空作业是危险程度相当高的行业，具有作业环境复杂，立体交叉作业、高处作业等特点，繁重的劳动强度以及随时可能出现的种种不测因素都直接威胁到施工人员的人身安全。其中，一线作业的从业人员大多文化素质较低，安全生产意识不强，因此，必须加强针对高空作业中涉及的设施、人员、环境等方面的管理，建立健全各种规章制度，并在施工中确保各项规章制度能得到有效执行。

（一）危险点分析

（1）高空坠落。高空作业人员行为失控发生坠落。

（2）物体打击。高空落物伤人。

（3）坍塌。脚手架或平台不合格发生倾翻或坍塌。

（4）人员失误。行为失控或违章作业。

（二）风险控制措施

1. 防止高空坠落的措施

高处坠落指从事高空作业人员从高处坠落导致的人身伤害。控制措施包括：

（1）尽量选择在地面作业，避免高处作业。

（2）搭设脚手架、作业平台。

（3）隔离，如无法避免高处作业，则利用护栏、盖板等限制人的活动范围。

（4）布置安全网、安全绳、佩戴安全带。

2. 防止物体打击的措施

物体打击指物体在重力或其他外力的作用下产生运动，打击人体而造成人身伤亡事故。控制措施包括：

（1）上下交叉作业，两个作业面之间可靠隔离。

（2）高空作业下方设置隔离区域，限制人员活动范围。

（3）佩戴安全帽。

3. 防止脚手架坍塌的措施

坍塌指物体在重力或其他外力的作用下，超过自身的强度极限或因结构稳定性被破坏而造成伤害、伤亡的事故。控制措施包括：

（1）脚手架地基的承载力满足架体和上部荷载要求。

（2）脚手架所用的架管、扣件等材料合格，强度满足荷载要求。

（3）脚手架上荷载不超限。

4. 防止人的失误的措施

（1）从事高处作业人员必须身体健康，患有精神病、癫痫病及经医师鉴定患有高血压、心脏病等不宜从事高处作业病症的人员，不准参加高处作业。凡发现工作人员有饮酒、精神不振时，禁止登高作业。

（2）高处作业人员应经培训并考核合格，取得"特种作业操作证"，作业类别为高处作业（准操项目：安装、架设、拆除、维修、清洗），严禁无证上岗。

（3）高处作业人员应充分了解作业的安全风险、安全措施和工作要求，严格按照规范要求进行高处作业。对违反规范强令作业、安全措施没有落实到位的，作业人员有权拒绝作业。作业过程中如发现情况异常或感到不适等情况，应停止作业，撤离现场。

（4）高处作业人员应系好安全带，戴好安全帽，衣着要灵便，禁止穿硬底和带钉易滑的鞋，安全带的各种部件不得任意拆除，有损坏的不得使用，安全带和安全帽应符合国家标准，严禁用绳子捆在腰部代替安全带。

（5）高处作业应一律使用工具袋，使用中工具应随手放入工具袋；较大的工具应用绳拴在牢固的构件上，不准随便乱放，防止高空落物。

（三）高处作业专项措施

1. 临边及洞口作业安全防护

（1）孔洞应设坚固的盖板或围栏。洞口防护设施如有损坏必须及时修复，洞口防护设施严禁擅自移位、拆除，洞口还必须设置警示标志等。

（2）在没有安全防护设施的条件下，严禁在临边或不固定的构件上行走或作业；在孔洞旁操作要小心，不应背朝孔洞作业；不要在孔洞旁休息、跨越以及在孔洞盖板上行走。

（3）在坝顶、陡坡、屋顶、悬崖、杆塔、吊桥以及其他危险的边沿进行工作，临空一面应装设安全网或防护栏杆，否则工作人员须使用安全带。

（4）峭壁、陡坡的场地或人行道上的冰雪、碎石、泥土须经常清理，靠外面一侧须设 1.2m 高的栏杆，在栏杆内侧设 180mm 高的侧板或土坝，以防坠物伤人。

（5）尽量避免临边作业，如尽量在地面上先完成在结构钢件上焊接绳索支撑托架或者在柱子上钻孔，避免在钢件已经架设好之后再焊接绳索支架。

2. 攀登与悬空作业安全防护

（1）高处作业人员应沿着通道、梯子上下，不得沿着绳索、立杆或栏杆攀登，也不得任意利用吊车臂架等施工设备进行攀登。上下梯子时，必须面向梯子，且不得手持器物。

（2）登高作业前，必须检查脚踏物是否安全、可靠，如脚踏物是否有承重能力、木杆的根部是否腐烂等。

（3）梯子使用前应仔细检查，结构应牢固，踏步间距不得大于 400mm，不得有缺档；人字梯有坚固的铰链和限制跨度的拉链，支设人字梯时，两梯夹角应保持小于或等于 40°，同时两梯要牢固。在平滑面上使用的梯子应采取端部套绑防滑胶皮等防滑措施。

（4）在直梯、延伸梯子上工作时，梯与地面的斜角度为 60° 左右。梯子的最上两级严禁站人，工作人员必须登在距梯顶不少于 1m 的梯蹬上工作。靠梯的高度如超过 6m，应在中间设支撑加固。电工作业必须使用绝缘梯。

（5）厂房外墙、烟囱、冷水塔等处壁应设置固定爬梯，高出地面 2.4m 以上部分应设有护圈。高度在 100m 以上的爬梯，中间应设有休息平台，并应定期进行检查和维护。上爬梯必须逐档检查爬梯是否牢固，上、下爬梯必须抓牢，并不准两手同时抓一个梯阶。

（6）应预先考虑高处作业挂点和安全保险绳的固定，钢构件安装前，在地面上应提前把挂点和安全保险绳固定到钢构件上，以提供安全带或安全保险绳的系挂处。

（7）如不能完全消除和预防坠落危险，应评估工作场所和工作过程，选择安装使用防坠落保护装备和防护设施，如安全带、自动收缩式救生索、缓冲器、抓绳器、吊笼和安全网等，以降低坠落发生后人员受伤害的程度。通过评估工作场所和作业过程，选择安装并使用最合适的装备。

（8）当在屋顶、脚手架、储罐、塔、容器、人孔等区域内或区域上方作业时，应考虑使用自动收缩式救生索。在攀登垂直固定梯子、移动式梯子及升降平台等设备时，也应考虑使用自动收缩式救生索。

（9）自动收缩式救生索应直接连接到安全带的背部 D 形环上，一次只能让一个人使用，严禁与缓冲系索一起使用，或者连接到缓冲系索上面。

（10）垂直安全保险绳从一个头顶独立的锚固点上延伸出来，使用期间应该保持在垂直位置。系索通过抓绳器装置固定到垂直安全保险绳上。一根垂直安全保险绳只可以一个人附着。

（11）在容易滑偏的构件上使用靠梯时，梯子上端应用绳绑在上方牢固构件上。禁止在吊架上架设梯子，如在悬空的板上架设梯子应采取相应的保护措施。单梯只许上 1 人操作，禁止多人在同一架梯上工作，不准带人移动梯子。

3. 平台与交叉作业

（1）高处作业所搭建使用的平台等安全设施需按现行有关规范要求进行受力分析及计算，以防平台超载坍塌。

（2）禁止登在不坚固的结构上（如石棉瓦、彩钢板屋顶）进行工作，不得坐在平台、孔洞边缘和躺在通道或安全网内休息。为了防止误登，应挂警告牌。

（3）移动平台工作面四周应有 1.2m 高的护栏，升降机构牢固、完好，升降灵活；液压机构无渗漏现象，有明显的荷重标志，严禁超载使用，禁止在不平整的地面上使用。使用时应采取制动措施，防止平台移动。

（4）高空电缆敷设应使用工作平台，电力线路作业应按《安规》（电力线路部分）的规定执行。

（5）交叉作业的施工各方应签订互保协议，相互间的施工条件环境和范围事先应沟通交底，力求做到紧密配合，减少干扰，确保各方的施工安全。

（6）交叉作业前，工作负责人应对作业人进行安全交底，内容应包括防高空落物措施、交叉作业安全注意事项等。

（7）进行立体交叉作业时，合理安排施工工序。上、下层同时进行工作时，中间必须搭设严密牢固的防护隔板、罩棚或其他隔离设施。

三、吊装、起重和搬运作业

吊装、起重和搬运作业是指利用各种吊装机具将设备、工件、器具、材料等吊起，使重物发生位置变化的作业过程。常用吊装机具有桥式起重机、门式起重机、装卸桥、缆索起重机、汽车起重机、轮胎起重机、履带起重机、铁路起重机、塔式起重机、门座起重机、桅杆起重机、行车、升降机、电动葫芦及简易起重设备和辅助用具（如吊篮）等起吊设备。

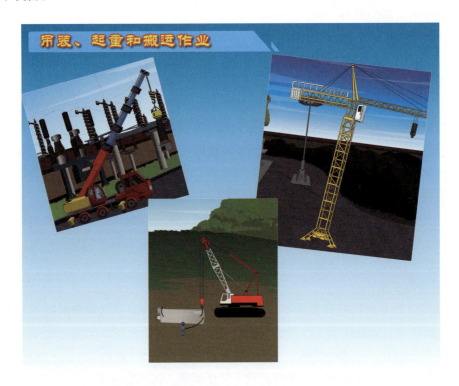

起重机械是指用于垂直升降或者垂直升降并水平移动重物的机电设备，其范围规定为额定起重量大于或等于0.5t的升降机；额定起重量大于或者等于3t（或者额定起重力矩大于或等于40t·m的塔式起重机、生产率大于或等于300t/h的装卸桥），且提升高度大于或等于2m的起重机。

起重作业按起吊工件重量划分为三个等级，大型（一级）：起吊重量大于100t；中型（二级）：起吊重量为40～100t；小型（三级）：起吊重量小于40t。

（一）危险点分析

（1）起重伤害。起重吊装和搬运作业过程中，存在重物坠落、夹挤、碰撞、起重设备倾翻、触电等危险。

（2）人的失误，如行为失控或违章作业。

（二）风险控制措施

1. 防止起重伤害的措施

起重伤害指在进行各种起重作业中发生的重物坠落、夹挤、物体打击、起重机倾翻、触电等事故。控制措施包括：

（1）起重机械质量合格，载荷能力符合设计标准。

（2）起重机械的地基承载力符合要求。

（3）隔离起重作业区域，防止无关人员出入。

（4）起重机械与高压带电体保持安全距离。

2. 防止人的失误的措施

（1）人员基本要求。

1）人员的身体健康要求：经过县级以上医疗机构体检合格，双目视力（含矫正视力）不低于 0.7，无色盲、听觉障碍、癫痫病、高血压、心脏病、眩晕、突发性昏厥等疾病及生理障碍。

2）人员的培训和资质要求：起重作业人员和安装维修人员等必须经过专业技能培训。起重机司机、行车司机、信号指挥人员、安装维修人员必须取得"特种设备作业人员证"方可上岗。起重作业人员在承担新型起重设备的操作前，应经过该项新设备的单独测验，合格后方可正式工作。

（2）人员职责。

1）项目负责人。

a. 组织起重班长或技术员与起重作业人员完成特殊安全措施，并确认执行。

b. 编写大型和关键性起吊措施方案，制定《特殊作业安全指导书》。针对作业内容进行危险识别，对识别出的危险因素，制定相应的作业措施及安全措施。

c. 进行吊装、起重和搬运作业前的检查，并填写《吊装、起重和搬运作业起吊前检查表》。

d. 组织实施吊装、起重和搬运作业，对作业过程进行全程控制，确保作业过程的安全。发现吊装、起重和搬运作业不能满足安全标准的要求时，必须立即停工，在保持现场安全的情况下，进行整改，直至满足要求。

e. 吊装、起重和搬运作业完成后，对现场进行全面检查，如特殊措施是否已恢复、人员是否已全部撤离等，确保现场安全。

2）工作负责人。

a. 负责办理特殊作业措施票。

b. 核实并保证吊装、起重和搬运作业的所有安全条件得到落实，向起重人员交代工作区域危险和基本安全要求。

3）作业指挥人员。

a. 接受专业技术培训及考核，持有有效《特种设备作业人员证》。参与大型和关键性起吊措施方案的编制。

b. 严格执行吊装、起重和搬运作业措施方案，佩戴明显的标志，按规定的指挥信号进行指挥。监督吊索或吊具的选择。

c. 正式起吊前应指挥试吊，确认一切正常后，方可正式指挥吊装、起重和搬运。及时判断和处理异常情况，发现安全措施落实不完善，有权暂停作业。

4）司索人员（起重工）。

a. 接受专业技术培训及考核。预测货物重量与起重设备额定重量是否相符，根据货物的重量、体积和形状等情况选择合适的吊具与吊索。

b. 检查吊具、吊索与货物的捆绑或吊挂情况；听从指挥人员的指挥，及时报告险情；熟知作业过程中的危险因素和控制措施。

5）起重机司机。

a. 具有专业资质，持有有效"特种设备作业人员证"。参与吊装、起重和搬运作业措施方案的编制。

b. 严格执行吊装、起重和搬运作业措施方案，按指挥人员（中间指挥人员）所发出的指挥信号进行操作。对紧急停车信号，不论任何人发出，均应立即执行。

c. 熟知作业过程中的危险因素和控制措施。

6）安全专工。

a. 对从事指挥和操作的人员进行资格确认。审核大型和关键性起吊措施方案。

b. 审核吊装、起重和搬运作业危险识别结果，以及作业和安全措施的有效性。

c. 对大型和关键性起吊作业进行现场监督、检查。

四、受限空间作业

受限空间是指进出口受限，通风不良，可能存在易燃易爆、有毒有害物质或缺氧，对进入人员的身体健康和生命安全构成威胁的封闭、半封闭设施及场所。

（一）危险点分析

企业应对每个装置或作业区域进行危险辨识，确定受限空间的位置和种类，建立、公布受限空间清单并根据作业环境、工艺设备变更等情况不断更新。

（1）化学性爆炸。存在或可能产生易燃易爆气体。

（2）中毒窒息。存在或可能产生有毒有害气体、缺氧窒息。

（3）灼烫。存在或可能产生高温介质（灼烫）等。

（4）淹溺。存在或可能产生掩埋进入者的物料或水。

（5）设备触电。存在带电设备。

（6）坍塌。内部结构可能将进入者困在其中。

（7）人的失误。行为失控或违章作业。

（二）风险管控措施

1. 防止化学性爆炸的措施

化学性爆炸指因物体本身起化学反应，产生大量气体和高温而发生的爆炸。

（1）化学性爆炸必须同时具备下列三个条件：

1）可燃物。

2）氧化剂。

3）点火源。

（2）当可燃物和氧化剂混合并达到一定浓度时，遇有一定温度的火源就会发生爆炸。控制措施包括：

1）可靠隔离可燃气体相关管道阀门。

2）进行通风检测，控制可燃气体浓度在允许范围内。

3）控制点火源能量，如采用 12V 行灯、铜质工器具等。

2. 防止中毒窒息的措施

中毒窒息指吸入有毒有害气体后，使血液的运氧能力或组织的利用氧能力发生障碍，造成组织缺氧而窒息。控制措施包括：

（1）可靠隔离有毒有害气体相关管道阀门。

（2）进行通风检测，控制有毒有害气体浓度在允许范围内。

（3）佩戴正压式呼吸器或防毒面具。

3. 防止人员灼烫的措施

灼烫是指火焰烧伤、高温物体烫伤、化学灼伤、物理灼伤等。控制措施包括：

（1）高温物体表面覆盖保温材料。

（2）人员接触高温物体佩戴耐高温手套。

（3）工作服采用纯棉制作。

4. 防止人员淹溺的措施

淹溺指人淹没于水中，水充满呼吸道和肺泡，引起换气障碍而窒息。控制措施为可靠隔离受限空间相关水管道阀门。

5. 防止设备触电的措施

触电指人体直接接触电源时，电流通过人体致使人体组织损伤和功能障碍甚至死亡。在金属容器内工作时的控制措施包括：

（1）采用24V以下的行灯照明。

（2）使用24V以下的电气工具，或选用Ⅱ类手持式电动工具。

（3）使用超过安全电压的手持电动工具作业或进行电焊作业时，应配备漏电保护器且漏电保护应放在受限空间外，电焊变压器不应带入容器内。

（4）作业人员应站在绝缘板上或穿绝缘橡胶鞋，同时保证金属容器接地可靠。

6. 防止受限空间坍塌的措施

坍塌指物体在重力或其他外力的作用下，超过自身的强度极限或因结构稳定性被破坏而造成伤害、伤亡的事故。控制措施有受限空间结构强度满足工作要求。

7. 防止人的失误的措施

（1）受限空间作业相关人员应接受受限空间安全培训，了解受限空间危险因素，掌握受限空间预防措施与应急措施，掌握个人职业健康防护与应急救护常识，经考试合格方可上岗。对于企业所在地政府明文规定："受限作业人员应取证上岗"的，企业应参加政府组织的相关培训后持证上岗。

（2）作业人员着装必须符合《安规》规定，按劳动保护要求佩戴相应劳防用品，使用符合现场安全要求的工器具。

（3）作业人员身体健康，体检适合受限空间作业，精神状态良好。

（4）以下人员禁止进入受限空间：

1）在经期、孕期、哺乳期的女性。

2）有聋、哑、呆、傻等严重生理缺陷者。

3）患有深度近视、癫痫、高血压、过敏性气管炎、哮喘、心脏病、精神分裂症等疾病者。

4）有外伤疤口尚未愈合者。

五、高温作业

高温作业是指有高气温或有强烈的热辐射、伴有高气湿（相对湿度 RH≥80%）相结合的异常作业条件，工作地点平均湿球黑球温度指数（WBGT 指数）大于或等于 25℃的作业。包括高温天气作业和工作场所高温作业。

（一）危险点分析

（1）灼烫，存在高温物体灼烫伤人的危险。

（2）高温环境下人发生中暑、脱水、休克。

（3）人的失误，行为失控或违章作业。

（二）风险管控方法

1. 防止人员灼烫的措施

灼烫是指火焰烧伤、高温物体烫伤、化学灼伤、物理灼伤等。控制措施包括：

（1）高温物体表面覆盖保温材料。

（2）对热辐射强度大，高温超标严重的高温作业，应为作业者提供特殊要求的防护用品，如全身式隔热服装、隔热面罩、耐高温手套。

2. 防止人员中暑、脱水、休克的措施

中暑是在暑热天气、湿度大和无风的环境下，表现以体温调节中枢功能障碍、汗腺功能衰竭和水电解质丧失过多为特征的疾病。

脱水指人体因外部原因消耗大量水分而不能及时得到补充，造成新陈代谢障碍的一种症状。

休克指机体遭受强烈的致病因素侵袭后，由于有效循环血量锐减，机体失去代偿，组织缺血缺氧的症状。

控制措施包括：

（1）对封闭、半封闭的工作场所，可以应用喷雾降温。

（2）将热源与人的活动范围可靠隔离，如保温、围栏等。

（3）应首先采用自然通风防暑降温，必要时使用风扇送风、喷雾或空气淋浴等局部送风装置。

（4）对高温作业者，应按有关规定供给含盐清凉饮料（含盐量为 0.1%～0.2%）；配备人丹、风油精、清凉油等防暑辅助药品，并提供符合要求的防护用品，如防护手套、鞋、护腿、围裙、眼镜、服装、面罩等。

（5）高温作业人员上岗前进行职业健康检查，无高温作业职业禁忌症。对患有心、肺、脑血管性疾病、肺结核、中枢神经系统疾病、消化系统疾病、严重的呼吸、内分泌、肝、肾疾病患者及其他身体状况不适合高温作业环境的劳动者，均不宜从事高温作业。

（6）作业人员进行上岗前防暑安全知识与职业卫生培训和在岗期间的定期职业卫生培训，掌握高温防护、中暑与烫伤急救等职业卫生知识。

（7）作业人员精神状态良好，正确佩戴使用个人防护用品。

（8）组织管理措施：

1）应当依照有关规定对从事接触高温危害作业人员组织上岗前、在岗期间和离岗时的职业健康检查，将检查结果存入职业健康监护档案并书面告知作业人员。

2）不得安排怀孕女职工在 35℃以上的高温天气从事室外露天作业及温度在 33℃以上的工作场所作业。

3）从事高温作业的员工应有合理的劳动休息制度，根据气温变化，适当调整作息时间，尽量避免加班。

4）高温作业时应该考虑不同劳动强度对人体健康的影响，常见职业体力劳动强度分级见附录 1。

5）高温环境下体力劳动，应采取轮换作业等办法，尽量缩短一次连续作业时间。根据劳动强度的分级，允许持续接触热时间的限值见附录 2。持续接触热后必要休息时间不得少于 15min，休息时应脱离热环境。

6）作业场所温度在 50℃以上的工作应办理特殊作业措施票。

六、临时用电

临时用电是指企业范围内因施工现场用电需要从厂内标准配置的电源（如电气开关、配电箱、动力盘）上临时接用或通过电源插头直接从检修电源插座上插取的。临时电源一般又称为检修电源。

（一）危险点分析

（1）临时用电触电。

（2）人的失误，行为失控或违章作业。

（二）风险管控措施

1. 防止临时用电触电的措施

临时用电触电指人员使用临时用电发生的触电事故。控制措施包括：

（1）临时电源必须按规定装自动空气开关、漏电保护器、接线柱和插座，专用接地铜排和端子、箱体必须可靠接地，接地、接零标识应清晰，并固定牢固。

（2）临时用电系统应采用三级配电原则，开关箱采用"一机、一闸、一漏、一箱"制，动力、照明配电分开设置。

（3）电气作业人员在作业时穿戴合适的个人防护用品，如穿绝缘鞋（靴）、戴绝缘手套。

2. 防止人的失误的措施

参与临时用电的操作、检修、维护人员，必须经过专业技术培训及触电急救培训合格，取得"特种作业操作证"方可上岗。

七、容器开启作业

容器开启作业是指对内部可能存在危险物料的容器、管道，通过拆开其螺栓、阀盖、管接头或加热、打磨、切割、钻孔等方式，进行互连管道的拆除，打开容器、管道的检查孔、法兰、盲板，更换阀门填料或割开管壁等工作。

（一）危险点分析

（1）中毒。容器内可能存在有毒（有害）气体、液体或固体。

（2）化学性爆炸。容器内可能存在易燃易爆气体、液体或固体。

（3）介质伤害。容器内可能存在一定温度、压力或低温介质。

（二）风险管控措施

1. 防止中毒的措施

中毒窒息指吸入有毒有害气体后，使血液的运氧能力或组织的利用氧能力发生障碍，造成组织缺氧而窒息。控制措施包括：

（1）排空、置换、清洗、吹扫，控制有毒有害气体浓度在允许范围内。

（2）必要时佩戴防毒面具或全套防化服。

（3）隔离容器开启区域并设置警戒区域。

（4）在作业点附近安装临时冲淋装置。

2. 防止化学性爆炸的措施

容器内存在易燃易爆气体，当和氧气混合并达到一定浓度时，在加热、打磨、切割、钻孔是产生一定温度的火源就会发生爆炸。控制措施包括：

（1）排空、置换、清洗、吹扫，控制可燃气体浓度在允许范围内。

（2）隔离容器开启区域并设置警戒区域。

3. 防止介质伤害的措施

容器内存在一定温度、压力或低温介质，开容器打开时对人造成伤害。控制措施包括：

（1）在容器开启时要确保阀内残压及残液已完全排空。

（2）隔离容器开启区域并设置警戒区域。

八、挖掘作业

挖掘作业是指在生产、作业区域使用人工或推土机、挖掘机等施工机械，通过移除泥土形成沟、槽、坑或凹地的挖土、打桩、地锚入土作业。

（一）危险点分析

（1）设备触电。地下存在电气电缆设施。

（2）坍塌。地下土质疏松或影响邻近的建筑结构等情况。

（3）化学性爆炸。地下存在易燃易爆气体管道。

（4）介质伤害。地下存在一定温度、压力或低温介质。

（5）人的失误。行为失控或违章作业。

（二）风险管控措施

1. 防止设备触电的措施

设备触电指在挖掘作业过程中，因破坏地下电缆而造成人员触电事故。控制措施包括：

（1）查看图纸资料，查明地下电缆的正确位置。

（2）采用探测设备进行探测或人工小心轻挖。

（3）挖掘作业周边设置隔离措施和警示标识。

2. 防止坍塌的措施

坍塌指在挖掘作业过程中，因土质疏松或影响邻近的建筑结构而造成的坍塌事故。

控制措施包括：

（1）根据土质类型确定是否需要支撑和挡板，如液压支撑、沟槽千斤顶和挡板等保护措施。

（2）挖掘作业应与附近结构物保持距离，必要时增加临时支撑或加固措施。

（3）采取排除地面水及防止其侵入的措施。

（4）挖掘作业周边设置隔离措施和警示标识。

3. 防止化学性爆炸的措施

化学性爆炸指在挖掘作业过程中，因破坏地下可燃气体管路而引发的爆炸事故。控制措施包括：

（1）查看图纸资料，查明地下电缆的正确位置。

（2）采用探测设备进行探测或采用防爆工器具小心轻挖。

（3）进行通风检测，控制可燃气体浓度在允许范围内。

（4）挖掘作业周边设置隔离措施和警示标识。

（5）现场配备足够的消防器材。

4. 防止介质伤害的措施

介质伤害指在挖掘作业过程中，因破坏存有一定温度、压力或低温介质管路而引发的介质喷溅伤人事故。控制措施包括：

（1）查看图纸资料，查明地下管路的正确位置。

（2）采用探测设备进行探测或人工小心轻挖。

（3）隔离容器开启区域并设置警戒区域。

5. 防止人的失误的措施

（1）挖掘作业人员按规定持证上岗。

（2）开工前，挖掘作业人员安全技术交底。

（3）挖掘作业人员根据地面设施情况劳保着装。

（4）作业人员不准在坑、槽、井、沟内休息，禁止在升降设备、挖掘设备下或坑、槽、井、沟上端边沿站立、走动。

6. 专项措施

（1）雷雨天气应停止挖掘作业，雨后复工时，应检查受雨水影响的挖掘现场，如果有积水或正在积水，不得进行挖掘作业。应采用导流渠，构筑堤防或其他适当的措施，防止地表水或地下水进入挖掘处，并采取适当的措施向邻近区域排水。排水后应检查土壁稳定和支撑牢固情况。发现问题，要及时采取措施，防止骤然崩坍。

（2）在解冻期土方工程作业时，应及时检查土方边坡，当发现边坡有裂纹或不断落土及支撑松动、变形、折断等情况应立即停止作业，经采取可靠措施检查无问题后方可继续施工。

第 五 章

人因失误分析及预防

生产事故统计分析表明：生产中的人身伤害 80% 以上来自人的失误。因此，防止生产中人的失误成为安全生产管理研究的重要课题。发电企业开展的"以两票为切入点的风险管控"从理论上实现了"危险可见、风险量化"，但这种"危险可见、风险量化"距离人身安全风险的可控、在控尚有很大的距离，产生这种距离的原因是人的自身失误的风险是无法通过直接措施实现有效的预控，只能通过提高人的思想认识来解决。为此，分析和预控人的失误是提高作业系统本质安全水平的重要举措。

第一节　人因失误的特征及表现形式

人因失误在英文为 Human Error，有时也被译作"人的失误""人为失误"等。大量研究表明，人因失误是生产中导致事故的首要因素。人因失误既包括作为也包括不作为，错误的行为是人因失误，应当作为而不作为也是人因失误。如在电力企业安全生产中，应当佩戴防护用品而不佩戴；为了省时省力而不遵守相应的操作规程的违章行为等都是人因失误。电力企业生产中人因失误是指在生产操作过程中，可能造成实际实现的功能与被要求的功能存在偏差，或其结果可能以某种形式给电力企业生产操作的正常进行带来不良影响的行为。

一、人因失误的基本特征

人与机器都有可能发生失误、失效，但人因失误过程有其自身的独特性。1990 年，曼彻斯特大学教授詹姆斯·里森（James Reason）指出，人因失误与人的绩效都是基于相同的心理过程，如同一枚硬币的正反面。认识人因失误的基本特征，有助于发电企业人员对自身的失误进行改正。人因失误的基本特征表现在以下几个方面：

（1）人因失误具有不可预见性。人的能力与外界需求不相匹配，因此，人因失误具有不可预见性，这种特性来自于人的固有特点——人的绩效可变性。人因失误的出现大多是因为人们用多种不同的方式做不同的事情，可变性较大，进而造成多方面的不确定性。因此，人因失误的概率就随之加大，随机性失误、系统性失误、偶发性失误就存在于系统的运行之中。

（2）人因失误具有重复性。人因失误常常会在不同或相同的条件下重复出现，其根本原因是人的能力与外界需求的不匹配。人的失误不可能完全避免，但可以通过有效手段尽可能减少。

（3）人因失误具有潜在性。人因失误有时候不能立刻引起系统的故障或失效，它的效应可能潜伏很长时间，只有与其他因素联合在一起超越防范的限度时才能真正表现出来，也就是说人存在潜在的引发事故的可能。

（4）人因失误具有可修复性。人的失误可能导致系统故障或失效，然而在很多情况下，在良好反馈装置或冗余条件下，人有可能发现先前的失误并给予纠正，从而有效缓解或克服事件后果，使系统恢复正常状态。

（5）人因失误往往是情景环境驱使的。人在系统中的任何活动都离不开当时的情景环境，硬件的失效、虚假的显示信号和紧迫的时间压力等联合效应会极大地诱发人的失误。

（6）人具有学习的能力。人可以通过学习提高工作效率，适应环境和工作的需要，在这一点上人明显区别于机器。

二、人因失误的表现形式

在电力企业生产中，常见的不利于安全生产的行为主要包括违章行为和误操作等，这也是人因失误的典型表现形式。依据电力企业安全生产违章行为、电力误操作等产生的心理动因，结合人因失误研究的相关成果，将发电企业安全生产中的人因失误分为有意识人因失误和无意识人因失误。

（一）有意识人因失误

有意识人因失误是指在安全生产过程中明知不该，却为了省时省力或者其他目的，有意识地不严格遵守或者违反安全操作规程和有关法律法规的动作或行为。简言之，有意识人因失误是员工有意而为的。

综观电力企业各类人因事故不难发现，大多数事故源于员工的有意识人因失误。如为了省力故意不佩戴安全防护用品而导致事故；变电操作中，作业不按规程规定履行开工、竣工手续，酿成事故；高处作业，工器具材料不按要求传递，砸伤甚至砸死下方作业人员等事故。

在电力企业生产过程中，违章行为是典型的人因失误的表现形式。电力企业一向重视对违章行为的治理，不少电力企业都有专门的反违章管理手册等文件。从反违章的统计资料来看，在电力企业生产中，有意识的违章（人因失误）占据绝大多数。如，某单位生产中常见违章示例 676 例，98.4%属有意识违章，如表 5-1 所示。

表 5-1　　　　　　　　有意识违章与无意识违章分类及比例

违章类别（例）	有意识违章（例）	无意识违章（例）	有意识违章的比例
管理性违章（113）	113	0	100%
指挥性违章（31）	31	0	100%

续表

违章类别（例）	有意识违章（例）	无意识违章（例）	有意识违章的比例
装置性违章（161）	153	8	95%
作业性违章（371）	368	3	99.2%
合计（676）	665	11	98.4%

人的行为受心理因素和意识能力支配，有意识人因失误更离不开心理动因的影响和指引。借鉴管理学中期望值理论的启示，有意识人因失误的心理成因过程如下：

行为者出于一定的意图或者动机（为了省能、逞能炫耀自己的能力或者对抗规定等），并认为符合这种动机的行为不会产生恶性后果（亦可以表述为对意图实现而不导致事故的可能性估计），从而采取一定的可以实现所期望目标的不符合安全生产要求的失误行为。这个过程涉及动机的强弱、实现意图的可能性、采取的行为，分别用字母 I（Intention）、P（Probability）、B（Behavior）表示。因此，有意识人因失误的行为函数可描述为

$$B=I\times P \tag{5-1}$$

式中　I——1～5 的常数；

　　　P——0～1 的常数。

通过式（5-1）可以看出：有意识人因失误产生的可能性和频繁程度取决于行为者采取错误行为意图的诱惑力和实现意图而不发生事故的可能性估计。如果采取特定的错误行为可以轻而易举地满足省能、冒险、逞能、逆反等不良心理的需要，又不对自身造成伤害，该人因失误行为的发生就会较为频繁。

心理学研究表明，人的行为规律一般是：客观事物的刺激引发需要，需要产生动机，动机支配行为，行为指向目标。当有多个需要并存时，往往是强度最大的需要具有优势动机，形成行动的驱动力。从主观上讲，没有人希望事故降临到自己头上；然而，在客观现实中，常常存在更具诱惑力的刺激引发人们对其更强烈的需要，不安全的行为动机取代了安全需要动机的优势地位。由此可见，尽管行为者知晓有意识人因失误的危险性，但仍旧不能避免有意识人因失误的发生。因此，对有意识人因失误的干预和管理是必不可少的。

（二）无意识人因失误

无意识人因失误是指在电力安全生产过程中，由于疏忽或者个体意识差异而导致的操作错误或违反操作规程的行为。无意识人因失误多是在员工困倦、精神不佳等情况下发生的无意识的失误行为。

电力企业生产中，员工无意识的违章、误操作行为也是较为常见的现象。人的体力、精力及知识水平的有限性决定了生产中出现无意间的错误行为是不可避免的。

电力企业生产中的无意识人因失误行为主要有两类：

（1）知识缺失而形成的无意识失误。该类行为主要是由于员工自身知识的缺乏而不

知晓所采取行为的对错或后果而无意之中造成的错误。

（2）精力不集中而导致的失误行为。这类行为与"疏忽"类人因失误有共通之处，主要涉及两方面因素：

1）重复的自动化操作是造成无意识"疏忽"失误的重要条件，人对信息的注意力集中程度会因时间长度而削弱，在重复、自动化的操作中更容易注意力不集中。

2）在生产中，员工被工作环境中的其他信息所吸引或者思维空间被其他失误所占据也是造成无意识"疏忽"失误的重要原因。

第二节　人因失误的原因分析

人因失误是人类行为的一种表现形式，无论是有意识人因失误还是无意识人因失误都是人类行为的表现。无论是有意而为之还是无意而为之，人的行为都具有一定的共性，从本质安全角度来讲，其产生机理都受人的情绪失控、人的安全技能不足和人的安全意识淡薄三方面因素影响。换言之，人因失误主要受人的情绪（mood）K_{pm}、人的技能（skill）K_{ps} 和人的意识（consciousness）K_{pc} 三个因子影响，K_p（person）表示人员危险概率，主要是指人的自身失误所造成危害的可能性，即人的不安全行为，受 K_{pm}、K_{ps}、K_{pc} 的影响。人员危险概率函数关系为

$$K_p \propto (K_{pm} + K_{ps} + K_{pc}) \tag{5-2}$$

一、情绪的影响

人的情绪失控表现为精神"萎靡不振"或"忘乎所以"，情绪一旦失控就会出现动作变形、行为失常。《电力安全工作规程》明确规定"工作负责人（监护人）的安全责任要确认工作班成员精神状态良好"，这里的精神状态就是指人的情绪是否稳定。人的情绪对安全的影响可以从心境与安全、激情与安全、应激与安全、不安全情绪等方面阐述。

（一）心境与安全

心境是一种比较微弱但持久影响人整个心理活动的情绪状态，也就是心情。心境没有特定的指向性，但有明显的弥散性，作用范围很广。人在心境良好的一段时间内，心情比较愉快，一切都感到美好，即使有不尽人意的地方也毫不在乎。反之，在心境不好的时候，心情不愉快，一切都感到厌烦。可见，心境对于电力员工的工作、生活均有很大影响。良好的心境使员工头脑清晰、感知良好、反应敏捷、工作效率和行为安全性提高；而不良的心境却使员工昏昏沉沉、感知不灵、反应迟钝、工作效率和行为安全性降低。

在生产劳动中，保持职工良好的心境，避免情绪大起大落至关重要。心境与生产效率、安全生产有很大关系。心理学家在一家工厂实验中发现，在良好的心境下，工人工

作效率提高 0.4%~4.2%；而在不良心境下，工作效率降低 2.5%~18%，而且事故率明显增加。这是因为工人在心境不佳时进行作业，认识过程和意志行动水平低下，从而反应迟钝、精神恍惚、注意力不集中，造成除工作效率下降外，还极易出现操作失误和事故。

（二）激情与安全

激情是一种强烈的、短暂的、爆发式的情绪。在激情状态下，人会有明显的机体表现。如极度高兴时会手舞足蹈，极度悲痛时会放声大哭，极度恐惧时会浑身寒战，极度愤怒时会面红耳赤等。有什么样的情绪，就会有什么样的姿态、表情和语调。激情一般是因与本人关系较密切的重大事件而引起的。如有的员工因分配不合理而恼怒、因受侮辱而发火、因人身受到严重威胁而恐慌、因亲人遇难身亡时而悲伤等。处在激情状态下的员工，往往感知能力受阻，自制能力下降，常常做出一些有失理智和有碍安全的行为，如破口大骂、动手打人、毁坏设备、故意违章等。这是因为激情发生时，大脑皮层受激的区域会产生强烈的兴奋，相对地，其他区域受到抑制而出现意识狭窄现象。这时，意识集中在引起激情的事物上而对其他事物的刺激则反映受阻，故感知和自制能力降低。总之，激情是一种不冷静的心理表现，对电力员工的工作安全十分不利。

（三）应激与安全

应激是由出乎意料的紧急情况引起的情绪状态。在电力生产作业中，突然出现的险情，员工必须马上采取对策做出反应，这时人的情绪就处于应激状态。不同心理素质的人对待突发情况的反应是不同的，因而表现出的应激水平也不相同。有的人在突然的刺激下，感知水平、活动水平会突然下降，其表现或是惊慌失措、乱中出错，或是不知所措、呆若木鸡。然而，有的员工在突然刺激下却能迅速调动全身的力量处于临战状态，使感知能力和活动能力达到最佳水平，头脑清晰、冷静沉着、思维敏捷、果断、急中生智。

（四）不安全情绪

1. 急躁情绪与烦躁情绪

急躁情绪表现为干活利索但太毛躁，求成心切但不慎重，工作起来不仔细，有章不遵循，手、心不一致，这种情绪易随环境的变化而产生。部分电力员工在工作中遇到困难时，理智受到限制，意识范围狭窄，不能正确评价行为后果，感情冲动、有章不循、行为鲁莽、不听劝阻、一意孤行等，极易造成事故。

烦躁情绪表现为疲劳过度，力不从心，工作无精打采，思维迟钝，注意力不集中，对遵守规章制度、标准、处理不安全因素持消极应付态度，得过且过，马马虎虎，缺乏爱岗敬业的奉献精神，无责任感、自豪感。烦躁情绪主要是由于一些电力员工常年在单调、艰苦和时有工伤事故发生的危险环境中工作而产生的。

2. 悲观情绪与盲目乐观情绪

一些员工在安全或其他方面（包括社会、家庭、子女、生活、人际等方面）受过挫折，遇到困难而失去信心，产生悲观情绪使人信心不足，忧郁惆怅，无心作业，抑制积极性，失去战斗力；或者受到批评和处罚后，不能正确对待，心胸狭窄，心有余悸，思想消沉，情绪低落，自身无活力，工作无程序，对周围环境变化反应迟钝，对外界信息的捕捉和识别能力下降，安全意识削弱，极易造成事故。而一些员工在好的工作形势下，达到一定的目标后，只看到成绩，看不到问题，骄傲自满，盲目乐观，粗心大意，放松警戒而导致麻痹、松懈、疏漏，形成恶性循环，是造成安全生产周期不长的因素。这两种情绪都会对安全生产带来一定的影响。

3. 情绪变化与操作行为

当人体情绪激动水平处于过高或过低状态时，人体操作行为的准确度都只有50%以下。这是因为情绪过于兴奋或抑制都会引起人体神经和肾上腺系统的功能紊乱，从而导致人体注意力无法集中，甚至无法控制自己。因此，员工从事不同程度的劳动需要有不同程度的劳动情绪与之相适应。只有情绪处于适中状态时，安全操作水平才能达到较高水平。人的情绪唤醒水平与操作效率的关系如图5-1所示。

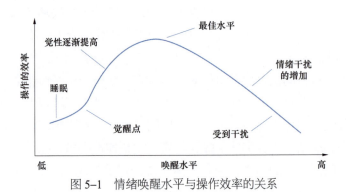

图5-1 情绪唤醒水平与操作效率的关系

二、安全技能的影响

安全技能又称安全生产技能，是指人们安全地完成作业的技巧和能力。它包括作业技能、熟练掌握作业安全装置设施的技能以及在应急情况下进行妥善处理的技能。

安全技能作为人的一项综合技能的体现，它不仅要求有现场经验，同时还要求员工具备一定高度的安全意识和安全技能，做到"四不伤害"。然而，近年来由于电力工业的迅猛发展，出现了人员短缺、技术工人紧缺的现象，人员的技术、技能和素质普遍下降，而且部分管理者的安全管理技能也不能适应电力的发展。同时，由于我国教育方式的短板，从中学到大学的教育科目中较少涉及安全技术的课程，致使学生刚走出校门时安全技能不够，需到厂里进行长时间的实践补课；另外，多年来我国的安全管理一直延续着一种从实践到实践的经验堆积式模式，这也是员工安全技能不足的一个重要原因。诸多方面的因素影响导致目前部分职工的技能素质还难以适应生产设备、现场作业、机械维护的需要。

安全是发电企业永恒的主题，离开安全就谈不上生产，更谈不上经济效益。而发电企业安全工作的重点在于班组，班组是各项生产工作的直接执行者，也是实现安全生产的主要载体。要搞好班组安全工作，就必须重视班组成员是否掌握安全生产的基本技能以及能否熟练运用。在发电企业安全生产过程中，一线生产员工的安全基本技能表现为对《安规》的掌握程度。《安规》作为整个电力系统安全工作的准绳，是每个电力员工都必须掌握的基本知识，然而在实际工作中，违反《安规》而引起的责任事故却时有发生。

[例5-1] 某供电分公司接到用户打来的故障电话。12时50分，故障修理值班长娄某和值班员吴某赶到故障现场，发现养鱼线81号变压器台二次开关B、C两相熔丝熔断，摘下二次开关更换完熔丝后，B相合闸良好，C相合不上。工作负责人娄某在没办理故障修理票、没采取任何安全措施的情况下，擅自登上变压器台进行操作。一同作业的吴某没有及时制止从而造成娄某左手抓住二次横担，右手用钳子夹住C相断路器摘挂环合C相断路器时造成触电，经抢救无效死亡。

此次事故的原因是更换变压器二次熔丝工作中，作业人员在不办票、不采取任何安全措施情况下冒险作业，同伴未能及时制止而造成的触电死亡事故，违反《安规》。

[例5-2] 2003年9月23日8时，为配合市政道路改造路灯亮化工程，10kV大格干1～109号停电作业，检修二班按工作票的要求，先后在已停电的10kV大格干1、42号工作班7人集中在一起处理了两处缺陷后，将2人留在大格干58号负责更换一组跌落式及一组低压隔离开关，其余4人在工作负责人冯某带领下到缺陷汇总单上缺陷内容的作业地点——10kV荣达分7号变压器台，冯某安排赵某、李某负责此次作业，工作任务是更换两支变压器台跌落式及一支低压隔离开关。两人接受任务后赵某伸手搂变压器台托铁登变压器台，这时李某对赵某说："听听变压器有响没有"。后李某即俯身去取材料。李某听赵某说："感应电"。紧接着就听到"呼"地一声，赵某已经触电倒在变压器台上。

现场人员紧急将赵某救下变压器台时，赵某已触电死亡。（当时 10kV 荣达分实际在带电运行中，原因是 10kV 荣达分是 10kV 大格干和 10kV 砂轮Ⅱ线的联络线，原来由 10kV 大格干 72 号受电运行，因系统运行方式变更，荣达分已于 2000 年 11 月 21 日改由 10kV 砂轮Ⅱ线受电，非本次停电范围）

此次事故暴露的问题有两点：

（1）此次作业的工作票，从签发伊始即是一张不合格的工作票，在工作票中未能明确注明带电部位，签发人也没有明确向工作负责人交代带电部位和注意事项，未能认真履行好自己的安全职责。

（2）部分配电生产一线工人，存在严重违章现象。线路停电作业，已在停电的线路上装设了接地线，但在登变压器台作业时，在变压器台低压侧不验电，不装设接地线。

这两起事故都是由人因失误造成的，都充分证明了员工安全技能的缺失或不足，也表明了员工对生产作业现场的安全要求和危险因素缺乏必要的认识和了解，同时一线班组安全管理基础薄弱，班组长、工作票签发人、工作负责人等关键岗位人员对《安规》理解和掌握不够，班组成员安全技能素质亟待提高。

三、安全意识的影响

安全意识即人们头脑中建立起的生产必须安全的观念，也就是人们在生产活动中对可能造成自身或他人伤害的外在环境条件的一种戒备和警觉的心理状态。树立安全意识最主要的一点就是不打折扣、不变样地严格执行安全操作规程。如一位刚进入建筑工地的员工，来到一个不熟悉的危险性很大的作业环境中，出于意识本能，安全这根弦绷得很紧。但随着时间的推移和对周围人员、机械设备、环境的逐步认识和熟悉，一种侥幸、惰性甚至不符合程序和规范的操作便随之产生，安全意识也随之淡化，认为天天如此，不会有事。心理学认为，人长期从事同一种工作，会产生麻痹、大意的思想和心理状态。思想即意识，意识反作用于人的行为。因此，安全意识不强，可能导致人的安全行为不当，安全行为不当必将导致操作失误、判断错误或安全隐患暴露，最终引发安全事故。

安全意识是每一个操作者实现"四不伤害"的关键素质，它也是一个作业者技术、技能以及责任心的具体体现，所谓"想不到是最大的危险"，就是在提示每一个人要有安全意识。事事都能想得到，安全管理就会事半功倍。但是，真正实现"想得到"需要技术、技能、经验和责任心，四者缺一不可。其中责任心尤为重要，没有责任心就没有提高技术和技能的动力，就没有积累经验、吸取教训的意识。

近年来，随着大部分工作采用外委，使得操作层面员工变化较大。外委队伍的人员素质参差不齐，达不到现场工作的要求，加上管理上的放松，导致现场风险管控难度越发加大，安全生产水平不断下降。监察中发现，基层电厂习惯性违章屡禁不止，工作票管理不严、无票工作、工作票安全措施不完备、调度术语混乱等现象时有发生，更为严重的是现场特种作业的独立风险管控远没有达到控制风险的水平，这些都是安全意识和安全技能不足的表现。

员工作为电力企业的核心，其安全意识直接影响企业的安全生产。因而牢固树立"安全第一"的思想，提高员工的安全意识责任重大，也是电力企业目前亟待解决的问题。

第三节　人因失误的预防措施

一、重视员工思想、心理教育，消除对安全生产的不利影响

加强思想教育是解决人情绪失控的主要手段，尤其是对年轻员工要加强心理疏导，保证其有一个健康的精神状态。与此同时，生产管理者要坚持以人为本的思想，掌握员工的心理状态，对于思想、情绪低落的员工，尽可能地少安排进入现场，达到彻底控制由于情绪失控而引发的人身事故。

如今，发电企业改革已进入重要时期，发电企业新情况新问题不断涌现，不同员工群体的心理状态也日益多样化和复杂化。其中，既有占主导地位的积极、健康、和谐的对改革发展起良好促进作用的员工心理；也有非主导性的悲观、消极、失衡的对改革发展起阻碍作用的员工心理。这些不和谐的心理虽非主流，但不容忽视，在构建和谐发电企业的过程中，企业应特别关注员工的心理和谐，以促进企业健康发展。

在打造和谐发电企业的进程中，企业要多策并举，及时了解员工心态，掌握其变化

特点和规律，注重心理疏导，多层次、多途径、多方式促进员工的心理和谐，引导员工正确对待自己、他人和社会，正确对待困难、挫折和荣誉。首先，企业应建立健全有效的心理疏导机制，使员工的消极情绪及时得到宣泄和释放，要充分借助社会心理咨询机构的力量，有针对性地开展员工心理教育、心理咨询、心理测评和心理治疗。其次，帮助员工树立科学的世界观，帮助员工增强心理调适能力，促进员工正确对待金钱、待遇、地位等，正视现实，以积极的态度面对工作和社会。最后，发电企业要积极探索合理的分配机制，使每个员工平等地拥有获得正当利益的权利，使员工的薪酬建立在职位、责任、成绩、贡献等要素之上，做到企业内部各个工作岗位之间的薪酬水平保持相对公平，使分配起到充分激发员工的工作热情和创造活力的巨大作用，努力营造公平、公正的工作氛围。这不仅是让员工走出心理困境的重要途径，也是构建和谐发电企业的重要举措。

二、建立"一岗一标"标准，解决培训的针对性问题

安全生产技能的训练是对企业人员所进行的安全作业实践能力的训练。企业现场的安全只靠操作人员现有的安全知识是不够的，同安全知识一样，还必须有进行安全作业的实践能力训练。知识教育只解决了"应知"的问题，而技能教育着重解决"应会"的问题，以达到"应知应会"的要求。这种"能力"教育，对企业更具实际意义，也是安全教育的侧重点。技能与知识不同，知识主要用头脑去理解，而技能要通过人体全部感官，并向手及其他器官发出指令，经过复杂的生物控制过程才能达到目的。

强化安全理论及安全技能培训，是当下提高各级人员安全意识的有效措施。提高人的技能，不是一朝一夕的事情，需要长期的工作。以提高企业安全管理水平为切入点，分层级、抓重点，推动全员培训，为实现生产的标准化作业奠定基础。结合企业的实际

情况，从"应知、应会"两个层面，以建立"一岗一标"为手段，有效解决培训的针对性问题。有计划地开展全员安全教育培训工作，紧紧抓住各级管理者安全意识和安全技能的提高，对各单位领导班子成员、重要岗位的中层干部进行统考或调考，并与单位绩效挂钩，推进管理各单位系统开展本质安全体系规范的培训、宣贯、执行、深化、落地工作，进而带动整体队伍的安全管理水平提高，这是解决人的安全技能对企业安全生产影响的有效途径。建立安全生产教育培训平台，在实践中不断补充完善，积极推进全员安全生产培训，切实开展网络化培训，使网络平台有效地全面覆盖，加强培训师队伍建设，充实培训师资力量，建成一支公司级的能满足安全培训需求的，具有调查、课程设计、教材编写、授课演练、培训评估等能力的安全培训师资队伍。对生产现场普遍存在问题或急需培训项目进行分类、归纳、总结；选拔、部署优秀培训师制作课件，建立安全知识巡讲制度，分层次、分批次对基层企业进行巡回安全授课培训，不断提高基层企业安全意识、安全技能以及安全生产理论水平，进一步提高整体安全意识和安全技能水平。

另外，发电企业应对员工开展"以人为本"的技能评估和培训新模式，通过对参加技能评估的员工的理论、实际操作进行考试分析发现，员工在基础理论知识、规程规范掌握理解、规范化作业和相关专业技能等方面还存在不足，这些问题不仅是参加评估的员工的问题，而且具有一定的普遍性。发电企业"以人为本"的技能评估和培训是对安全风险管理方法的探索实践，它明显优于发生问题后再响应整改的"亡羊补牢"式反映方法。通过紧抓"人的安全与技能"这一关键点，积极推进安全生产理论研究，提高全员安全生产意识和技能，对员工在实际工作中的安全知识、基本技能进行评估，针对评估中反映的员工对本岗位基本知识掌握情况和风险辨识、防范能力，找出薄弱环节加以培训提高，预控"人"的安全风险，使安全管理从过去的"实践到实践"的经验堆积模式转变成"由实践上升到理论再指导实践"的管理模式。这是对"安全第一、预防为主、综合治理"安全方针的实践，体现了和谐发电企业"以人为本"的安全管理理念。

三、建立安全生产第一责任者意识

教育每一个作业者形成"第一责任者意识"是提高员工安全意识的有效措施，第一责任者意识即以自我为中心的安全管理意识。由于安全管理贯穿于生产的每个环节，且各环节都存在总体负责者，从"管生产必须管安全"的思路出发由各环节的总体负责者来主抓各环节的工作。因此，把在每个生产过程中总体负责者称为该环节的第一责任者，他要负起企业的安全生产管理、策划、指挥等全面的责任，他的意识要时刻关注企业生产的每一个环节、每一个部门的设备及人的协调性和安全性。对于车间，主任是安全生产第一责任者，他的意识必须时刻关注车间的人的不安全行为和设备的不安全因素；对于班组，班长是安全生产第一责任者，他必须时刻把班内人和所管辖的设备挂在心上；工作负责人就是一个工作组的安全生产第一责任者，工作负责人必须全神贯注地关心其带领的工作组的人和设备的安全。当个人单独进行工作时，不但要关心自身的安全，同时要关心所操作设备的安全，这种关心安全的意识就是第一责任者意识。从安全管理角度出发，人人都必须建立起第一责任者意识，人人都要有第一责任者意识。

要想真正解决人的失误对安全生产的影响，就需要作业者人人都要有"第一责任者意识"，有了这种意识就能保证作业者有全神贯注的精气神，从而消除情绪失控，有了这种意识就能保证作业者全心全意地提高个人的安全技能。

第 六 章

设备本质安全与系统可靠性管理

随着电力系统规模的不断扩大，系统结构日趋复杂，电力系统的可靠性也越来越受到人们的重视。发电系统作为电力系统的一个重要组成部分，强调发电系统的可靠性管理，保证系统内设备正常运行，保证系统发出的电力满足系统负荷的需要，这不仅与提高用户对企业的信任程度有关，而且与发电企业自身经济利益和长远发展的关系密不可分。本质安全的设备具有高度的可靠性和安全性，可以杜绝或减少伤亡事故，减少设备故障，从而提高设备利用率，实现安全生产。因此，重视设备本质安全与系统可靠性管理是企业继续向前发展的重要保障。

第一节　设备的本质安全管理与系统可靠性

一、设备的本质安全水平

设备在对应的运行条件下所固有的安全水平称为设备的本质安全，设备在设计的条件和寿命期内完成出力的能力称为可靠性。设备的本质安全水平决定了设备的可靠性。

设备的本质安全水平是与设备运行条件相对应的状态函数，有什么样的运行条件就对应什么样的本质安全水平。设备的运行环境直接影响设备的本质安全，如环境温度、湿度、大气压力等。其次，设备的运行参数对设备的本质安全也有一定的影响。

如何评估设备的本质安全水平是可靠性管理的关键。按照作业本质安全管理的思路，参考设备可靠性管理的要求，引入设备运行的安全等级。把设备在设计条件下（环境参数和运行参数）和寿命期内完成预定功能的运行定义为安全级运行，依此对系统运行的水平定义出次安全级和危险级。

1. 设备的安全级运行

设备的安全级运行是设备采用成熟的技术，尚没有发现未解决的技术难题；设备在设计的条件（环境参数和运行参数）及寿命期内运行，且所有技术监督指标均在检测周期的合格范围之内（包括易损件都在寿命期内），在此系统运行中如果操作者本身不发生失误，设备就可顺利实现所预期的能量运动。

2. 设备的次安全级运行

设备的次安全级运行是设备在设计的条件（环境参数和运行参数）及寿命期内运行，

且所有技术监督指标均在检测周期的合格范围之内（包括易损件都在寿命期内），同时设备能够按照所预期的指标运行，具备实现所预期的能量运动的能力。但设备所采用的技术不是成熟的技术，存在一定的不确定性，如新机组投产或新技术的应用等。

3. 设备的危险级运行

设备的危险级运行是设备已存在缺陷（或隐患），潜在或直接影响实现所预期的能量运动的能力，或降低设备运行的安全系数，或偏离经济运行曲线。危险级运行是一种不提倡的运行方式。

二、系统运行可靠性

设备组成了系统，设备的本质安全水平决定了系统的本质安全水平，设备可靠性决定了系统的可靠性。子系统的安全等级决定了母系统的安全等级，如果子系统直接影响到主系统，那就说明机组已经处在相应的安全等级运行。

1. 系统的安全级运行

系统安全级运行是我们追求的运行方式，也是可靠性管理中所倡导的管理原则。所谓"机组的无缺陷启动、零缺陷运行、时刻保持机组的透明状态"就是对安全级运行的描述。

系统在安全级条件下运行是保证设备长周期安全运行的必要条件，但绝不是保证了安全级运行机组就不会有安全风险。同作业风险管控一样，安全级运行绝不是绝对安全运行。系统的风险系数等于危险概率与风险所携带的负能级指数的乘积，即在安全级的条件下危险概率只是相对的可控状态。因为影响系统本质安全水平的不仅仅是机械和环境，人的因素永远占主导地位，人的可靠可以弥补系统缺陷，相反人因失误也是系统最大的危险。因此，系统的安全级运行中最大的危险因素是人，只有有效地控制了人因失误，才能保证系统真正的安全运行。

2. 系统的次安全级运行

系统的次安全级运行是一种经常出现的运行方式，尤其是新设备和新技术构成的系统，必然存在尚没有认知和尚没有解决的技术问题，需要在长时间的运行中摸索直到技术成熟，逐步向安全级运行靠近。

3. 系统的危险级运行

系统的危险级运行是一种不提倡的运行方式。有些管理者出于政绩观的影响，为达到某种目的，在机组已经处于危险级的状态下维持运行，其实是一种不负责任的做法。在安全生产管理中提倡宁停勿损，就是告诫管理者，不能为了小的利益而损坏设备，这是生产管理者的大忌。

4. 安全等级评定

系统的安全等级是一个变化的过程，系统中的设备寿命、技术监督指标、运行环境等都是随着时间的变化而变化。安全性评价就是对设备本质安全指数进行分析，分析设备的运行状况及管理水平与安全级运行的差距。本质安全管理是一项实时的工作，是实时地宏观描述设备的安全水平，通过本质安全分析可以随时掌握设备的安全运行能力。在以设备为主导实现能量运动的系统中，评估设备本质安全水平，一般采用危险概率控制法；而在隐患评估中一般采用最大负能级指数控制法。

系统的安全等级是一个变化过程，为保证机组安全运行就必须对其实施动态的评定。对于电力行业来说，评定系统安全等级最有效的办法就是技术监督。建立机组的在线技术监督和离线技术监督相结合的管理办法，把分析结果一同纳入本质安全评价之中，使本质安全评价更加科学、完善。每位管理者和生产人员依据这种评价所得到的可靠性结果，有效掌握、监督现场情况，实现可靠性的超前控制。

第二节　发电企业设备可靠性管理

一、发电企业设备可靠性管理基本思想

发电企业设备可靠性管理是一项非常重要的集安全和技术为一体的企业管理内容，是一门综合众多科学理论研究成果而发展起来的边缘学科，它研究设备或系统的故障原因、处理和预防措施，主要任务是保证设备的可靠性、延长其使用寿命、降低其维护费用、提高其使用效益。1882 年，英国首次提出可靠性管理理念，在 20 世纪 60 年代电力行业开始进行可靠性管理研究。随后，我国在 20 世纪 70 年代引进可靠性管理技术，1981年水利电力部又颁布了第一个电力可靠性管理文件。

本质安全管理的目的就是优化和改进系统，从而提高系统的本质安全能力。只有系统的本质安全能力提高了，它的可靠性才能提高。在以设备为主实现能量运动的系统中，在不考虑人因失误的情况下，控制系统的风险系数主要是控制设备的风险即提高设备的本质安全能力，这属于提高设备本质安全能力的直接措施范畴。对营运电厂来说，设备本质安全能力提高主要依靠对不可靠设备（系统）的技术改造来完成，其中包括改善设备的运行方式、运行工况，增加控制、操作保护以及增设在线监测仪表等手段，达到从根本上消除隐患或及时暴露事故苗头的目的。

以技术监督为主线、以可靠性为中心是发电企业的生产管理思想。有效地利用技术监督这一生产管理工具，可以及时发现发电系统存在的风险，提出预控方案，有效保证风险的控制。设备的可靠是实现系统文明、经济运行的基础，只有各个设备可靠，才能保证系统的可靠，才能实现系统的安全、清洁、文明、经济、高效的运行。

（一）以技术监督为主线

技术监督的作用是发现深层次的隐患，实现平时巡检所不可能完成的任务。以技术监督为主线，一种监督就是在定期的检修中以离线监督的手段定期对设备进行诊断，是以点带面的监督方式，如预防性试验、金属监督、保护检定等。另一种监督是在线的技

术监督，是运行人员参与技术监督，如锅炉四管泄漏监测装置、发电机局放仪、机组的振动监测等。

1. 离线监督和在线监督并举

以技术监督为主线，不仅要求离线监督发挥作用，不断发现深层次的隐患，从而消除隐患，保证机组安全运行。同时，在线技术监督也要时刻保证设备在"透明"的状态下运行，使管理者随时掌握设备真实状态，保证机组安全、经济、可靠运行。

2. 责任感贯穿技术监督

以技术监督为主线，要求技术人员和运行人员要有高度的责任感。离线技术监督对技术人员的要求可想而知，就在线技术监督设备的直接使用者——运行人员而言，如果运行人员的监督意识不强，很可能导致设备的作用无法发挥而酿成大祸。如运行人员每班都要打印发电机局部放电测试仪监测报表，监督发电机的绝缘情况；运行人员除平时抄表跟踪锅炉四管泄漏监测装置曲线变化外，每次启停炉时要进行启停前后的数值对比，以检验启停瞬间是否造成四管泄漏。同时，要进一步加大在线监督的力度，避免监督出现真空。尤其是运行人员的监督责任心一定要强，决不能因为设备运行较为稳定就麻痹大意。

（二）以可靠性为中心

发电企业与其他生产单元不同，发电企业不但设备数量多，而且还需要设备在实际生产运行中保持良好的运转状态，既需要设备得到完善的保护，又需要设备能够可靠平稳运行。从发电企业的实际工作来看，要想保证发电企业的设备运行平稳、可靠，就要积极做好设备运行可靠性管理工作，不但要结合发电企业的生产运行实际，还要结合发电企业的设备管理实际。因此，从设备管理的角度出发，积极寻求保证设备良好运行的方法，为设备运行可靠性管理提供帮助。

发电设备的运行可靠性是指发电设备在规定条件下和规定时间内完成规定功能的能力，发电设备可靠性管理技术是对发电设备进行可靠性统计、分析、评价，对影响发电设备可靠性的薄弱环节进行研究和改进，提高各类设备平均使用寿命，有效提高发电设备的运行可靠性。

可靠性管理是一个全方位、全周期寿命管理，从电厂设备的设计、制造、安装、建设、调试、检修（维护）和运行等各阶段进行可靠性管理。以可靠性为中心的设备管理实质是全面监控设备本质安全能力，及时发现设备的运行水平与"安全级运行"的偏离"距离"。基本思想方法是以缺陷管理和隐患排查为切入点，以"无缺陷启动、零缺陷运行"为目标，通过科学的监控，保证机组安全生产的时时可控。

二、发电企业可靠性管理基本方法

（一）可靠性管理与技术监督结合

本质安全体系确认评价系统中技术监督包括绝缘、继保、励磁、电能质量、电测、化学、节能、环保、热工、计量、金属、汽轮机、锅炉十三项内容，从技术层面涵盖了所有的检测指标。如果能科学、准确及时地采集这些监督数据并加以分析，无疑能够及时地发现机组运行存在的风险，准确地判断机组运行的安全等级，实现机组运行的风险管控。

在技术监督上实施信息化管理，是当前可靠性管理的先进手段。基本思想方法是建立基本数据库，这个数据库包含两部分内容，第一部分是"预置数据"，第二部分是"采集数据"。数据包的基本结构如图6-1所示。

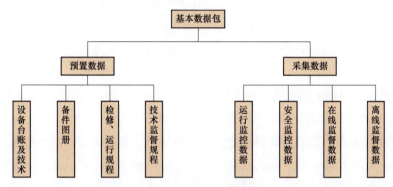

图6-1　数据包的基本结构

预置数据主要涵盖所有设备的技术参数、结构参数、运行参数，备品备件图册，各项技术监督指标及标准，检修及运行规程，检修记录等；采集数据主要包括现场的运行监控数据，主要是热力系统的温度、压力，电气系统的电流、电压和功率等；设备安全监察数据主要包括设备的温度、振动等；在线技术监督、离线技术监督等数据主要包括设备的技术监督测试数据，如压力容器的金属探伤、高压电气设备的绝缘监测，汽、水、煤、油的化学监测数据，电气热工仪表、传感器的监测数据等。

在线技术监督除在化学上和少数的电气设备上使用，大部分技术监督还是离线监督。

（二）可靠性管理与隐患管理结合

在日常的生产过程中，由于人的因素（如管理能力、制度执行、操作技能、心理状态、知识水平、生理作用等）、物的变化（如设备及电器老化、锈蚀，安全防护设施的拆除、位移和与施工进度的不衔接）以及环境的影响（如污染、风蚀、暴晒等）会产生各种各样的问题、缺陷、故障、苗头、隐患等不安全因素，如果不发现、不查找、不消除这些不安全因素，则会干扰和影响生产过程的正常进行。这些不安全因素有的是疵点、缺点，只要检查发现后进行消缺处理，便能解决问题，不会生成激发潜能（如动能、势能、化学能、热能等）的条件；有的则具有生成激发潜能的条件，形成事故隐患，不进行整治或不采取有效安全措施，极易导致事故的发生。隐患是事故发生的基础，如果有效地消除或减少了生产过程中的隐患，事故发生的概率就能大大降低。另外，系统一旦存在缺陷，设备就会处于危险级运行，导致设备本质安全能力下降。一旦爆发，就会影响机组的安全运行。

因此，需要定期开展安全隐患排查，做到安全的人在安全的环境中安全地做安全的事，最终实现发电企业的本质安全。

1. 开展人的安全隐患排查，打造本质安全型工作人员

人的本质安全相对于物、系统、制度三方面的本质安全而言，具有先决性、引导性、基础性地位。人的本质安全既是过程中的目标，也是诸多目标构成的过程。人是设备的操作者、维护者，是安全生产工作的主导者，是安全生产目标的实现者。只有工作人员人人都做到从"要我安全"到"我要安全、我会安全"的转变，人人都想安全、会安全、能安全，发电企业才能更好地开展各项安全生产工作。

因此，要实现发电企业的本质安全，首先要打造本质安全型工作人员。人是一切安全生产工作的核心，要实现安全生产目标，首先要保证人员具备足够的安全意识和责任心，并通过教育引导和制度约束，对人员进行安全隐患排查，从而打造本质安全型人员。

2. 开展物的安全隐患排查，实现运行设备的本质安全

保证设备能够在规定的运转周期内安全、稳定、正常地运行，这是防止事故发生的主要手段，因此要开展运行设备的安全隐患排查。只有认真做好设备的安全隐患排查，我们才能更好地保证设备的安全可靠运行，只有提高关键设备的可靠性，做到不因人的不安全行为或物的不安全状态而发生重大事故，最终形成"人机互补、人机制约"的安全系统，才能使设备更加可靠地运行。

3. 开展环境的安全隐患排查，实现生产环境的本质安全

生产环境要符合各种规章制度和标准，要实现生产环境的本质安全，就必须将生产环境中的隐患全部排除。生产环境的安全隐患排查包括发电企业内和发电企业外两部分，重点考虑工作人员存在的危害，可将危险辨识和风险评估很好地融合后进行分析。环境的安全隐患与人、物的安全隐患是紧密联系在一起的，只有对这些安全隐患从各个方面进行全面、细致、不留死角地排查，才能保证生产环境的本质安全。

综上，对隐患的管理也是对设备本质安全管理的一部分，同样也是可靠性管理的一部分。必须把隐患管理和可靠性管理有机地结合起来，才能保证机组的透明状态。

（三）可靠性管理与状态检修结合

状态检修是指根据先进的状态监测和诊断技术提供的设备状态信息判断设备的异常、预知设备的故障，在故障发生前进行检修的方式，即根据设备的健康状态来安排检修计划，实施设备检修。这一概念是在设备运行状况在一定时期内有可靠的保证措施（其他监测手段：如在线监测设备的发热、运行参数、运行中测试绝缘油及气体分析数据）及依据（如历次的检修、调试、试验情况良好）的情况下，适当延长或缩短（如果数据不良也可能缩短）检修周期，根据设备的运行工况和绝缘状态进行检修的一种做法。

状态检修是根据设备的运行状况进行检修，是有目的的工作，因此，状态检修的前提是必须要做好状态检测。状态检测有两个主要功能：一是及时发现设备缺陷，做到防

患于未然；二是为主设备的运行管理提供方便，为检修提供依据，减少人力、物力的浪费。由此可见，状态检测是状态检修的必要手段。状态检修是企业以安全、可靠性、环境、成本为基础，通过设备状态评价、风险评估、检修决策，达到运行安全可靠、检修成本合理的一种检修策略。

实际生产中，常把设备的状态分为完好和故障两种，即使是在可靠性管理中也只把使用设备分为"可用"和"不可用"两种状态。事实上在"可用状态"过程中，还存在着设备由健康完好向故障过渡的过程。把握好这个过程是开展状态检修的关键所在，而如何界定这一过程，则主要依赖于设备检测技术。由于国内设备状态检测技术比较落后，完全依赖检测技术开展状态检修的条件尚不成熟，所以依据现有检测手段，结合可靠性管理的数理统计分析为设备管理提供技术支持不失为一种向状态检修过渡的检修管理方法。

电力可靠性工程与管理是以数理统计分析为基础，对电力系统生产全过程进行研究、应用和管理的综合性边缘学科，在国际上是早已行之有效的电力工业现代化管理方法，不仅能定性而且能定量地描述机组设备的健康状况，是完全"量化的健康报告"，有了这样全面的健康报告，就能针对设备的状况，找准病因、对症下药，及时进行检修，真正做到有的放矢，实现"药到病除"。同时，做好检修管理工作，也有利于可靠性指标的完成，有助于可靠性管理水平的提高，使可靠性管理工作发挥出应有的作用。可见，两者是相辅相成的一个有机整体。可靠性的定量必须以适用的、连续的和及时的数据对设备和系统进行分析，为设备维护提供动态数据。

运用可靠性管理为检修管理服务的功能主要表现在以下几个方面：一是通过对设备历史状态进行分类、整理，提供完整的设备健康档案；其次，运用科学方法对故障进行分析，提出设备故障的分析报告；最后，提出预期可靠性评估。将可靠性管理运用到检修管理中，用以指导设备的状态检修。具体操作可分以下几个步骤：

1. 进行历史可靠性数据分析

历史可靠性分析的结构是以历史数据的收集为低层，通过对数据的分类、整理，运用指标系统和数学分析技术对事件进行分析，最终构成报告系统。

历史数据的收集包括设备的一切可靠性状态数据，如设备初始状态记录、运行时间、检修时间、非计划停运时间、备用时间、停用时间等，以及相关的检修数据和事件数据。检修数据包括检修费用、检修工时等；事件数据包括出事部件的技术参数和试验数据等。历史数据收集完成后，应进行数据的整理、归类，为数据分析提供便利，最后应用可靠性管理的科学方法（如故障树分析、可靠性框图分析）对收集的数据进行事故分析。

（1）故障树（FTA）分析。故障树分析是系统可靠性和安全性分析的工具之一，故障树图是研究系统中各事件关系的因果逻辑关系图，是系统故障的集合。它根据系统的结构和功能逻辑关系，以系统故障为研究目标，自上而下，逐级查找故障原因，直到找到全部原因，并用逻辑符号连接，见图6-2。

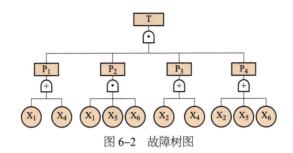

图 6-2　故障树图

通过建立故障树的过程可以全面了解系统的组成及工作情况，发现系统的失效模式、故障产生原因及高故障率的子系统和元件等。这种方法形象、直观，能反映系统的基本事件之间的逻辑关系，能求出系统的薄弱环节，并据此拟出改善系统可靠性的对策，同时能充分考虑到人和环境因素的影响。但是工作量较大，并且该方法一般只考虑系统和元部件的成功（安全运行）和故障两种状态，对于多种状态的事件难以处理，对于待机储备和可修复系统也难以分析。

（2）可靠性框图分析。可靠性框图也是一种系统可靠性和安全性分析的工具，可靠性框图是从系统工作的角度分析，是系统的成功的集合，表示系统的功能与组成系统的单元之间的可靠性功能关系，是从可靠性角度出发研究系统与部件之间关系的逻辑图，相当于系统的"成功树"。两者可以转化，但是故障树转化为可靠性框图较为容易，而可靠性框图转化为故障树却较为困难，见图 6-3。

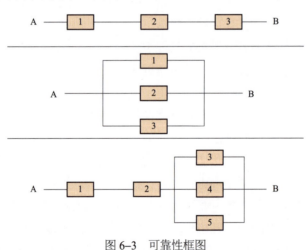

图 6-3　可靠性框图

（3）故障树分析和可靠性框图分析的区别。可靠性分析的最终结果是形成报告，向有关部门反馈可靠性信息，提供决策依据，以达到提高设备健康寿命，降低检修投入的目的。运用恰当的方法准确描述系统，能更方便、直观、准确地提供提高系统可靠性管理的方法和决策。

1）故障树分析是以系统的故障为导向，分析系统的不可靠度；而可靠性框图是以系统安全运行为导向，分析系统的可靠度。

2）故障树分析不仅可以分析设备，而且也可以分析人的因素、环境的影响；而可靠性框图仅限于分析设备等硬件对系统可靠性的影响。

3）故障树分析能将导致系统故障的基本原因和中间过程表示出来；而可靠性框图仅能表示系统和部件之间的关系，无法描述中间环节。

4）故障树重点在于寻找造成系统故障的原因，能清晰地表示各种故障状态，便于进行故障或隐患排查和分析，找出薄弱环节加以改进；而可靠性框图侧重于系统原貌的反映，能明显描述大多数部件或系统之间的关系，却很难分析出系统的故障状态。

5）故障树建立受人为因素影响较大，不同人建立的故障树有较大差别，且容易遗漏或重复；而可靠性框图则是以系统原理图建立，受人为因素影响较小，且可靠性框图较为简化，计算便捷。

综上所述，对绝大多数系统而言两者都能很好地模拟实际过程的失效和成功，但是对于像电厂等复杂系统而言，故障树分析方法则有其优越性，能更加准确地描述系统。

2. 进行未来可靠性指标预测

以往可靠性管理工作者大多是对历史数据进行整理和分析，而忽视了对未来可靠性预测的研究，从而大大降低了可靠性管理工作对生产的指导作用。要应用可靠性管理指导设备的状态检修，还应进行设备可靠性目标的预测。可靠性预测包括可靠性指标预计和可靠性评估。可靠性管理所需达到的目标通常取决于设备管理者的心理预期目标、相似产品的信息，更重要的是对历史数据的分析。计算预期可靠性指标，除了要非常了解设备状况，精确分析历史故障对设备的影响外，还要充分考虑到计划停运、当地自然条件（如来水是否充足，天气会不会有较大的变化等）等各种可能影响正常运行和设备状况的因素。可靠性评估就是将预计的可靠性指标与期望值进行比较，如果预计值小于规定值，则需对系统进行改进。

3. 设备检修分析

目前的状态维修管理决策主要是基于设备故障诊断与监测技术开发的硬件设备，再由技术管理人员的现场经验，运用系统分析方法最后作出预知性维修决策。如果监测报警装置能够全面、可靠地对故障实施预先报警，并且预报期足够长，使检修人员和调度人员来得及做好停机检修的准备，从而避免一次故障检修，那么，这种预知性维修策略基本上就实现了。但是，在电力系统实际运行中，以上条件并未能得到满足。首先监测报警设备并未实现成套供应，国内多在技改、维修时个别安装使用，产品设计难以规范。其次，监测装置的报警时间还不能满足预知性维修的要求，报警时间过短，使工作人员来不及进行停运计划安排，强迫停运难以避免。

因此，需要人为地根据可靠性历史分析和指标预测，结合当前设备状态来预测分析，即根据设备的历史记录、当前的运行状态及管理人员的丰富经验等，作出在故障发生之前有计划地停机检修决策，而且这种检修也是有针对性的、预知的、按需的，时间较短，费用也较少，避免欠修与过修，是一种理想的检修方式。

（四）设备在线安全性评价

实现设备本质安全的超前控制，是实现可靠性超前控制的前提。它的基本思想方法是以在线实时安全性评价、安全性评价和主辅的效率监测实现对机组可靠性的预测。

安全性评价基本思想方法是将设备的运行监控数据、在线技术监督、离线数据监督、设备安全监察、效率分析数据，一同采集到系统进行整合，判断设备运行的安全状况。设备在线安全性评价基本方法如图6-4所示。

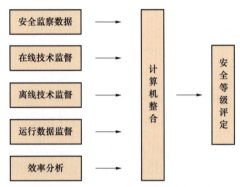

图6-4 设备在线安全评价基本方法

系统整合的基本思路是采用一个对比的方法判定设备的安全等级，系统整合的基本方法如图6-5所示。

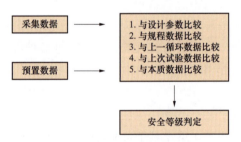

图6-5 系统整合的基本方法

重视技术监督，关键是要把生产管理和监督有机地结合，电厂作为基层企业，是安全管理中心、经营中心和生产监管部门。充分发挥监管作用，重要的是要依靠先进的理念和先进的技术。本质安全的管理理念是先进的，信息化则是当代管理的先进技术，把两者有效地结合，定能解决可靠性管理中的问题。

技术监督在线化早已不是技术难题，关键是生产管理者是否有实施严格管理的决心。把技术监督作为可靠性管理的一部分，时时给管理提供依据，保证设备的安全运行。

第 七 章

发电企业安全生产应急管理

电力是现代文明社会不可或缺的基本能源，电力系统安全稳定运行和电力可靠供应直接关系到国民经济的安全发展和人民生命财产安全。应急管理是电力企业安全管理的重要组成部分，是风险预控工作的重要补充。全面做好应急管理工作，提高电力突发事件防范和应急处置能力，是坚持"以人为本"理念，落实科学发展观的必然要求，是全面履行电力企业社会责任，构建和谐社会的具体表现。本章将结合电力企业突发事件的背景及特点对电力企业应急预案体系、应急救援体系、应急演练与培训、应急响应和处置管理以及反事故演习进行详细说明。

第一节 发电企业应急管理

一、电力突发事件发生原因及特点

电力突发事件的发生不但与电力系统自身相关，还与自然环境和社会环境有关。同时，随着电力工业中高参数、大容量机组的不断涌现，超高压大电网的迅速发展，机组和电网的自动化水平大幅度提高，电力企业安全生产方面出现了新的情况。

（一）电力突发事件发生原因

（1）电力系统规模日趋庞大，安全风险日益增加。庞大的电力系统并网运行，发电、供电、用电瞬时完成，任何时间、任何地方、任何路线、任何设备出现故障都可以影响整个系统的安全。

（2）电力结构的复杂性对电网稳定运行的考验越来越大。目前除了火力发电以外，风力发电、水力发电、太阳能发电等新能源技术正在逐渐推广，风力发电、太阳能发电的随机性、间歇性等特点对电网安全运行提出了挑战。一批百万千瓦级超临界机组的投产和交直流高压输电的混合运行，也给电力安全生产带来了新的挑战。

（3）电力供需矛盾日益突出，一些地区时段性、季节性电力供应紧张局面仍未得到根本缓解。需求侧管理难度不断增加，用电负荷峰谷差逐渐扩大，系统调峰能力不够。

（4）我国幅员辽阔，自然灾害、极端天气、外力破坏等因素日益增多，对电力可靠供应造成严重影响。

（5）电力设备设施故障，尤其大型发电机组、枢纽变电站、关键联络线及重要继电保护自动装置故障可能引起电力系统事故。

（6）电力安全管理体制和从业人员素质有待于进一步健全和提高。安全管理缺陷、危险源分析流于形式、安全工器具不适用、安全措施落实不到位、员工责任意识淡薄、作业人员违章时有发生，这些为电力安全埋下了事故隐患。

（二）电力突发事件特点

（1）涉及环节多。电能的生产、输送、分配、消费是同时完成的，涉及电力系统的发电、输电、配电、用电环节，某个环节遭到破坏都会导致平衡关系被打破，影响电力系统的安全运行。

（2）灾害源多。电力系统突发事件的发生可能源于违反电力系统电气规律，也可能源于电力设施受到自然灾害的毁坏，或是电力设施大多无人值守，可能受到有意或无意的人为破坏。

（3）损失巨大。我国电力行业设施量大且分布面广，固定资产规模庞大，电力供应触及社会的各行各业，涉及人身、财产安全，大面积停电造成的直接和间接损失巨大。

（4）影响面广、次生灾害多。电力作为一种清洁能源，在国民经济和日常生活中具有不可替代的作用。一旦电力供应中断，将对国民经济和人民生活带来重大影响。

二、电力应急管理存在的问题

近年来，我国各地区、各有关部门和单位认真贯彻落实党中央、国务院关于加强应急管理工作的决策部署，全面推进安全生产应急管理工作，以"一案三制"为重点，在应急预案体系、应急管理体制机制、应急能力建设、应急管理法制建设、应急管理基层基础工作、应急救援队伍建设与发挥的作用等方面取得了重要进展。

在大趋势推动下，按照国家有关法律法规和职责的分工，电力企业在应急管理工作中也取得了突破性进展，在建立健全电力应急体制、机制和法制，编制完善各级各类应急预案，开展电力事故应急演练和处置电网大面积停电应急联合演练等方面做了大量工作。

但是，我国突发公共事件应急体系建设和应急机制的研究仍处于起步阶段，应急管理能力尚待提高，一些不适应当前电力应急工作的问题亟待解决。加上电力突发事件的特点，导致电力突发事件的应急救援工作具有不确定性、突发性、复杂性和后果、影响易猝变、激化、放大等特点。目前，电力应急管理主要存在以下问题：

（1）电力行业应急预案编制管理工作存在着预案体系差异较大、预案内容针对性和可操作性不强、预案之间衔接性不够、预案未充分体现国家应急工作的有关要求等问题。

（2）电力应急演练工作开展过程中存在问题。如与政府部门协调联动的问题，厂网协同应急演练开展较少，缺乏统一应急管理平台，重演轻练、演练与真实情况有差距，演练后无科学有效的评价，无法通过演练对预案做修订、完善等问题。

（3）电力行业应急管理组织体系和应急预案指挥体系仍然不够健全，应急管理工作存在标准不一、规范不明的情况，在综合性突发事件应急处置过程中，不同企业之间协调指挥难度较大，一定程度上存在着各自为战的情况。

（4）电力企业之间应急管理工作水平参差不齐，电网企业和发电企业、中央企业和地方企业之间存在较大差距，部分电力企业应急管理基础薄弱，应急体系建设各项工作开展缓慢，应急能力不足以满足本企业应对突发事件的要求。

（5）部分应急管理人员对电力应急工作认识不到位，缺乏专业的应急管理知识，应急处置专业性、科学性需进一步加强。

（6）社会对电力突发事件的应急能力有待进一步提高。

三、电力企业应急管理基本原则

根据《安全生产应急管理"十二五"规划》及《国家突发事件总体应急预案》等文件精神，电力企业应急管理应该遵循以下基本原则。

1. 以人为本，减少危害

电力企业需将保障公众健康和生命财产安全作为首要任务，最大程度减少电力突发事件造成的人员伤亡和危害。

2. 居安思危，预防为主

电力企业需要高度重视公共安全工作，常抓不懈，防患未然。增强工作忧患意识，坚持预防与应急相结合，常态与非常态相结合，落实电力突发事件预防措施。

3. 统一领导，分工负责

在国家应急救援指挥中心，电力监管机构、地方政府及其应急救援指挥中心等的统一领导下，各电力企业需负责做好本企业应急管理工作，建立健全应急管理规章制度，完善应急预案体系，明确事故预防和应急处置措施。

4. 依法规范，突出重点

电力企业需依据相关法律法规，加强应急管理，维护公众的合法权益，使本企业应急管理工作规范化、制度化、法制化。

5. 快速反应，协调应对

电力企业需要加强本企业应急救援队伍建设，建立健全与国家（区域）应急救援队伍联动制度，充分调动社会团体和志愿者队伍的作业，依靠公众力量，形成统一指挥、运转高效的应急救援机制。

6. 依靠科技，提升素质

采用先进的监测、预测、预警、预防和应急处置技术及设施，提高应对突发事件的预防、应急处置水平，避免或最大限度地减少电力突发事件造成的人员伤亡和危害。

7. 公开透明，正确引导

及时、准确、客观发布权威信息，充分发挥新闻媒体作用，企业发生电力突发事件时，有序组织新闻采访，正确引导社会舆论，避免突发事件造成公众恐慌。

第二节 电力应急救援体系建设

电力应急救援体系是指应对电力突发事件所需的组织、人力、物力、财力等各种要素及其相互关系的总和。电力应急救援体系的建设和完善是一项复杂的系统工程，需要在国务院有关部门、电力监管机构、地方政府的领导下，以国情、各地情况、电力企业情况为依据，以各项公共资源的配置、整合为手段，以社会力量为依托，以提高突发事件应急救援能力和效率为目标，坚持常抓不懈、稳步推进。

一、电力企业应急救援体系建设原则

电力应急救援体系应当遵循以下 4 个原则：

（一）统一领导、分级负责

在国家能源局（原电监会）的统一领导下，各派出机构会同各省人民政府有关部门组织、协调各电力企业应急资源，建立电力应急救援体系建设工作。

（二）统筹安排、分步实施

根据电力监管机构提出的应急救援体系建设要求，各电力企业应贯彻落实国家相关法律法规，结合电力企业实际情况，制定本企业应急救援体系建设规划或方案，逐步加强应急监测预警、应急处置、应急保障、恢复重建等方面的能力建设。

（三）整合资源、突出重点

充分利用现有资源，实现应急资源的有机整合。重点加强应急处置薄弱环节建设，优先解决应急响应时效不强、指挥协调不畅、信息共享困难等突出问题，提高第一时间快速应急响应的能力。

（四）先进适用、标准规范

根据应急工作的现状和发展需要，采用成熟技术和设备，做好应急物资和装备保障、技术保障等应急保障工作，注重实用性，兼顾先进性，保证应急救援体系高效、可靠运转，实现应急救援体系建设与运行的规范化管理。

二、电力应急救援体系组成

建设电力应急救援体系的总目标是控制事态发展，保障人员生命、财产安全，保障电力系统正常运行。应建设科学、完善的应急救援体系，实施规范有序的标准化运作程序，提高应对电力突发事件的应急处置能力。

电力应急救援体系由电力应急救援法律法规体系、电力应急救援组织体系、电力应急救援运行机制与电力应急救援保障体系 4 部分构成，如图 7-1 所示。

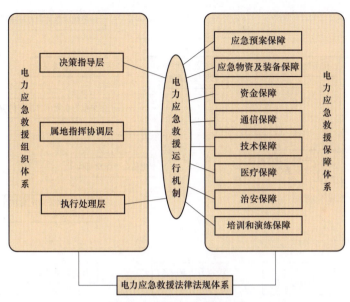

图 7-1　电力应急救援体系

（1）电力应急救援法律法规体系是电力突发事件应急救援体系的法制基础和保障，是电力企业开展应急救援行动的依据。

（2）电力应急救援组织体系是电力突发事件应急救援体系的基础之一，由决策指导层、属地指挥协调层、执行处置层组成。

（3）电力应急救援运行机制是电力突发事件应急救援体系的重要保障，应明确并规范应急响应程序，保证应急救援体系高效运转，完成抢救伤员、抢修电力设备、控制危险源等应急救援基本任务。

（4）电力应急救援保障体系是电力突发事件应急救援体系的有机组成部分，是体系正常运转的保障，主要包括应急预案保障、应急物质及装备保障、资金保障、通信保障、技术保障、医疗保障、治安保障、培训和演练保障。

（一）电力应急救援组织体系

电力应急救援组织体系应设计为动态联动组织，通过紧密的纵向和横向联系，形成强大的应急救援组织网络。从组织体系的完备性及各组织之间相互协调性两方面建立"纵向一条线、横向一个面"的组织格局，如图 7-2 所示。

电力突发事件应急救援组织体系中的决策指导层包括国务院应急指挥机构、国务院应急管理办公室、国务院有关部门、国家安全生产应急救援指挥中心、国家电力监管委员会和中央电力企业应急指挥系统；属地指挥协调层包括各级地方政府及其应急指挥中心、能源局（电监会）各派出机构、省级电网公司及地方各级电力企业；执行处置层包括国家（区域）应急救援队伍、电力企业应急救援队伍、社会救援力量。

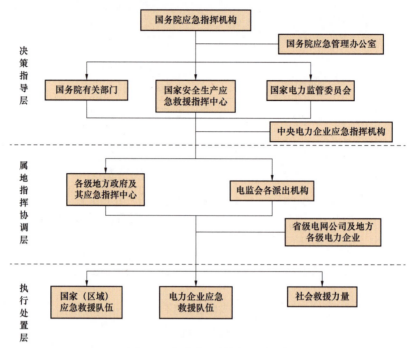

图 7-2　电力应急救援组织体系

1. 中央电力企业应急指挥机构

贯彻国务院应急管理办公室、国务院有关部门、国家安全生产应急救援指挥中心、国家能源局有关电力突发事件应急救援与处置的法律、法规和规定，负责指导下属单位开展电力突发事件应急救援工作。

2. 省级电网公司及地方各级电力企业

贯彻落实电力监管机构、当地政府及其应急指挥中心、上级单位有关电力突发事件应急救援和处置的规定，负责做好本企业应急救援队伍培训工作，并负责指导本企业应急救援队伍迅速、有序开展电力突发事件应急救援工作。

3. 电力企业应急救援队伍

电力企业应在电力监管机构的指导下建设应急救援队伍，或按照规定与专业应急救援签订救援服务协议，以保证企业的自救能力。有关电力企业要加强对所属应急救援队伍的管理，组织开展应急演练与培训，提高专业理论水平和实战技能。

（二）电力应急救援运行机制

电力应急救援运行机制应遵循统一指挥、反应灵敏、功能齐全、协调有序、运转高效的基本原则。其中统一指挥是电力应急救援运行机制必须遵循的最基本原则。运行程序如下：

1. 信息报告和通报

按照信息先行的要求，建立统一的突发事件信息系统，有效整合现有的信息资源，拓宽信息报送渠道，做好信息备份，实现上、下、左、右互联互通和信息的及时交流。

2. 指挥决策

通过信息收集、专家咨询制定和选择方案，实现科学果断、经济高效的应急决策和处置。根据电力突发事件的可控性、严重程度和影响范围，由地方政府和电力监管机构组成现场应急救援指挥部，统一指挥应急救援行动。

3. 分级响应

在初级响应到扩大应急的过程中应实行分级响应机制。扩大应急救援主要是提高指挥级别、扩大应急范围等，增强响应能力。

4. 应急处置

按照应急预案，各司其职，迅速、有效地实施应急处置，最大限度地减少人员伤亡、设备损坏等，保障公众利益。

5. 信息发布与舆论引导

在第一时间通过主动、及时、准确地向公众发布警告以及相关方面的信息，宣传避免、减轻危害的常识，提高主动引导和把握舆论的能力，增强信息透明度，把握舆论主动权。

6. 恢复重建

积极稳妥地开展生产自救，做好善后处置工作，把损失降到最低，让受灾地区和民众尽快恢复正常的生产、生活和工作秩序，实现常态管理与非常态管理的有机转换。

（三）电力应急救援保障体系

电力应急救援保障体系一般包括 8 个部分，即应急预案保障、应急物资与装备保障、资金保障、通信保障、技术保障、医疗保障、治安保障、培训和演练保障。

1. 应急预案保障

在电力监管机构的指导下，电力企业应遵循科学性、针对性等原则编制本企业应急预案，且综合应急预案与专项应急预案和现场应急预案应上下衔接，并与当地政府有关部门、电力监管机构的应急预案相互衔接。加强应急预案的演练与培训，及时修订内容，确保应急预案的科学性和先进性。

2. 应急物资与装备保障

应急物资与装备保障一般包括通信设备、交通工具、照明装置、消防设备、个人防护用品、医疗物资与装备、重型设备和电力供应设备。

电力企业应根据应急工作的需要，配备必要的应急物资与装备，并统计本企业物资与装备的名称、规格、型号、数量等数据，建立台账，上报地方政府、电力监管机构。此外，电力企业应建立应急物资与装备管理、调用制度，并加强日常维护管理，定期调整、更新储备物资与设备，保证应急情况下快速投入使用。

3. 资金保障

电力企业应将应急救援经费纳入财务预算，建立应急救援专项资金，明确应急救援专项资金的数量、适用范围及监督管理措施，保证应急救援行动顺利开展。

4. 通信保障

在应急救援行动中,通信器材是不可缺少的应急资源。常用的通信工具包括电话(包括手机、可视电话、座机等)、无线电、电台、传真机、移动通信、卫星等。

5. 技术保障

当电力企业发生安全事故时,企业可聘请电力生产、管理、检修、科研等方面的专家,组成专家咨询小组,以提供技术咨询和决策支持。

6. 医疗保障

电力企业应组建医疗机构或与当地医疗部门签订协议,保证企业发生突发事件时,医务人员和医疗救治药物、设备设施等能迅速就位,开展受伤人员救治工作。

7. 治安保障

突发事件发生时应调用保安队伍(包括企业内部保安队伍、当地公安部门等)对事故区域采取有效的管制措施,维护突发事件现场的社会治安和公共安全。

8. 培训和演练保障

电力企业应当建立健全应急培训和演练管理制度,建立分层次、分类别、多渠道、多形式、重实效的培训和演练格局。将先进的应急管理理念与应急处置技术纳入培训计划,定期开展应急演练,提高企业应急处置和安全防范能力。

第三节　电力企业应急预案体系

一、应急预案概述

应急预案又称"应急计划"或"应急救援预案",根据《生产经营单位应急预案编制导则》,应急预案是指针对可能发生的事故,为迅速、有序地开展应急行动而预先制定的行动方案。应急预案实际上是标准化的反应程序,以使应急救援活动能迅速、有序地按照计划和最有效的步骤来进行。

(一)应急预案作用

应急预案在应急系统中起着关键作用,编制应急救援预案是应急救援准备工作的核心内容,是及时、有序、有效地开展应急救援工作的重要保障。电力企业编制各项应急预案对于帮助指导突发事件的应急救援行动,提高人员应急能力,帮助灾害重建、恢复生产等具有重要作用。

(1)应急预案是电力企业应对各种突发事件的响应基础。通过编制综合应急预案,可以对那些事先无法预料的突发事件起到基本的应急指导,成为保证应急救援的"底线"。在此基础上,针对特定危害编制专项应急预案和现场处置方案,并定期组织演练。

(2)应急预案明确了电力企业应急救援的范围和体系,是电力企业应急管理的依据,使应急准备和应急管理不再无据可依、无章可循。尤其是培训和演练工作的开展,更依赖于应急预案。

（3）制定应急预案有利于电力企业的应急人员及时做出应急响应，降低事故损失。应急预案预先明确了应急各方的职责和响应程序，在应急力量、应急资源等方面做了大量准备，可以指导电力企业的应急救援迅速、高效、有序地开展，将事故的人员伤亡、财产损失和环境破坏降低到最低限度。

（4）制定应急预案有利提高电力企业员工风险防范意识。预案的编制、评审以及发布和宣传，有利于企业员工了解可能面临的重大风险及其相应的应急措施，有利于促进各方提高风险防范意识和能力。

（二）应急预案内容

应急预案主要包括事故预防、应急处置和抢险救援三个方面的内容。

（1）事故预防。通过危险辨识、事故后果分析，采用技术和管理手段降低事故发生的可能性，或将已经发生的事故控制在局部，防止事故蔓延。

（2）应急处置。一旦发生事故，通过应急处置程序和方法，快速反应并处置事故或将事故消除在萌芽状态。

（3）抢险救援。通过编制应急预案，采用预先的现场抢险和救援方式，对人员进行救护并控制事故发展，从而减少事故造成的损失。

（三）电力企业应急预案分类

根据《生产经营单位安全生产事故应急预案编制导则》《电力企业综合应急预案编制导则（试行）》《电力企业专项应急预案编制导则（试行）》和《电力企业现场应急预案编制导则（试行）》的规定，电力企业应急预案可以分为综合应急预案、专项应急预案和现场应急预案。

1. 综合应急预案

综合应急预案又称总体应急预案。它是预案体系的顶层，是生产经营单位应急预案体系的总纲，主要从总体上阐述事故的应急工作原则，包括生产经营单位的应急组织机构及职责、应急预案体系、事故风险描述、预警及信息报告、应急响应、保障措施、应急预案管理等内容。

综合应急预案用以指导电力企业明确应对各类突发事件的基本程序和基本要求。原则上每个电力企业都应该编制一个综合应急预案。

2. 专项应急预案

专项应急预案是生产经营单位为应对某一类型或某几种类型事故，或者针对重要生产设施、重大危险源、重大活动等内容而制定的应急预案。专项应急预案主要包括事故风险分析、应急指挥机构及职责、处置程序和措施等内容。

电力企业应在分析企业自身特点以及面临的主要风险和事故类型的基础上合理确定所需编制的专项应急预案的数量和内容，应当包括自然灾害、事故灾难、公共卫生事件和社会安全事件等主要突发事件类型。

3. 现场应急预案

现场应急预案又称为现场处置方案，是在专项预案基础上，生产经营单位根据不同事故类别，针对具体的场所、装置或设施所制定的应急处置措施，主要包括事故风险分析、应急工作职责、应急处置和注意事项等内容。生产经营单位应根据风险评估、岗位操作规程以及危险性控制措施，组织本单位现场作业人员及相关专业人员共同进行现场处置方案的编制。

现场应急预案应具体、简单、针对性强，应根据风险评估及危险性控制措施逐一编制，做到事故相关人员应知应会，熟练掌握，做到迅速反应、正确处置。为使现场应急预案发挥现场的指导性，可把现场处置方案进行可视化设计。

总之，各类预案要达到自身所起的作用。综合应急预案从整体上把握，要素要全面；专项应急预案和现场应急预案针对各类可能发生的突发事件和所有危险源而制定，要素重点是制定具体救援措施，对于单位概况等基本要素不做强制要求。

二、电力企业应急预案编制

电力企业应急预案编制要遵循针对性、科学性、可操作性、合法合规性、权威性、相互协调一致、相互兼容的原则，同时要遵守一定的编制程序。

（一）电力企业应急预案编制步骤

应急预案编制过程大致分为 5 个步骤，其他层次和类型的应急预案可以参照此步骤编制。电力应急预案编制程序见表 7−1。

表 7−1　　　　　　　　　　　电力应急预案编制程序

步骤	名　称	内　容	目　标
第一步	成立编制小组	吸纳与预案有关的部门和人员参加，成立以主要负责人为组长的应急预案编制小组，明确编制任务、职责分工，制定工作计划	集思广益、吸纳各方意见
第二步	法律法规分析、风险隐患分析、应急能力分析	收集、分析预案所涉及的法律法规，识别危险因素，评价现有人力、物力和能力	摸清底数、有的放矢
第三步	编制应急预案	基于分析结果，遵循"5W1H"原则按照框架格式，编制预案	清晰明了、简单实用
第四步	评审与发布	征求预案所涉及单位的意见；召开专家评审会议；按照评审意见修改完善预案；提交预案批准单位，经相关会议批准后印发	科学评审、提高质量
第五步	实施预案	开展预案的宣传、培训、演练，定期检查预案落实情况，定期评审和更新预案	检验预案、锻炼队伍、磨合机制、教育群众

（二）电力企业应急预案编制要素

电力企业应急预案编制要素参照《生产经营单位安全生产事故应急预案编制导则》《电力企业综合应急预案编制导则（试行）》《电力企业专项应急预案编制导则（试行）》和《电

力企业现场应急预案编制导则（试行）》的有关要求，根据电力企业的实际情况进行调整，具体情况具体分析。例如，重大危险源储存量、组织框架、部门职责等。一般来说，为使预案中的事件分级、预警分级、响应分级清晰，内容连贯，编制过程中要注意相互对应。分级标准在此不做统一要求，各电力企业可根据以往事故案例及地域特征，自行规定。

应急预案编制过程中综合预案内容应更简要，专项预案内容要素应更完整、更真实，现场处置方案编制内容应更实用、更具体。电力企业可将电力生产运行中的故障紧急处理作为现场处置方案的重要组成部分，并加强应急演练，成为应急预案体系的基础。

综合应急预案、专项应急预案和现场应急预案的主要要素分别见表7-2、表7-3和表7-4。

表7-2　　　　　　　　　　　　综合应急预案要素

要　素	具　体　内　容
总则	编制目的及依据、适用范围、应急预案体系、应急工作原则
危险性分析	生产经营单位概况、危险源辨识与风险分析
组织机构及职责	应急组织体系、指挥机构及职责
预防与预警	危险源管理、预警行动、信息报告与处置
应急响应	应急分级、响应程序、应急结束
信息发布	—
后期处置	—
保障措施	通信保障、应急队伍保障、应急物资与装备保障、经费保障、其他保障
培训与演练	培训、演练
奖惩	—
附则	术语和定义、应急预案备案、应急预案制定与修订

表7-3　　　　　　　　　　　　专项应急预案要素

要　素	具　体　内　容
事故类型和危险程度分析	—
组织机构及职责	应机组织体系、指挥机构及职责
预防与预警	危险源监控、预警行动
信息报告程序	—
应急响应	响应分级、响应程序、处置措施
应急物资与装备保障	—

表7-4　　　　　　　　　　　　现场处置方案要素

要　素	具　体　内　容
事故特征	—
应急组织与职责	—
应急处置	事故应急处置程序、现场应急处置措施
注意事项	—

三、电力企业应急预案管理

（一）电力企业应急预案评审与发布

《生产安全事故应急预案管理办法》（国家安全生产监督管理总局令 第 17 号）及《电力企业应急预案管理办法》明确指出应急预案编制完成后，应进行评审或论证，并依据《生产经营单位生产安全事故应急预案评审指南（试行）》中的评审办法、评审程序和评审要点，由本企业主要负责人组织有关部门和人员进行应急预案评审。外部评审由上级主管部门或地方政府负责组织审查。评审后，按规定报有关部门备案，并经主要负责人签署发布。

应急预案评审分为形式评审和要素评审，评审可采取符合、基本符合、不符合 3 种方式简单判定，并对基本符合和不符合的项目提出指导性意见或建议。评审需要在预案编制完成后，在广泛征求意见的基础上，采取会议评审的方式进行审查。

（二）电力企业应急预案备案

根据《生产安全事故应急预案管理办法》及《电力企业应急预案管理办法》，对已报批准的应急预案进行备案。中央管理的总公司（总厂、集团公司、上市公司）的综合应急预案和专项应急预案报国务院国有资产监督管理部门、国务院安全生产监督管理部门和国务院有关主管部门备案；其所属单位的应急预案分别抄送所在的省、自治区、直辖市或者设区的市人民政府安全生产监督管理部门和有关部门备案。

依据《电力企业应急预案管理办法》，电力企业应急预案还对已报批准的应急预案进行备案。受理备案登记的部门应当对应急预案进行形式审查，经审查符合要求的，予以备案并出具应急预案备案登记表；不符合要求的，不予以备案并说明理由。

（三）电力企业应急预案宣传与培训

应急预案宣传和培训工作是保证应急预案贯彻实施的重要手段，是提高事故防范能力的重要途径。电力企业应当每年至少组织一次应急培训，使企业职工明确应急工作程序，提高应急处置和协调能力。定期组织开展本单位的应急预案培训教育活动，使有关从业人员了解应急预案内容，熟悉应急职责、应急程序和岗位应急处置方案等，并将应急预案的要点和程序等内容，根据企业实际，张贴、明示在应急地点，培训情况应做好书面记录并保存。

（四）电力企业应急预案演练

应急演练是应急准备的一个重要环节。通过演练，可以发现应急预案存在的问题，完善应急工作机制，提高应急反应能力；可以锻炼队伍，提高应急队伍作战能力；可以教育广大员工，增强危机意识，提高安全生产工作的自觉性。

（五）电力企业应急预案修订与更新

应急预案必须与企业规模、机构设置、人员安排、危险等级、管理效率及应急资源等状况相一致。随着时间推移，应急预案中包含的信息，可能发生变化。因此，为了不断完善和改进应急预案，保持其时效性，电力企业根据本企业实际情况、应急预案内容变化情况，及时对应急预案进行更新和定期对应急预案进行修订。

第四节　电力企业应急演练与培训

一、电力企业应急演练

应急演练是使应急人员熟悉应急预案和提高应急技能的学习方式之一，是各类事故及灾害应急准备过程中的一项重要工作，对于评估应急准备状态，检验应急人员的实际操作水平，发现并及时修改应急预案中的缺陷与不足等具有重要的意义。

（一）应急演练的目的

电力企业开展应急演练，目的是验证应急预案的适用性，找出应急预案存在的问题，完善应急准备，建立和保持可靠的信息渠道及应急人员的协同性，确保所有应急组织都熟悉并能够正确履行职责，应急演练的目的可以概括为以下几点：

（1）检验预案，通过开展应急演练，查找应急预案中存在的问题，进而完善应急预案，提高应急预案的可用性和可操作性。

（2）完善机制，强化政府、电力企业、电力用户相互之间的协调与配合。

（3）锻炼队伍，通过开展应急演练，增强演练组织单位、参与单位和人员对应急预案的熟悉程序，提高其应急处置能力。

（4）推广和普及电力应急知识，提高公众对突发事件风险防范意识和能力。

（5）发现可能发生事故的隐患和存在的问题。

（二）应急演练的基本要求

（1）企业应该通过应急演练实际检验应急预案的可操作性和有效性。提高各级管理人员的应急指挥能力、各级生产一线员工的应急处置能力，以及参与演练各部门、各单位的协调配合能力。

（2）企业应该结合实际情况制定年度应急演练计划。按照相关应急预案演练要求部署各应急预案的演练，并至少部署开展一次全企业性的应急演练，演练计划于年初报上级企业应急办公室备案。

（3）在应急演练结束后，企业应对演练情况进行评估和总结，针对应急演练中暴露出来的问题制定相应的整改措施。

（三）应急演练的原则

虽然不同类型的应急演练具有各自的特点，但在策划演练的内容、演练情景、演练频次、演练评估等方面具有共同的原则，具体如下：

（1）依法依规，统筹规划。应急演练的工作必须遵循国家相关法律、法规、标准及有关规定，科学统筹规划，并纳入各电力企业应急管理工作的整体规划。

（2）突出重点，讲求实效。应急演练应结合本单位实际，结合事件发生、变化、控制、消除的客观规律，有针对性地设置演练内容。

（3）协调配合，保证安全。应急演练应遵循"安全第一"的原则，加强组织协调，统一指挥，保证人身、电网、设备及人民财产、公共设施安全。

（四）应急演练的内容

应急演练依据应急预案和应急管理工作重点，通常包括预警与报告、指挥与协调、应急通信、事故监测、警戒与管制、疏散与安置、医疗卫生、现场处置、社会沟通、后期处理及其他。

（五）应急演练分类

根据《突发事件应急演练指南》，应急演练按组织形式分为桌面演练和实战演练，按内容分单项演练和综合演练，按目的与作用分检验性演练、示范性演练和研究性演练。演练类型的选择应该根据电力企业安全生产要求、资源条件及客观实际情况，符合当地演练水平、气候等方面要求。

1. 桌面演练

桌面演练通常在室内完成，参演人员利用地图、沙盘、流程图、计算机模拟、视频会议等辅助手段，针对事先假定的演练情景，讨论和推演应急决策及现场处置的过程，从而促进相关人员掌握应急预案中所规定的职责和程序，提高指挥决策和协同配合能力。

桌面演练成本低，针对性强，主要为功能演练和全面演练服务，主要作用是使演练人员在检查和解决应急预案中存在的问题的同时，获得建设性的讨论结果，锻炼应急演练人员解决问题的能力，解决应急组织相互协作和职责划分问题。

2. 实战演练

实战演练是实现设置突发事件情景及其后续发展情景，参演人员调集可利用的应急资源，针对预案中的部分或所有应急功能，通过实际决策、行动和操作，完成真实应急响应的过程，从而检验和提高相关人员的临场组织指挥、队伍调动、应急处置和后勤保障等应急能力的演练活动。

实战演练场面较大、真实、复杂，按照事先是否通知演练单位和人员，进一步分为"预知"型演练和"非预知"型演练。

3. 单项演练

单项演练是指为了检验和评价应急预案中特定应急响应功能，或现场处置方案中一系列应急响应功能而进行的演练活动，主要针对一个或少数几个特定环节和功能进行检验。

单项演练可同模拟实战一样在应急指挥中心举行，也可同时开展小规模的现场演练，调用有限的应急资源，针对特定的应急响应功能检验应急人员以及应急救援系统的响应能力。

4. 综合演练

综合演练是针对电力安全生产应急预案中全部或大部分应急功能，为检验、评价应急救援体系进行整体应急处置能力的演练活动。

综合演练要求应急预案涉及的组织单位、部门都要参加，以检验他们之间协调联动能力，检验各个组织机构在紧急情况下能否充分调用现有的人力、物力等各类资源有效控制事故并减轻事故带来的严重后果。

5. 检验性演练

检验性演练是为了检验应急预案的可行性。应急准备的充分性、应急机制的协调性及相关人员的应急处置能力而组织的演练。

6. 示范性演练

示范性演练是为向观摩人员展示应急能力或提供示范教学，严格按照应急预案规定开展的表演性演练。

7. 研究性演练

研究性演练是为研究和解决突发事件应急处置的重点、难点问题，试验新方案、新技术、新装备而组织的演练。

（六）应急演练实施

1. 熟悉演练任务和角色

电力企业在应急演练前应进行演练动员，确保所有演练参与人员了解演练情景、演练现场规则和演练计划中与各自工作相关的内容。必要时可分别召开控制人员、评估人员、演练人员的情况介绍会，演练模拟人员和观摩人员一般参加控制人员情况介绍会。

2. 安全检查和组织预演

（1）确认演练所需的工具、设备、设施、技术资料以及参演人员到位。对应急演练安全保障方案以及设备、设施进行安全检查确认，确保安全保障方案可行，所有设备、设施完好。

（2）在综合应急演练前，演练组织单位或策划人员可按照演练方案组织桌面演练或合成预演，熟悉演练实施过程的各个环节。

3. 演练启动

所有演练参与人员应该按照各自的职责各就其位，并确认目前具有的演练条件。对于桌面演练由主持人触发演练活动；对于现场演练，由演练总指挥触发演练活动。

4. 演练执行

（1）演练指挥与行动。所有参演人员应该按照各自的职责各就其位，并确认目前具备演练条件，演练开始后，原则上应严格按照演练方案执行演练的各项活动。

（2）演练过程控制。演练总指挥负责演练实施全过程的指挥控制。当演练总指挥不兼任总策划时，一般由总指挥授权总策划对演练过程进行控制。

在桌面演练中由总策划按照演练方案发出控制消息；实战演练中，要通过传递控制消息来控制演练进程。

（3）演练解说。演练实施过程中，演练组织单位安排专人对演练过程进行解说。解说内容一般包括演练背景描述、进程讲解、案例介绍、环境渲染等。对于有演练脚本的大型综合性示范演练，可按脚本中的解说词进行讲解。

（4）演练记录。演练实施过程中，一般需安排专门人员，采用文字、照片和音像等手段记录演练过程。

（5）演练宣传报道。演练宣传组按照演练宣传方案做好演练宣传报道工作。认真做好信息采集、媒体组织、广播电视节目现场采编和播报等工作，扩大演练的宣传效果。对涉密演练要做好保密工作。

5. 演练结束与终止

演练完毕，由总策划发出结束信号，演练总指挥宣布演练结束。演练结束后所有人员停止演练活动，按预定方案集合进行现场总结讲评或组织疏散。后勤保障组负责组织人员对演练现场做好清理和恢复工作。

（七）电企业应急演练评估与总结

应急演练评估与总结是做好应急演练工作的重要环节，它可以全面、系统地了解演练情况，正确认识演练工作中的不足，为应急工作的进一步完善提供依据。

应急演练评估与总结是在应急演练结束后，演练组织单位组织相关人员总结分析演练中暴露的问题，评估演练是否达到了预定目标，从而提高应急准备水平和演练人员应急技能，一般分为任务层面评估总结、职能层面评估总结和演练总体层面评估总结。任务层面评估总结主要针对演练中的某个具体任务的完成情况进行评估；职能层面评估总结主要针对演练中某个部门的实际职责的完成情况进行评估；演练总体层面评估总结是对演练的总体完成情况进行评估。

1. 演练评估

演练评估是指演练评估分析人员观察和记录演练活动、比较演练人员表现与演练目标要求，并提出演练改进意见。采用评估人员审查、演练参加者汇报、召开演练讲评会3 种方式进行。

2. 演练总结

演练结束后，进行客观的总结是全面评价演练的依据，也是为了进一步加强和改进突发事件的应对处置工作。一般而言，演练总结可分为现场总结和事后总结两种。

二、电力企业应急培训

应急培训是相关人员掌握应急知识和技能的重要方式，是增强发电企业危机意识和责任意识，提高事故防范能力的重要途径，是提高应急救援人员和职工应急能力的重要举措，是保证应急预案贯彻实施的重要手段。因此，发电企业应该按照《国家安监总局办公厅关于进一步加强安全生产应急管理培训工作的通知》《电力企业突发事件应急演练导则（实行）》《突发事件应急演练指南》提出的要求，根据自身的特点，定期组织本企业的应急培训，加强和完善电力企业员工的协调配合工作能力，并通过专业人员的技术交流，提高应急处置的业务知识水平。

（一）电力企业应急培训要求

（1）电力企业应急办公室负责制定年度应急培训计划，负责组织开展应急教育培训，对各级各类应急指挥人员、技术人员、管理人员、应急队伍和一线员工进行应急培训。

（2）电力企业应急办公室利用已有的资源，组织开发和编制培训教材，采用案例教学、情景模拟、交流研讨、案例分析对策研究等方式，开展形式多样的应急培训工作。

（3）电力企业各级、各类人员应该积极参加上级企业和政府部门组织的应急培训，掌握应急方面的理论、法律法规、救援知识和专业技能，增强应急管理意识，提高应急管理能力。

（4）电力企业应对生产一线人员定期组织应急技能培训，培训的重点是熟悉应急预案，掌握本岗位事件应急处置程序，增强防范意识和素质，提高应急处置和自救互救能力。

（二）电力企业应急培训内容

电力企业应急培训应当采取理论教学和实践教学相结合的方式。内容包括以下几个方面：

（1）电力应急法律法规。

（2）电力安全技术知识。

（3）心理素质训练。

（4）自救呼救知识。

（5）应急避险与逃生。

（6）典型应急预案与推演。

（7）事故案例分析。

（8）其他相关知识。

（三）电力企业应急培训实施

1．制定应急培训计划

（1）对应急管理系统各层次和岗位人员进行工作和任务分析，确定应急培训和教育的内容以及培训方式，明确培训目标和培训后应该受训人员的培训效果。

（2）针对电力企业不同类型人员，设计针对性课程。

（3）针对培训不同的对象、内容，采取不同的培训方法，如讲课型、研讨型、演练型和综合型。

2．应急培训实施

按照指定的培训计划，认真组织，精心安排，充分利用不同的方式展开，使参加培训的人员能够在良好的学习氛围中学习，掌握有关应急知识。

3．应急培训效果和修订

电力企业对培训结束后的效果评价，可以通过两种方式进行：一是通过各种考核方式和手段，评价受训者的学习效果和学习成绩；二是在培训结束后通过考核受训者在演练中或实践中的表现来评价培训效果。

第五节　电力企业应急响应与处置管理

应急响应是针对发生的事故，有关组织或人员采取的应急行动。

一、应急响应与处置流程

应急响应与处置一般包括应急启动、应急处置、应急恢复和应急结束四个连续的过程。

（1）应急启动。在事件发生后，企业按照事件的类型和应急响应级别组件应急指挥部，通过相关应急人员就位，启动相应的应急预案。

（2）应急处置。应急指挥部按照应急预案指挥、调度应急人员开展应急处置行动；安排人员与相关部门建立通信联络，协调所需应急物资和应急装备；根据事态控制情况及时判断是否需要调整应急响应级别；安排人员向本企业应急办公室及时报告应急处置情况。

（3）应急恢复。在事件被有效控制后，按需要应对设备状态和现场进行临时性的恢复。

（4）应急结束。在完成应急恢复后，应急指挥部总指挥宣布应急结束，停止启动的应急预案。

具体的应急响应流程图如图 7-3 所示。

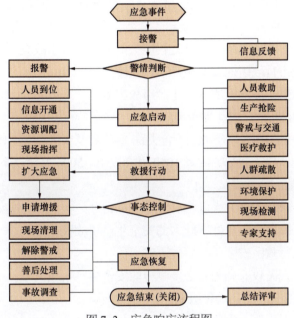

图 7-3　应急响应流程图

二、应急响应分级

电力企业应针对事故危害程度、影响范围和生产经营单位控制事态的能力，对事故应急响应进行分级，明确分级响应的基本原则。

《国家突发公共事件总体应急预案》和《中华人民共和国突发事件应对法》将突发公共事件分为四级：Ⅰ级（特别重大）、Ⅱ级（重大）、Ⅲ级（较大）和Ⅳ级（一般），作为突发公共事件信息报送和分级处置的依据。按照安全生产事故灾难的可控性、严重程度和影响范围，应急响应级别原则上分为Ⅰ级响应、Ⅱ级响应、Ⅲ级响应、Ⅳ级响应，其中Ⅰ级最高。

（1）出现下列情况之一启动Ⅰ级响应：

1）造成 30 人以上死亡（含失踪），或危及 30 人以上生命安全，或者 100 人以上重伤（包括急性工业中毒，下同），或者直接经济损失 1 亿元以上的特别重大安全生产事故灾难。

2）需要紧急转移安置 10 万人以上的安全生产事故灾难。

3）超出省（区、市）政府应急处置能力的安全生产事故灾难。

4）跨省级行政区、跨领域（行业和部门）的安全生产事故灾难。

5）国务院认为需要国务院安委会响应的安全生产事故灾难。

（2）出现下列情况之一启动 II 级响应：

1）造成 10 人以上、30 人以下死亡（含失踪），或危及 10 人以上、30 人以下生命安全，或者 50 人以上、100 人以下重伤，或者直接经济损失 5000 万元以上、1 亿元以下的重大安全生产事故灾难。

2）超出地级以上市人民政府应急处置能力的安全生产事故灾难。

3）跨地级以上市行政区的安全生产事故灾难。

4）省政府认为有必要响应的安全生产事故灾难。

（3）出现下列情况之一启动 III 级响应：

1）造成 3 人以上、10 人以下死亡（含失踪），或危及 3 人以上、10 人以下生命安全，或者 10 人以上、50 人以下重伤，或者 1000 万元以上、5000 万元以下直接经济损失的较大安全生产事故灾难。

2）需要紧急转移安置 1 万人以上、5 万人以下的安全生产事故灾难。

3）超出县级人民政府应急处置能力的安全生产事故灾难。

4）发生跨县级行政区安全生产事故灾难。

5）地级以上市人民政府认为有必要响应的安全生产事故灾难。

（4）出现下列情况之一启动 IV 级响应：

1）造成 3 人以下死亡，或危及 3 人以下生命安全，或者 10 人以下重伤，或者 1000 万元以下直接经济损失的一般安全生产事故灾难。

2）需要紧急转移安置 5 千人以上、1 万人以下的安全生产事故灾难。

3）县级人民政府认为有必要响应的安全生产事故灾难。

三、应急处置内容

（一）应急处置原则

（1）当发生各类突发事件后，应急处理指挥机构应当立即启动相应预案，并向应急领导小组报告。厂级预案启动后应向上级应急领导机构汇报。

（2）突发事件未得到有效控制，应提高响应级别，进行扩大应急。

（3）参加突发事件应急处理的工作人员，应当按照预案的规定，采取相应的保护措施，并在专业人员的指导下进行工作。

（4）上级对下级进行突发事件现场调查时，应当对应急处理工作进行指导，有关企业和个人应当予以配合，不得以任何理由予以拒绝。

（二）应急处置内容

根据《生产经营单位安全生产事故应急预案编制导则》中规定，应急处置主要包括以下内容：

（1）事故应急处置程序。根据可能发生的事故类型及现场情况，明确事故报警、各项应急措施启动、应急救护人员的引导、事故扩大及同企业应急预案的衔接程序。

（2）现场应急处置措施。针对可能发生的火灾、爆炸、危险化学品泄漏、坍塌、水患、机动车辆伤害等，从操作措施、工艺流程、现场处置、事故控制、人员救护、消防、现场恢复等方面制定明确的应急处置措施。

（3）报警电话及上级管理部门、相关应急救援单位联络方式和联系人员，事故报告的基本要求和内容。

第六节　电力企业应急能力评估

应急能力评估是在全面调查和客观分析生产经营单位应急队伍、装备、物资等应急资源状况基础上开展应急能力评估，并依据评估结果，完善应急保障措施。

一、应急能力评估指标及分值

发电企业应急能力评估是以发电企业为评估主体，以应急能力的建设和提升为目标，以应急管理理论为指导，构建科学合理的建设与评估指标体系，建立完善评估方法，对突发事件综合应对能力进行评估，查找发电企业应急能力存在的问题和不足，指导发电企业建设完善应急体系。

发电企业应急能力评估指标包含预防与应急准备、风险监测与预警、应急处置与救援、事后恢复与重建、动态评估五个一级指标。总分 1200 分，其中，静态查评 1000 分，预防与应急准备标准分 700 分（占 70%），监测与预警标准分 150 分（占 15%），应急处置与救援标准分 100 分（占 10%），事后恢复与重建标准分 50 分（占 5%），动态考评 200 分，其中访谈 10 分（占 5%）、考问 30 分（占 20%）、考试 60 分（占 25%）、演练 100 分（占 50%）。

（一）预防与应急准备

预防与应急准备包含应急法规与制度建设（应急法律法规的识别和获取、应急法律法规的宣贯、应急管理制度建设）、应急规划与实施（规划制定、规划的组织与实施）、应急组织管理（应急组织领导机构、应急管理办事机构及职责）、风险评估与控制（风险评估制度、风险评估、风险控制、风险告知）、应急预案管理（应急预案的编制、应急预案的完整性和衔接性、应急预案的有效性和可操作性、预案的执行情况、应急预案的备案、应急预案的修订）、应急培训（培训管理、应急管理人员培训、作业人员应急培训、应急知识宣传）、应急演练（演练计划、演练实施、演练评估和改进措施）、应急救援队伍（专兼职应急救援队伍建设、应急专家队伍建设）、应急物资和装备（应急物资和装备的配直、应急物资和装备的维护、应急物资和装备的日常管理）、应急经费保障（计划、提取）、应急通信与后勤保障（通信保障、后勤保障）、协调机制（企业与政府部门协调、企业内部协调、企业间协调）12 个二级指标，36 个三级指标。

（二）风险监测与预警

风险监测与预警包括风险监测（重点区域实时监测、灾情监测和信息网络、隐患排查与治理、监测信息的收集和处理）、预警系统（预警的分级、预警的监测与分析、预警的发布与响、预警的调整与解除、预警的存档与备案）2 个二级指标，9 个三级指标。

（三）应急处置与救援

应急处置与救援包括处置与救援（先期处置、现场处置、现场救援）、信息发布与报道（报告与发布制度、信息报送、信息发布、舆情应对）、应急救援与处置的暂停和停止（应急响应的暂停和终止、应急响应等级的调整）3 个二级指标，9 个三级指标。

（四）事后恢复与重建

事后恢复与重建包括后期处置（评估事件损失、事故原因调查和分析、资料归档、灾后人员心理疏导）、调查评估（评估调查、考核机制）、恢复重建（准备阶段、计划和实施阶段、重新规划和建设、验收和总结阶段）3 个二级指标，10 个三级指标。

（五）动态评估

动态评估包括访谈、考问、考试、实操、桌面演练或现场演练 5 个二级指标。

（六）等级划分

根据评估的综合得分，评估等级分为优良、合格和不合格。等级标准：

（1）优良：综合得分大于或等于 90 分。

（2）合格：综合得分为 70～90 分。

（3）不合格：综合得分小于 70 分。

二、能力评估方法

能力评估方法包括静态查评和动态考评。

（1）静态查评。主要采用核实的方法，通过听汇报、查资料、查记录、实物核对等方法，静态查评分值为 1000 分。

（2）动态考评。主要采用考问、考试、演练等方式对企业的应急管理和处置能力进行实际检验。动态考评分值为 200 分。

动态考评主要采取如下方法：

1）访谈。主要面向应急领导机构成员，了解其对本岗位应急工作职责、总体预案和专项预案内容、预警、响应流程的熟悉程度等，不少于 2 人。

2）考问。选取一定比例的部门负责人、管理人员、一线员工进行提问、询问。主要评估其对本岗位应急工作职责、对相关预案内容以及国家相关法律法规等的了解程度，不少于 10 人。

3）理论考试和实操。建立应急考试题库和实操项目。选取一定比例的管理人员、一线员工进行答题考试和对应急工器具的实际使用。主要评估其对应急管理应知应会内容和工器具使用的掌握程度，各不少于 10 人。

4）演练。可以选用桌面演练或现场演练中的一种进行动态考评。主要针对应急领导小组成员、部门负责人、一线员工，分别评估其对监测预警、应急启动、应急响应、指挥协调、事件处置、舆论引导和信息发布、现场处置措施等应急响应及处置工作流程、技能的掌握程度。

第七节　电力企业反事故演习

反事故演习是保证电力安全生产的重要手段，通过反事故演习可以检验运行人员处理事故的能力，提高运行人员的业务水平，培养锻炼出业务全面、技术精湛、工作细心的优秀运行工作人员，以便在电力安全生产工作中真正做到"有备无患"。

一、反事故演习的目的

一般而言，在电厂设备投产初期，受设计施工、安装质量、设备移交技术交底、运行人员技能水平、设备特殊运行方式、自然因素等原因影响，事故多发。电厂进入稳定期，受人员新老更替、安全意识降低，设备老化、更新改造等因素影响，电厂事故仍偶有发生。尤其值得重视的是，一部分因设备或人为原因造成的事故重复发生，给电力安全生产和社会生活带来不利影响。

反事故演习的目的具体表现在以下几点：

（1）定期检查生产人员处理事故的方法和技能，当设备发生不正常运行现象时，值班人员是否能够迅速准确地运用现场规程判断和处理事故。

（2）对电厂运行综合知识进行大检查。

（3）使生产人员掌握迅速处理事故和异常现象的正确方法。

（4）贯彻反事故措施使生产人员更好地熟悉规程和运行特性。

（5）发现运行设备上的缺陷和运行组织上存在的问题以及规程中不足部分。

（6）反事故演习也是一种行之有效的培训手段，可以增强参演人员事故处理能力与心理素质。

二、反事故演习方案编制

反事故演习方案由班组或个人依据年度反事故演习计划在演习前编写，若演习模拟的事故过程复杂、处理难度大，应组织人员对演习方案进行讨论以增强反事故演习的针对性和实效性，编制者应根据各级生产人员的技术水平及特点，结合当前的设备运行方式、隐患情况、上级领导要求等，制定方式、难度、技术特点、规模不同的演习方案。若演习方案较大，如厂房火灾反事故演习，涉及运行、检修、消防、医疗、车班等多部门，则应由上级统筹安排协调。

反事故演习方案应包括演习题目、演习目的、模拟运行方式、故障设置、事故处理主要步骤及注意事项、风险分析及预控措施。反事故演习方案由分管领导负责审核，应审核故障现象、监控信号、接地信号是否正确，事故处理过程是否合理、是否符合现场实际情况，风险分析及预控措施是否到位等。为确保反事故演习的真实性及演练效果，反事故演习方案在演习前不得公布。

第 八 章

安全生产标准化管理

十八大以来，习近平总书记围绕安全生产问题作出系列重要论述，"人命关天，发展决不能以牺牲人的生命为代价，这必须作为一条不可逾越的红线。"这就要求各生产单位强化红线意识，做到"一厂出事故、万厂受教育，一地有隐患、全国受警示"，实施安全发展战略。要使各个企业做到安全生产，就必须实施安全生产管理标准化，通过制定、实施国家、行业等标准来规范各种生产行为，以获得最佳生产秩序和社会效益。李克强总理也指出："安全生产是人命关天的大事，是不能踩的红线。要认真总结前一阶段全国安全生产大检查工作，汲取生命和鲜血换来的教训，筑牢科学管理的安全防线。"

安全生产管理标准化是指通过建立安全生产责任制，制定安全管理制度和操作规程，排查治理隐患和监控重大危险源，建立预防机制，规范生产行为，使各生产环节符合有关安全生产法律法规和标准规范的要求，人员、机械设备、环境处于良好的生产状态，并持续改进，不断加强企业安全生产规范化建设。这一定义涵盖了企业安全生产工作的全局，是企业开展安全生产工作的基本要求和衡量尺度，也是企业加强安全管理的重要方法和手段。

安全生产标准化利用 PDCA（计划、实施、检查、整改）动态循环、持续改进的管理模式，这是国际先进的安全管理理念与我国传统安全管理方法以及企业实际情况有机结合的产物，体现了我国"安全第一、预防为主、综合治理"的安全生产总的指导方针以及"以人为本、科学发展"的理念，对进一步落实企业安全生产主体责任，改善安全生产条件，提高安全管理水平，预防事故，都有着积极的意义。

第一节　安全生产标准化的功能

一、有效落实企业主体责任

近年来，我国制定了一系列有关安全生产的法律、法规和标准，逐步建立和完善了包括安全生产综合监管、行业监管、属地管理和企业主体责任在内的"四位一体"责任体系。其中，落实企业安全生产主体责任，是加强安全生产工作的关键。习近平总书记对此也做了要求，"必须建立安全生产责任体系，强化企业主体责任，所有企业都必须认真履行安全生产主体责任，做到安全投入到位、安全培训到位、基础管理到位、应急救援到位，确保安全生产。"

标准化将企业安全生产主体责任的内容具体化为企业达标标准，把安全生产工作转化为一项项具体要求予以落实，明确了企业安全生产工作干什么和怎么干的问题，并进一步解决了企业应如何落实主体责任的问题。安全生产标准化要求从企业的法定代表人开始，将安全生产责任逐级进行落实，每个基层单位、操作岗位、从业人员通过绩效考核，调动起从业人员的积极性和主动性，使其自觉承担安全生产的各项工作与责任，建立自我约束机制；同时，标准化以强化安全生产"三要素"（人员、设备设施和管理）为手段，从强化从业人员的安全意识和操作技能培养、改善安全生产条件，规范安全生产管理等方面，引领企业贯彻落实国家有关安全生产的法律、法规和标准，促进企业安全生产主体责任落实到位，最终达到建立安全生产长效机制、持续改进和提高企业安全管理水平的目的。

二、提高企业安全管理水平

标准化是根据我国有关安全生产法律、法规和标准的要求，借鉴、吸取国际现代安全管理的先进理念和方法，形成的一套具有中国特色的、科学的安全管理方法。与国际职业安全健康管理体系相比，标准化明确了企业实现安全生产的具体内容、要求、方法和准则，要求更具体，更具有可操作性、科学性，如风险管理、安全文化、安全仪表系统（SIS）、危险与可操作性分析（HAZOP）等要求。企业通过开展标准化，可进一步规范安全管理，有效提高安全管理水平，建立安全生产长效机制。

三、促进本质安全型企业创建

标准化建设的一个主要方面就是安全管理标准化，而安全管理标准化又是发电企业运作的必然需求。对于发电企业而言，基于其业务特点，它承担了十分重大的社会责任，从而决定了发电企业安全生产的重要性。

以保障发电企业工作人员的人身安全、保障广大人民群众的生产和生活稳定为目的，电力公司应该着实做好安全管理的标准化管理，结合企业自身所存在的固有不稳定因素以及员工在安全操作方面存在的误区，制定一套规范化、标准化的业务操作流程并对员工进行培训，推动发电企业安全标准化的建设，实现标准作业、按责配岗、绩效考核等标准化制度。对于发电企业而言，创建本质安全型的企业模式是在当前社会发展背景下发电企业发展的必经之路，而标准化建设是企业实现本质安全型模式转变的必要手段。

在安全标准化管理建设的基础之上，能够肃清发电企业的内部沉疴，杜绝所有违规操作及不规范行为的发生，确保企业在规范的环境下安全稳定地运转及发展。

四、促进信息交流

现代化企业管理已达到高度自动化和信息化，在信息交流中如符号、语言、代号、接口等，也需要标准化。在大量的国内外技术标准情报交流中，能促进互相了解、技术交流、鼓励进步，同时在交流中先进的东西得到推广，落后的东西则会被淘汰。由此，交流也就得到进一步扩展。

五、实施企业分类监管

标准化有助于规范和强化政府的安全监管行为，提高安全监管的实效性和针对性。标准化将企业分为 3 个等级，每个等级都具有相应的达标标准，能够客观真实地反映出不同等级企业的安全生产状况和管理水平。一级企业是全国的标杆示范，代表了国内该行业安全管理最高水平；二级企业基础条件较好，安全管理水平较高，是本地区该行业的示范；三级企业具备了基本安全生产条件，安全生产处于基本受控状态。安全监管部门可根据标准化企业不同级别，采取不同频次、针对不同监管内容，对企业进行分类指导、分级监管。对标准化三级企业应加大监管力度，督促其不断完善安全生产条件，提高安全管理水平。对二级企业、一级企业，尤其是一级企业，则可降低监管频次，将监管力量重点放在三级企业，最终确保整个行业安全管理水平普遍有较大的提升。

第二节　安全生产标准化达标工作

一、安全生产标准化的主要特点

（一）管理方法的先进性

采用国际通用的 PDCA 现代安全管理模式，通过企业自我检查、自我纠正、自我完善这一动态循环的管理模式，能够更好地促进企业安全绩效的持续改进和安全生产长效机制的建立。

（二）内容的系统性

内容涉及安全生产的各个方面，从目标职责、制度化管理、教育培训、现场管理、安全风险管控及隐患排查治理、应急管理、事故管理和持续改进八个方面提出了比较全面的要求，并使这八个方面是有机、系统地结合，具备系统性和全面性。

（三）较强的可操作性

结合我国已经制定的标准化工作的做法和经验，对核心要素提出了具体、细化的内容要求。企业在贯彻时，全员参与规章制度、操作规程的制定，并进行定期评估检查，这样使得规章制度、操作规程与企业的实际情况紧密结合，避免"两张皮"情况的发生，有较强的可操作性，便于企业实施。

（四）广泛的适用性

总结归纳了煤矿、危险化学品、金属非金属矿山、烟花爆竹、冶金、机械等已经颁布的行业安全生产标准化标准中的共性内容，提出了安全生产管理的共性基本要求，是各行业安全生产标准化的"基本"标准，既适应各行业安全生产工作的开展，又避免了自成体系的局面。

二、安全生产标准化建设实施流程

"安全标准化"是在吸收、借鉴国内外先进安全管理理念的基础上，采用体系化的思想，遵循 PDCA 动态循环的运行模式，以风险管理为安全标准化的核心理念，强调企业安全生产工作的规范化、系统化、标准化，达到企业安全管理、安全技术、安全装备、安全作业标准化及持续发展的目的，使企业安全管理真正上新台阶，实现安全生产长效机制。

按照国家总体要求，结合企业实际，安全生产标准化建设实施流程包括宣传发动阶段、自查整改阶段、自评申报阶段和持续改进阶段。

（一）宣传发动阶段

全面部署生产经营单位安全生产标准化建设工作，通过新闻媒体宣传，利用展板、板报、挂图宣传以及各行业部门集中组织培训等各种手段、各种渠道大力宣传安全生产标准化建设标准和考评标准，让全市生产经营单位的负责人及自评人员和有关部门的考评人员都能熟悉标准、理解标准、掌握标准、运用标准。

（二）自查整改阶段

生产经营单位要分别对照国家标准、省标准、行业标准进行自查整改。没有安全生产标准和制度的企业要严格按照 GB/T 33000—2016《企业安全生产标准化基本规范》和相关规定，制定完善的安全生产标准和制度规范。

（三）自评申报阶段

生产经营单位对照标准自查整改，自评合格后形成自评报告。市属生产经营单位有行业管理部门的向行业管理部门申报，没有行业管理部门的向市经济局和市安全生产监督管理局申报。

（四）持续改进阶段

企业应根据安全生产标准化的评定结果和安全生产预警指数系统所反映的趋势，对安全生产目标、指标、规章制度、操作规程等进行修改完善，持续改进，不断提高安全绩效。

三、企业安全生产标准化建设的工作要求

（一）加强领导，落实责任

按照属地管理和"谁主管、谁负责"的原则，企业安全生产标准化建设工作由地方各级人民政府统一领导，明确相关部门负责组织实施。国家有关部门负责指导和推动本行业（领域）企业安全生产标准化建设，制定实施方案和达标细则。企业是安全生产标准化建设工作的责任主体，要坚持高标准、严要求，全面落实安全生产法律法规和标准

规范，加大投入，规范管理，加快实现企业高标准达标。

（二）分类指导，重点推进

对于尚未制定企业安全生产标准化评定标准和考评办法的行业（领域），要抓紧制定；已经制定的，要按照 GB/T 33000—2016 和相关规定进行修改完善，规范已达标企业的等级认定。要针对不同行业（领域）的特点，加强工作指导，把影响安全生产的重大隐患排查治理、重大危险源监控、安全生产系统改造、产业技术升级、应急能力提升、消防安全保障等作为重点，在达标建设过程中切实做到"六个结合"，即与深入开展执法行动相结合，依法严厉打击各类非法违法生产经营建设行为；与安全专项整治相结合，深化重点行业（领域）隐患排查治理；与推进落实企业安全生产主体责任相结合，强化安全生产基层和基础建设；与促进提高安全生产保障能力相结合，着力提高先进安全技术装备和物联网技术应用等信息化水平；与加强职业安全健康工作相结合，改善从业人员的作业环境和条件；与完善安全生产应急救援体系相结合，加快救援基地和相关专业队伍标准化建设，切实提高实战救援能力。

（三）严抓整改，规范管理

严格安全生产行政许可制度，促进隐患整改。对达标的企业，要深入分析二级与一级、三级与二级之间的差距，找准薄弱点，完善工作措施，推进达标升级；对未达标的企业，要盯住抓紧，督促加强整改，限期达标。通过安全生产标准化建设，实现"四个一批"：对在规定期限内仍达不到最低标准、不具备安全生产条件、不符合国家产业政策、破坏环境、浪费资源，以及发生各类非法违法生产经营建设行为的企业，要依法关闭取缔一批；对在规定时间内未实现达标的，要依法暂扣其生产许可证、安全生产许可证，责令停产整顿一批；对具备基本达标条件，但安全技术装备相对落后的，要促进达标升级，改造提升一批；对在本行业（领域）具有示范带动作用的企业，要加大支持力度，巩固发展一批。

（四）创新机制，注重实效

各地区、各有关部门要加强协调联动，建立推进安全生产标准化建设工作机制，及时发现解决建设过程中出现的突出矛盾和问题，对重大问题要组织相关部门开展联合执法，切实把安全生产标准化建设工作作为促进落实和完善安全生产法规规章、推广应用先进技术装备、强化先进安全理念、提高企业安全管理水平的重要途径，作为落实安全生产企业主体责任、部门监管责任、属地管理责任的重要手段，作为调整产业结构、加快转变经济发展方式的重要方式，扎实推进。要把安全生产标准化建设纳入安全生产"十二五"规划及有关行业（领域）发展规划。要积极研究采取相关激励政策措施，将达标结果向银行、证券、保险、担保等主管部门通报，作为企业绩效考核、信用评级、投融资和评先推优等的重要参考依据，促进提高达标建设的质量和水平。

（五）严格监督，加强宣传

各地区、各有关部门要分行业（领域）、分阶段组织实施，加强对安全生产标准化建设工作的督促检查，严格对有关评审和咨询单位进行规范管理。要深入基层、企业，加强对重点地区和重点企业的专题服务指导。加强安全专题教育，提高企业安全管理人员和从业人员的技能素质。充分利用各类舆论媒体，积极宣传安全生产标准化建设的重要意义和具体标准要求，营造安全生产标准化建设的浓厚社会氛围。国务院安委会办公室以及各地区、各有关部门要建立公告制度，定期发布安全生产标准化建设进展情况和达标企业、关闭取缔企业名单；及时总结推广有关地区、有关部门和企业的经验做法，培育典型，示范引导，推进安全生产标准化建设工作广泛深入、扎实有效开展。

四、安全生产标准化达标内容

简单来说，目标是企业最终希望得到的结果，也可以理解为目的，企业根据自身安全生产实际，制定总体和年度安全生产目标。指标是在有限的时间范围内为达到目标而制订的明确的数字，企业按照所属基层单位和部门在生产经营中的职能，制定安全生产指标和考核办法。

GB/T 33000—2016 较 AQ/T 9006—2010《企业安全生产标准化基本规范》有了较大改动，由原有的 13 个核心技术要求梳理为目标职责、制度化管理、教育培训、现场管理、安全风险管控及隐患排查治理、应急管理、事故管理和持续改进 8 个体系的核心技术要求。但 GB/T 33000—2016 适用范围及原则同原有标准相同，适用于工矿企业开展安全生产标准化建设工作，有关行业制定、修订安全生产标准化标准、评定标准，以及对标准化工作的咨询、服务、评审、科研、管理和规划等。其他企业和生产经营单位等可参照执行，已经制定行业安全生产标准化标准的，优先适用行业安全生产标准化标准。

（一）核心技术指标

1. 目标职责

目标职责包括对目标、机构和职责（机构设置、主要负责人和管理层职责）、全员参与、安全生产投入、安全文化建设、安全生产信息化建设 6 个方面达标的具体要求。

2. 制度化管理

制度化管理包括法规标准识别、规章制度、操作规程、文档管理（记录管理、评估、修订）4 个方面达标的具体要求。

3. 教育培训

教育培训包括教育培训管理、人员教育培训（主要负责人和管理人员、从业人员、外来人员）2 个方面达标的具体要求。

4. 现场管理

现场管理包括设备设施管理（设备设施建设、设备设施验收、设备设施运行、设备设施维修、检测检验、设备设施拆除、报废）、作业安全（作业环境和作业条件、作业行为、岗位达标、相关方）、职业健康（基本要求、职业危害告知、职业病危害申报、职业病危害检测与评价）、警示标志 4 个方面达标的具体要求。

5. 安全风险管控及隐患排查治理

安全风险管控及隐患排查治理包括安全风险管理（安全风险辨识、安全风险评估、安全风险控制、变更管理）、重大危险源辨识和管理、隐患排查治理（隐患排查、隐患治理、验收与评估、信息记录、通报和报送）、预测预警4个方面达标的具体要求。

6. 应急管理

应急管理包括应急准备（应急救援组织、应急预案、应急设施、装备、物资、应急演练、应急救援信息系统建设、）、应急处置、应急评估3个方面达标的具体要求。

7. 事故查处

事故查处包括报告、调查和处理、管理3个方面达标的具体要求。

8. 持续改进

持续改进包括绩效评定和持续改进2个方面达标的具体要求。

（二）达标评级

为规范企业安全生产标准化评审工作，合理确定评审等级，开展安全生产标准化工作的等级自主评定、评审单位评审时要满足《企业安全生产标准化考评办法》要求，有关行业制定、修订安全生产标准化评分细则（或评定标准）时应满足本评分细则的原则要求。

企业及评审单位评审时不符合要求的按评分细则扣分；累计扣分的，直到该评审内容分值扣完止；追加扣分的，在该评审项分数扣完后，从总分中追加扣除规定的分值；没有对应内容的 则为空项。

评审分为一级、二级、三级，其中一级最高。

第三节 电力安全生产标准化工作

一、电力开展安全生产标准化的意义

目前，我国进入以重工业快速发展为特征的工业化时期，工业高速增长，加剧了供电紧张的状况，加大了事故风险，电力安全生产工作的压力巨大。从一幕幕大红简报、一则则事故报道中得知，一些电力工作人员在生产中献出了宝贵的生命。如何采取适合我国经济发展现状和企业实际的安全监管方法和手段，使发电企业安全生产状况得以有效控制并稳定好转，是当前电力安全生产工作的重要命题之一。电力安全生产标准化体现了"安全第一、预防为主、综合治理"的方针和"以人为本"的科学发展观。强调发电企业安全生产工作的规范化、科学化、系统化和法制化，强化风险管理和过程控制，注重绩效管理和持续改进，符合安全管理的基本规律，代表了现代安全管理的发展方向，是先进安全管理思想与我国传统安全管理方法、企业具体实际的有机结合，将全面提高发电企业安全生产水平，从而推动我国电力安全生产状况的根本好转。开展电力安全生产标准化工作既带有基础性、重要性，又带有紧迫性，还带有长期性和全局性，意义重大。

（一）电力安全生产标准化是全面贯彻我国电力法律法规、落实企业主体责任的基本手段

电力安全生产的目标是维护电力系统安全稳定、保证电力正常供应，防止杜绝人身死亡、大面积停电、主设备严重损坏、电厂垮坝、重大火灾等重特大事故以及对社会造成重大影响的事故发生。电力安全生产标准化考评标准，从管理要素到设备设施要求、现场条件等均体现了法律法规、标准规程的具体要求，以管理标准化、操作标准化、现场标准化为核心，制定符合自身特点的各岗位、工种的安全生产规章制度和操作规程，形成安全管理有章可循、有据可依、照章办事的良好局面，规范和提高从业人员的安全操作技能。通过建立健全企业重要负责人、管理人员、从业人员的安全生产责任制将安全生产责任从企业法人落实到每个从业人员、操作岗位，强调了全员参与的重要意义，进行全员、全过程、全方位的梳理工作，全面细致地查找各种事故隐患和问题以及与考评标准规定不符合的地方，制定切实可行的整改计划，落实各项整改措施，从而将安全生产的主体责任落实到位，促使发电企业安全生产状况持续好转。

（二）电力安全生产标准化是改善设备设施状况、提高发电企业设备本质安全水平的有效途径

开展电力安全生产标准化活动重在基础、重在基层、重在落实、重在治本。电力安全生产考核标准在危害分析、风险评估的基础上，对现场设备设施提出了具体的条件，促使发电企业淘汰落后生产技术、设备，特别是危及安全的落后技术、工艺和装备，从根本上解决了发电企业安全生产的根本素质问题，提高企业的安全技术水平和生产力的整体发展水平，提高本质安全水平和保障能力。

（三）电力安全生产标准化是预防、控制风险，降低事故发生的有效办法

通过创建电力安全生产标准化，对危险有害因素进行系统的识别、评估，制定相应的防范措施，使隐患排查工作制度化、规范化和常态化，切实改变运动式的工作方法，对各类风险点做到可防可控，提高了发电企业的安全管理水平，提升了设备设施的本质安全程度，尤其是通过作业标准化，杜绝违章指挥和违章作业现象，控制了事故多发的关键因素，全面降低事故风险，将事故消灭在萌芽状态，减少一般事故，进而扭转重特大事故频繁发生的被动局面。

（四）开展电力安全生产标准化工作是落实企业安全生产主体责任的重要举措

安全生产标准化工作要求生产经营单位将安全生产责任从生产经营单位的法定代表人开始，逐一落实到每个从业人员、每个操作岗位，强调企业全部工作的规范化和标准化，强调真正落实企业作为安全生产主体的责任，从而保证发电企业的安全生产。

（五）开展安全生产标准化工作是防范事故发生和免受责任追究的最有效办法

由于标准化工作把企业的人员、机械设备、环境安全三要素的每个要素都作了规范，对企业生产经营的全员、全过程、全方位都有明确的制度约束。企业的方方面面都有章可循、有标准对比，就必然有效减少甚至杜绝事故，尤其是重特大事故发生，当然也就不会再有责任追究的问题。

（六）电力安全生产标准化是建立约束机制、树立企业良好形象的重要措施

电力安全生产标准化强调过程控制和系统管理，将贯彻国家有关法律法规、标准规程的行为过程及结果定量化或定性化，使电力安全生产工作处于可控状态，并通过绩效考核、内部评审等方式、方法和手段的结合，形成了有效的电力安全生产激励约束机制。通过电力安全生产标准化，发电企业管理上升到一个新的水平，减少伤亡事故，提高企业竞争力，促进了企业发展，加上相关的配套政策措施及宣传手段，以及全社会关于安全发展的共识和社会各界对电力安全生产标准化的认同，将为达标企业树立良好的社会形象，赢得声誉，赢得社会尊重。

二、电力安全生产标准化的工作要求

（一）提高思想认识，加强组织领导，自主开展标准化建设工作

电力企业要落实《中华人民共和国安全生产法》等法律法规，按照相关标准规范，强化自主管理，加强安全生产标准化建设；细化工作目标、措施和步骤，明确责任部门，由专人负责电力安全生产标准化工作，将标准化建设作为企业日常安全管理的重要内容，结合本单位实际和安全风险预控体系建设，进一步完善安全生产管理标准、作业标准和技术标准，全方位和持续改进地开展标准化建设工作，促进企业安全生产水平的不断提升。

（二）严抓整改，规范管理

电力企业要认真贯彻落实《国务院安全生产委员会关于加强企业安全生产诚信体系建设的指导意见》（安委〔2014〕8号）和《电力安全生产监督管理办法》（国家发展改革委令第21号），依法依规、诚实守信开展标准化建设工作。国家能源局派出机构、各地安全监管部门对未开展标准化建设的电力企业，应责令其限期完成；对拒不开展标准化建设和弄虚作假的，应将其列入安全生产不良信用记录；对未开展标准化建设和按照相关标准规范自评、未达到70分（小型发电企业除外），并发生电力事故的，依法依规责令其停产整顿。

（三）提升和巩固电力安全生产标准化达标水平

电力企业要对照电力安全生产标准化规范及标准，结合日常安全大检查工作，按照"边查边改"的原则，每年组织开展标准化自查自评工作，并将经上级单位审批的自评报告抄送当地派出机构，作为开展标准化工作的依据。对于已经标准化达标的电力企业要不断加强电力安全生产标准化建设，按照闭环管理和持续改进的要求，推进标准化达标升级，开展更高级别的安全生产标准化建设和达标评级工作。对于评为三级标准化的，要重点抓改进；评为二级标准化的，要重点抓提升；评为一级标准化的，要重点抓巩固，促进本单位安全生产水平不断提高。

（四）加强宣传教育，严格监督

各电力企业要做好电力安全生产标准化工作的宣传教育，宣传电力安全生产标准化建设的重要意义和有关标准要求，营造电力安全生产标准化建设的浓厚氛围，促进安全生产标准化工作深入开展。

能源监管机构、各地安全监管部门要加强监督指导，结合日常安全监管工作，通过安全生产风险预控体系建设、安全生产诚信体系建设、安全检查、专项监管和问题监管等方式，督促电力企业开展标准化建设工作。要结合电力安全事故（事件）调查处理，查找电力企业标准化建设工作中存在的突出问题，依法依规予以处理。

三、电力安全达标细则

电力企业的安全目标包括杜绝人身伤亡、重大环境污染、重大职业病和重大设备责任事故，降低事故率、障碍率，防止人身伤害，避免火灾、交通事故，实现安全周期等指标，提高"两票"合格率，杜绝误操作等习惯性违章所采取的各种安全措施和反事故措施。其比传统的安全目标——"零伤害、零事故、零损失"更加全面具体，制定的安全指标也更加有利于安全生产目标的实现。

（一）电力企业达标评级标准

按照《电力安全生产标准化达标评级管理办法（试行）》《电力安全生产标准化达标评级实施细则（试行）》《发电企业安全生产标准化规范及达标评级标准》《电网企业安全生产标准化规范及达标评级标准》《电力工程建设项目安全生产标准化规范及达标评级标准》，电力安全生产标准化分为一级、二级、三级。其中，标准化一级得分大于 90 分，标准化二级得分大于 80 分，标准化三级得分大于 70 分。取得标准化三级以上即为安全生产标准化达标。

$$评审得分率 = （实得分 / 应得分） \times 100$$

（二）发电企业达标评级标准

《发电企业安全生产标准化规范及达标评级标准》包含了发电企业安全生产目标、组织机构和职责、安全生产投入、法律法规与安全管理制度、教育培训、生产设备设施、作业安全、隐患排查和治理、重大危险源监控、职业健康、应急救援、信息报送和事故调查处理以及绩效考评和持续改进十三个方面的内容和要求，以适应当前电力系统发展的客观需要。涵盖火电、水电、风电、核电企业安全生产标准化内容。

1. 总达标细则

《发电企业安全生产标准化规范及达标评级标准》涉及的主要内容概括为安全管理、设备设施、作业安全和职业健康四大类，共有 139 个条款、总标准分值为 1800 分。其中安全管理 41 条、500 分（目标 40 分、组织机构和职责 60 分、安全生产投入 40 分、法律法规与安全管理制度 60 分、教育培训 80 分、隐患排查和治理 60 分、重大危险源监控

40 分、应急救援 60 分、信息报送和事故调查处理 40 分、绩效评定和持续改进 20 分）；设备设施 66 条、800 分（设备设施管理 120 分、设备设施保护 30 分、设备设施安全 220 分、设备设施风险管控 400 分、设备设施防汛防灾 30 分）；作业安全 20 条、400 分（生产现场管理 80 分、作业行为管理 240 分、标志标识 40 分、相关方安全管理 30 分、变更管理 10 分）；职业健康 12 条、100 分（职业健康管理 30 分、职业危害告知和警示 10 分、职业健康防护 50 分、职业危害申报 10 分）。

2. 火电达标细则

火电共 119 条、1500 分。其中安全管理 41 条、500 分，设备设施 46 条、500 分，作业安全 20 条、400 分，职业健康 12 条、100 分。

3. 水电达标细则

水电共 114 条、1500 分。其中安全管理 41 条、500 分，设备设施 41 条、500 分，作业安全 20 条、400 分，职业健康 12 条、100 分。

4. 风电达标细则

风电共 92 条、1350 分。其中安全管理 41 条、500 分，设备设施 25 条、410 分，作业安全 19 条、380 分，职业健康 7 条、60 分。

第 九 章

企业安全文化建设

　　企业安全文化是真正落实"安全第一、预防为主、综合治理"安全生产方针的内因，最终目的是变"要我安全"为"我要安全""我会安全"，是安全文化在企业中的应用，是企业发展的重要基础。企业只要有安全生产工作存在，就会有相应的企业安全文化存在。企业安全文化本身是看不见、摸不着的，但会通过一定形态表现出来，这种表现形态可称其为"安全氛围"或"安全气候"。

　　要想真正建设好企业的安全文化，不仅需要对安全文化理念进行宣教，让员工形成最基本的认知；同时要跳出局部的、个别的文化形式限制，着眼于系统工程，让企业文化真正落地，为企业服务。

第一节　安　全　文　化

一、安全文化的发展

（一）安全文化起源

　　安全文化是 1986 年苏联切尔诺贝利核事故之后，由国际核安全咨询组针对核电站的安全问题首次提出的，经过近三十年的发展，已被世界各国所公认，在多种行业中得到应用。

　　我国于 20 世纪 90 年代初提出安全文化建设的思想和理论，近几年国家更是大力倡导安全文化建设，企业也随之大兴安全文化建设之风，安全文化在我国形成空前繁荣的发展。但伴随企业安全文化在我国的应用，许多企业遇到了诸多安全文化建设中的困惑，如"理念在天上飘、口号在嘴上喊、管理在地上跑"的脱节现象。

（二）安全文化的发展阶段

　　由于安全文化对人的影响是深层次的，因此不可能在短时间内产生明显的、根本的效果，安全文化的推行是一个循序渐进的过程，通常根据不同企业在理解并接受人员行为和态度能影响安全这一问题上的不同表现，将安全文化的发展和建设分为初级阶段、中级阶段和高级阶段三个层次，如图 9-1 所示。

图 9-1　安全文化的发展阶段

初级阶段是被动约束阶段，强调规范行为，"要我安全"；中级阶段是主动提升阶段，强调确立理念，"我要安全"；高级阶段是自强自律阶段，强调拓展知识，"我会安全"。任何一个企业可能随时表现出每个阶段所列特征的任意组合，根据其中主要的特征，可以判断该企业所处的安全文化发展阶段。

1. 被动约束阶段——安全文化建设的初级阶段

安全文化建设的初级阶段最大特性就是被动性，认为安全只是一个来自政府或管理部门的外部要求。

在这个阶段，企业领导安全意识淡薄、思想麻痹，企业的核心价值观过于关注经济效益，安全投入少，安全教育只是走过场，安全保障能力低下；员工缺乏必要的自我保护能力，不懂安全、不愿安全、习惯性违章等问题普遍存在，侥幸心理或听天由命的心理占上风。安全很大程度上被视为纯技术问题，仅仅认为满足安全方面的法规标准就足够了。目前，我国大多数企业安全文化的发展处于这个阶段。如发电企业在这一阶段表现：

（1）对问题根本没有提前预测，电厂只能在问题出现后被动地响应。

（2）生产部门和职能部门之间交流很少，几乎处于半自治状态运作。

（3）各部门的决定都几乎是只围绕如何满足法规程序的要求。

（4）对待出差错的人员只简单地指责他们没按法规程序办事。

（5）对管理当局、客户、承包商或者供货商，持谨慎甚至敌对的态度。

（6）安全被看成是一个额外负担，短期效益被看的至关重要等。

2. 主动提升阶段——安全文化建设的中级阶段

企业安全文化发展的中级阶段的特征是安全意识的主动提升，良好的安全绩效成为该阶段的追求目标。

在本阶段，即使没有来自管理当局的压力，整个单位也已有重视安全绩效的管理。

尤其是企业高层领导和安全专职人员，对安全工作的重要性有了比较充分的认识，开始在遵守法律法规的各项要求的基础之上，在企业内部建立能用清晰语言描述的安全价值观或安全方针和目标，并建立健全了实现安全目标的方法和程序。但是，该阶段安全行为尚存盲目性，对事故系统性分析不够，特别是对人员行为与安全的关系认识不够；安全生产主要借助技术手段和严格的管理；员工安全行为的自觉性不高，安全绩效得不到提高。处于这一阶段的企业，具体表现如下：

（1）管理层鼓励跨部门间的合作和交流，但决定通常都是围绕着费用和功效进行。

（2）管理层团结一致并开始协调各部门的决定，但决定通常都是围绕着费用和功效进行。

（3）管理层对差错的响应是通过更严格的程序和培训来加强控制的。

（4）电厂勉强能公开地向其他单位学习，尤其是好的技术和实践经验。

（5）安全、成本和生产被看作是相互消长的，人们认为安全意味着更高的成本和更少的产出。

（6）对文化问题能影响工作的认识不断加强，但不理解为什么加强控制，仍然达不到期待的安全绩效等。

3. 自强自律阶段——安全文化建设的高级阶段

这一阶段是企业安全文化发展的高级阶段，也是充分体现安全文化先进性的阶段。

这一阶段，企业上下都已经认识到不安全的行为和条件不可接受，企业安全工作已达到一个较高的水平，已具有良好的安全管理体系，安全获得各管理层的承诺，并且管理层已具备安全管理技巧和能力，对交流、培训、管理模式的建设特别重视，并不断提高工作的效率和有效性。企业员工具备安全意识和安全知识，自觉按规章制度进行生产，同时不但自己遵守而且帮助别人遵守各项安全规章制度，不但观察自己岗位上而且留心他人岗位上的不安全行为和条件，即员工实现了不仅做到"不伤害自己、不伤害他人、不被他人伤害"，而且做到"帮助他人不被伤害"。在该阶段的企业，具有以下特征：

（1）发电企业开始立足当前制定具有长远利益的战略管理，预测问题并在事发前根除诱因，从而防患于未然。

（2）安全和生产绩效方面没有目标冲突，从而保证对生产指标的追求不会危及安全。

（3）对差错的处理更重要的是了解发生差错的原因，并据此寻找有效的解决办法，而不是一味地批评当事人。

（4）重视组织内外的学习，并专门组织培训、学习，以进一步改善工作表现。

（5）电厂和管理部门以及承包商等之间已建立了良好的合作关系。

（6）充分评价和分析短期行为从而及时作出有利于长期战略目标的调整。

（7）认识到影响安全的文化因素，并在主要决定中作为考虑因素等。

安全文化建设的每个阶段有着不同的文化背景，具有不同的创建目标，不同的创建要点和不同的建设措施，见表9–1。

表 9-1   安 全 文 化 建 设 模 式

阶段	被动约束阶段	主动提升阶段	自强自律阶段
要点	规范行为 要我安全	确立理念 我要安全	拓展知识 我会安全
理念	安全第一、以人为本		
	规则意识	责任意识	进取意识
	职业精神	敬业精神	创新精神
知识	应知应会	深知深会	广知广会
行为	规范约束行为	行为养成习惯	习惯成为自然

二、安全文化的三元内涵

过去人们常常把安全文化等同于安全宣教活动，这是一种片面观点。安全教育和安全宣传仅仅是安全文化的一部分，当然它是建设安全文化的重要方面。但是，安全文化的核心内容并不在于此。

安全文化是一个社会在长期生产和生存活动中凝结起来的一种氛围，是人们对生命安全与健康价值的理解和领导以及个人所认同的安全原则和接受的行为方式。安全文化存在于企业和个人中，是安全理念、安全意识以及在其指导下的各项行为的总称，一般分为安全观念文化、安全行为文化、安全管理（制度）文化和安全物态文化。

企业安全文化是指安全文化在企业中的应用，可以提炼并归纳为三个基本单元——安全理念（价值观、信仰、意识等）、安全知识（显性知识、隐性知识等）和行为方式（习惯、做派等）。安全文化的三元结构不是简单并列关系，而是有主有从，彼此联系，相互影响的关系，如图 9-2 所示。

图 9-2　安全文化三元结构图

（一）安全理念

安全理念是安全文化的核心层，是指通过理性思维而形成的价值观念，是以安全价值观为基础、以企业的组织系统和物质资源为依托、以企业员工的群体意识和行为特点为表现的群体或个人所特有的安全生产经营管理的思想作风和风格。

树立科学的安全理念是安全文化建设的核心要务，只有通过对人的安全观念、安全伦理、安全态度等深层次人文因素的强化，才能逐步营造起安全文化氛围，增强安全能力，改进安全行为，从被动地服从安全管理制度，提升到自觉主动地按安全要求采取行动。

（二）安全知识

安全知识是安全文化的中间层，是指员工在安全活动中所积累的显性知识和隐性知识。显性知识是指记录于一定物质载体上的知识，经常简称为知识。隐性知识指存储在人们大脑的经历、经验、技巧、体会、感悟等一般不明显公之于众的知识，经常指技能。安全文化是以知识为基础，在不同的安全知识的基础上会生成不同的安全文化。

（三）安全行为方式

安全行为方式是安全文化的外显层，是指员工在安全生产活动中受思想支配的行动表现，包括行为的形式、方法、程序、结构等。员工只有遵循严格的行为规范，才能各就其位，各负其责，提高工作效率和安全水平。

三、安全文化作用

常说的安全文化是一种力，是一种影响安全生产的推动力。从国际上和我国安全生产方面搞得好的企业来看：安全文化力，首先是影响力，其次是激励力，第三是约束力，第四是导向力。这四种"力"，也可以叫四种功能。

（一）影响力

影响力是通过观念文化的建设，影响决策者、管理者和员工对安全的正确态度和意识，强化社会每一个人的安全意识。

（二）激励力

激励力是通过观念文化和行为文化的建设，激励每一个人安全行为的自觉性，具体对于企业决策者就是要对安全生产投入的重视、管理态度的积极；对员工则是安全生产操作、自觉遵章守纪。

（三）约束力

约束力是通过强化政府行政的安全责任意识，约束其审批权；通过管理文化的建设，提高企业决策者的安全管理能力和水平，规范其管理行为；通过制度文化的建设，约束员工的安全生产施工行为，消除违章。

（四）导向力

导向力是对全社会每一个人的安全意识、观念、态度、行为的引导。对于不同层次、不同生产或生活领域、不同社会角色和责任的人，安全文化的导向作用既有相同之处，也有不同方面。如对于安全意识和态度，无论什么人都应是一致的；而对于安全的观念和具体的行为方式，则会随具体的层次、角色、环境和责任不同而有别。

安全文化的这四种功能对安全生产的保障作用越来越明显、越来越强烈，企业乃至国家对安全文化的重视作用也越来越强烈，逐渐上升至法律层面，足以看出安全文化在安全生产中所起到的重要作用。早期工业安全主要靠安全技术的手段（物化的条件）；在安全技术达标的前提下，依靠安全管理的力量进一步提高系统安全性；之后应用安全法规的手段加强管理的力度；近年来在众多学者倡导下，为贯彻落实《中共中央国务院关于推进安全生产领域改革发展的意见》有关要求，进一步贯彻执行《中华人民共和国安全生产法》《中华人民共和国安全生产法实施条例》（草案征求意见稿）中第八条明确规定：各级人民政府及其有关部门应当采取多种形式，加强对有关安全生产的法律、法规和安全生产知识的宣传，推进安全文化建设，加强警示教育，增强全社会的安全生产意识。因此，安全文化的"文化力"是非常重要的。

第二节　企业安全文化落地建设工程

一、企业安全文化落地的概念及内涵

让安全文化由"软文化"变成"硬道理"，解决企业安全文化存在的"理念在天上飘、口号在嘴上喊、管理在地上跑"的脱节现象，就需要让安全文化落地。然而，我国对于安全文化落地的研究尚处初级阶段，已有研究也侧重于总结企业安全文化建设存在的问题及落地方法上，没有系统性综合措施及普遍适用的落地模式。

因此，在建设企业安全文化过程中要对文化落地的概念、内涵、实施方法等方面形成系统性的认知，以便企业在建设过程中有明确的指导方向，有科学的程序和方法来保证所建立的安全文化能够在生产过程中得以实施并起到良好推动作用。

（一）安全文化落地的概念

在现代汉语中，"落地"是指某项理念、战略、任务或项目，通过具体扎实的工作，落到实处，产生实际效果。由安全文化的定义可知，企业安全文化有两个要素，一个是思想理念，一个是由思想引发的行为。思想产生相应行为的过程，就是企业安全文化落地的过程。

因此，企业安全文化落地就是企业的每一个员工都能把企业倡导的安全理念转化为自己的行为，将思想意识层面的文化转为实践层面的行动，从而以文化力提升竞争力。

（二）安全文化落地的内涵

企业安全文化落地从人的角度出发，包含 3 层内涵，即思想认知、观念认同和行为自觉。其中，行为自觉是目标，前两层是达到该目标的途径。

1. 思想认知

员工只有对企业倡导的安全文化有全面充分的认识后，才有可能达成共识。因此，在文化落地初期，应通过教育培训等方式让员工知道企业安全文化的内容，即"入眼""入脑"。

2. 观念认同

员工能否在观念上接受和认同企业倡导的安全文化，直接影响企业安全文化落地的效果，只有产生了心理共鸣，员工才能在行为上以企业安全文化为导向。因此，应通过制度的优化和改进，让员工相信安全文化的作用，即"入心"。

3. 行为自觉

企业通过实行"入眼、入脑、入心、践行"一系列措施，将安全文化的种子播撒在员工心里，成为企业员工的行为准则，令企业倡导的安全价值观成为员工的安全价值观，使其主动按照企业安全理念的导向去行动，自觉履行岗位责任。这便通过规范行为达到了知行合一，即"践行"。

通过开展"入眼、入脑、入心、践行"等一系列工作，可使员工做到知行合一，工作得以有效执行，心灵得以振奋和净化，人格得以丰富和提升。这样，安全文化不仅让员工从心理上完全接受，甚至可以在员工的人生中长期延留，从而促进企业持续、科学地发展。

（三）安全文化落地的特征

企业安全文化落地是一项长期而复杂的任务，要想扎实有效地开展落地工程，就必须探究其基本特征，这样才能高屋建瓴，获得高效的落地成果。企业安全文化落地归纳出以下四个基本特征：

1. 系统性

企业安全文化落地是一项复杂的系统工程，涉及企业各类人员、各个职能部门，需要运用系统科学的思想来统筹规划，以便形成科学的程序和可靠的方法体系来保证安全文化落地。

2. 融合性

企业安全文化建设并不与原有的企业文化和管理体系相脱节，梳理企业现行制度、管理体系和企业文化是落地的关键步骤，要将安全文化与现有文化有机融合，避免出现"两张皮"的现象。

3. 阶段性

企业安全文化落地应该注意系统规划，从员工接受组织文化心理及行为过程的变化出发，制定文化落地推进的阶段性目标，逐步深入，突出重点，实现企业安全文化的升华。

4. 持续性

企业安全文化落地是一项长期性的工作，在文化落地的过程中，应周期性地对目标完成情况进行分析和评价，对出现的问题及时解决，保证落地工作的高效性和有效性，以达到落地实施目标能不断更新、落地效果能持续改进。

二、企业安全文化落地工程实施

（一）企业安全文化落地工程实施主体

通常将一个企业或者组织的人员分为 3 个层次，即决策层、管理层、执行层。3 个层次由高到低呈金字塔结构，组织结构的每个层次之间紧密相连，各自的工作内容相对独立。企业安全文化落地的实施首先需要明确各类人员的职责，要求各部门互相配合、共同参与，将企业安全文化与经营生产活动紧密结合起来，强调"文化落地、全员参与、人人有责"。

企业安全文化落地的实施主体按照企业人员划分为决策指挥层、管理推进层和执行实施层 3 个层次（见图 9-3）。决策指挥层一般由公司和各分公司决策层组成，必要时可以组建企业安全文化落地领导小组，决策指挥层的主要职责是引领、监督、控制和协调；管理推进层一般由公司主要职能部门组成，组建安全文化落地办公室，具体负责落地工作的规划和方案设计；执行实施层由分公司各职能部门、基层单位及基层员工组成，是企业安全文化落地最重要的参与者与执行者。

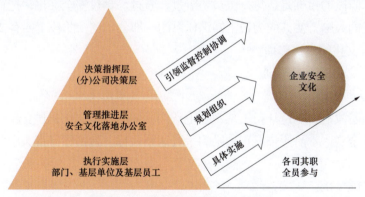

图 9-3　企业安全文化落地实施主体

（二）企业安全文化落地工程实施过程

根据员工接受组织文化的心理及行为变化过程和企业安全文化落地的内涵，将企业安全文化落地工程划分为 4 个阶段，即梳理融合、思想认知、观念认同和行为自觉。每一阶段又包括若干项任务，分别是融制、宣贯、培训、激励、建制和导行，最终通过安全文化落地评估来衡量落地工作效果，如图 9-4 所示。

1. 梳理融合阶段

梳理融合阶段是企业安全文化落地的第 1 步。本阶段的目标是达到文化与制度的有机融合，主要有 2 个任务：

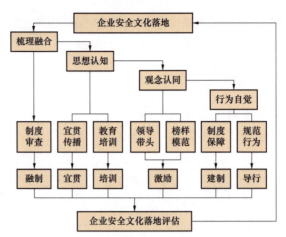

图9-4　企业安全文化落地过程

（1）要在企业内部开展全面的制度审查，即对制度进行安全文化角度的审视，将不符合文化理念的制度进行修订或改进。

（2）在全面的制度审查之后进行文化融制，使安全文化更适于企业现行的管理体系和制度。

2. 思想认知阶段

思想认知阶段的目标是让每一位员工听过、看过、学过安全文化，把意识形态的文化渗透于员工的大脑，使其成为员工知识体系的一部分。这一阶段主要有2个任务：

（1）安全文化的宣贯传播。

（2）安全文化的教育培训。

3. 观念认同阶段

观念认同阶段的目标是让员工从观念上认同所知的安全文化，建立起符合企业安全文化要求的安全观。本阶段依靠正激励的手段达到目标，包括领导带头示范和榜样模范示范。

4. 行为自觉阶段

行为自觉阶段的目标是让员工能将认同的安全文化体现到自身的行为和日常的工作中，进而变成一种行为习惯，依照文化的导向去行动。完成这个目标需要通过2个途径：

（1）制度建设。

（2）行为规范。

（三）企业安全文化落地工程实施内容

企业安全文化落地最终落脚在实施内容上，即运用具体方法实现每一阶段的目标任务。具体实施内容可概括为2类：

（1）企业安全文化落地重点工程，涉及落地工程全局，属于宏观层面的文化落地。

（2）企业安全文化落地的载体，即以活动、仪式或者物态实体承载、传播和体现企业安全管理理念的工具，相对于重点工程，属于微观层面。

　　对落地重点工程、落地载体进行归纳分类。横向结构按安全文化的形态属性划分为观念文化落地载体、行为文化落地载体、管理文化落地载体和物态文化落地载体；纵向结构按落地实施阶段划分为梳理融合阶段、思想认知阶段、观念认同阶段和行为自觉阶段。每一阶段均涉及企业 3 层人员，以建立分阶段、分层次、分目标的安全文化落地实施内容体系。该体系的建立明确了安全文化落地的实施内容，并从宏观、微观的角度把握落地进程，企业可根据自身情况制定相应的落地计划和实施内容，使安全文化落地工程做到因地制宜、有的放矢。

第 十 章

安 全 培 训

    安全培训是安全生产管理工作中一项十分重要的内容，它是提高全体劳动者安全生产素质的一项重要手段。所谓安全培训，一般是指以提高安全监管监察人员、生产经营单位从业人员和从事安全生产工作的相关人员的安全素质为目的的教育培训活动。

    安全管理，教育先行。对职工进行安全教育，是安全管理的一项最基本的工作，也是确保安全生产的前提条件。只有加强安全教育培训，不断强化全员安全意识，增强全员防范意识，才能筑起牢固的安全生产思想防线，才能从根本上解决安全生产中存在的隐患。安全与生产是辩证的统一，相辅相成，安全教育既能提高经济效益，又能保障安全生产，因此，安全教育必须在生产过程中进行。安全培训与教育其重要性体现在安全管理的方方面面，安全教育培训工作可以提高各级负责人的安全意识：加强企业领导、各部门负责人及班长等的教育培训工作，可以提高他们对安全生产方针的认识，增强安全生产责任制和自觉性，促使他们关心重视安全生产，积极参与安全管理工作；安全教育培训工作可以有效地遏止事故的发生。违章作业是安全管理的一大难题，"违章作业等于自杀""领导违章指挥等于杀人"。要遏制事故，杜绝事故，必须通过开展全方位经常性、扎扎实实的安全教育培训，通过灌输各种各样的安全意识，逐渐在人的大脑中形成概念，才能对外界生产环境作出安全或不安全的正确判断；安全教育培训工作可以大大提高队伍安全素质。安全教育培训体现了全面、全员、全过程的覆盖生产现场通过安全教育培训工作完成"要我安全"到"我要安全"最终到"我会安全"质的转变。

第一节　安全培训的基本概念

一、安全培训的概念及目的

    安全培训（Safety Training）是安全生产管理工作中一项十分重要的内容，是提高全体劳动者安全生产素质的一项重要手段，是开展本质安全管理的重要基础性工作。安全培训是一种针对性的训练，通过知识和技能训练，实现意识、方法、行为和能力上永久的改变，最终形成良好的习惯与素养。安全培训目标受职工安全意识水平、培训方法和手段、岗位需求、培训资源等影响。其中，安全意识水平影响员工的主动性参与度，培训方法和手段影响培训的效果和员工的兴趣，岗位需求影响培训的实用性和员工的关注度，培训资源为培训方法和手段提供基础。

《安全生产培训管理办法》（国家安全生产监督管理总局 第 44 号）指出安全培训的目的是为加强和规范生产经营单位安全培训工作，提高从业人员安全素质，防范伤亡事故，减轻职业危害，实现安全生产。安全素质包括三个方面，一是安全意识，二是安全知识，三是安全技能。

（1）安全教育培训主要是提高员工的安全意识。只有掌握了这些内容，才能进一步提高每一位员工的安全意识，时刻绷紧头脑中安全这根弦，做到居安思危，警钟长鸣。

（2）安全培训教育是让员工学习安全知识。在企业现代化大生产工作中，需要每一位员工学习掌握生产知识、安全知识。只有掌握了生产过程的各种知识，特别是掌握了安全知识，才能够在具体生产岗位操作时得心应手、如鱼得水，减少和避免各种安全事故的发生。

（3）安全培训教育是让员工掌握安全技能。安全技能是人为了安全地完成操作任务，经过训练而获得的完善化、自动化的行为方式。只有掌握了安全技能，才能实现工作中的正确操作，有效避免盲目蛮干；掌握的安全技能越多，安全技能越高，安全事故的发生率就越低。

二、安全培训的构成

安全培训主要包括三级安全教育、安全技能认证、专项安全教育和日常安全教育四部分。

（一）三级安全教育培训

三级安全教育是指新入厂职员、工人的厂级安全教育、车间级安全教育和岗位（工段、班组）安全教育，是企业安全教育的基本教育制度。

三级安全教育培训对象是针对新入厂人员开展的安全培训，按厂级、车间级和班组级逐级开展安全教育，以帮助新入厂的员工了解企业基本安全状况、主要的安全风险和安全注意事项。其中新入场员工包括本企业员工、临时用工、外援工、外来实习人员等。新入厂员工必须百分百参加"三级"安全培训教育并考试合格，方能取得进入生产现场的安全资格。厂级安全培训时间一般不少于 8 个学时，车间级安全教育培训时间一般不少于 12 个学时，班组级安全教育培训时间一般不少于 20 个学时。

（二）安全技能认证培训

安全技能认证培训是指企业对员工从事安全生产工作的基本安全技能进行培训、考核，并确认其安全资格的活动。

发电企业的安全技能认证培训对象可以划分为 A、B、C、D、E 五个级别，分别接受相应的培训和认证，并要求获取响应的安全资格。

（1）A 类对象为企业的专职安监人员，需要获取 A 类安全资格。

（2）B 类对象为企业的主要负责人、分管生产（基建）负责人、总工程师、生产（基建）副总工程师（厂长助理），需要获取 B 类安全资格。

（3）C 类对象为企业的生产（基建）职能部门负责人和车间负责人（含副职、主任助理），需要获取 C 类安全资格。

（4）D 类对象为企业的生产（基建）职能部门专业技术管理人员和车间的专业技术管理人员、检修班组长、运行值班长、技术员，需要获取 D 类安全资格。

（5）E 类对象为企业的运行、检修班组一般运行、检修岗位人员，需要获取 E 类安全资格。

安全技能认证培训的认证形式分为初始认证、岗位变动认证和复审认证三种类型。

（1）初始认证是指企业开展安全技能认证工作的初始阶段进行的认证活动。在认证的初始阶段，需要一定的过渡周期才能完成培训和认证工作，应合理设定初始认证工作的周期。

（2）岗位变动认证是指员工在岗位变动时，通过安全技能培训和认证取得与岗位要求相适应的安全资格的过程。

（3）复审认证是指在安全资格有效期满时，经过复审重新取得安全资格的过程。

（三）专项安全教育培训

专项安全教育培训是指企业对员工所从事岗位和职责进行培训、考核，并确认其安全资格的活动。

发电企业专项安全教育培训按照人员划分为：

1. 工作票签发人、工作负责人、工作许可人安全培训

（1）工作票签发人、工作负责人、工作许可人安全培训是针对工作票签发人、工作负责人、工作许可人实施的专项安全培训，通过培训考试取得工作票签发人、工作负责人、工作许可人资格。

（2）工作票签发人、工作负责人、工作许可人安全培训的对象一般为检修维护车间负责人、技术专工、班组长、技术员、检修工，运行班组值班负责人、值班员、副值班员、巡检员等，承包本企业相关工程、具备相应资格条件、欲获取相应资格的承包商员工。

2. 企业主要负责人、安全生产管理人员安全培训

（1）企业主要负责人、安全生产管理人员安全培训是政府针对生产经营单位的主要负责人和安全生产管理人员实施的安全培训，一般由小企业所在政府安监部门组织考试。

（2）企业主要负责人、安全生产管理人员安全培训的对象一般为企业行政正职、分管副职、安全生产管理部门负责人和相关专业管理人员。

3. 特种设备作业人员安全培训

（1）特种设备作业人员安全培训是针对特种设备作业人员实施的安全培训，一般由企业所在地政府质监部门组织培训和考试，通过培训考试后取得"特种设备作业人员证"。

（2）特种设备作业人员安全培训的对象一般为企业从事锅炉、压力容器（含气瓶）、压力管道、电梯、起重机械等特种设备作业的作业人员及其相关管理人员。

4. 违章、事故责任者安全培训

（1）违章、事故责任者安全培训是针对违章和事故责任人员实施的专项安全培训，用以帮助违章，事故责任人员提高自身安全意识和有关技能，并通过培训考试使违章和事故责任者重新取得相应的安全资格。

（2）违章、事故责任者安全培训的对象一般为因违章、事故被吊销安全资格的人员。

5. 承包商员工入厂安全培训

（1）承包商员工入厂安全培训是针对承包商员工实施的专项安全培训，通过培训考试使承包商员工取得进入发电企业从事承包工程的安全资格。

（2）承包商员工入厂安全培训的对象一般为短期承包（通常合同期一年以内）检修维护、施工安装等工程的承包商雇员。

（四）日常安全教育培训

日常安全教育培训是在完成了国家规定的三级安全教育的前提下，在日常工作中仍需进行的安全教育培训，是对三级安全教育的补充与完善。

日常安全教育培训包括以下几个方面：

1. 事故案例教育学习

事故案例教育学习是针对企业发生的典型事故案例，组织员工进行教育学习活动，通过观看、解析、讨论等加深对典型案例的认知，杜绝类似事故发生。

2. 安全主题培训

安全主题培训是按照企业需求，围绕培训目的（主题），紧密结合企业的实际情况，为企业量身定制个性化的培训解决方案，通过组织和调度各类培训资源，为企业提供更具有针对性、实效性的管理培训服务，解决具体问题，满足企业需要。

第二节　安全培训的内容

根据《生产经营单位安全培训规定》（国家安全生产监督管理总局　第3号令），生产经营单位应该针对不同岗位人员进行不同内容的培训，主要对以下两类人员进行分类培训：本企业员工和外包队伍。

一、主要负责人、安全生产管理人员的安全培训

生产经营单位主要负责人和安全生产管理人员应当接受安全培训，具备与所从事的生产经营活动相适应的安全生产知识和管理能力，且初次安全培训时间不得少于 32 学时，每年再培训时间不得少于 12 学时。

（1）生产经营单位主要负责人安全培训应当包括下列内容：

1）国家安全生产方针、政策和有关安全生产的法律、法规、规章及标准。

2）安全生产管理基本知识、安全生产技术、安全生产专业知识。

3）重大危险源管理、重大事故防范、应急管理和救援组织以及事故调查处理的有关规定。

4）职业危害及其预防措施。

5）国内外先进的安全生产管理经验。

6）典型事故和应急救援案例分析。

7）其他需要培训的内容。

（2）生产经营单位安全生产管理人员安全培训应当包括下列内容：

1）国家安全生产方针、政策和有关安全生产的法律、法规、规章及标准。

2）安全生产管理、安全生产技术、职业卫生等知识。

3）伤亡事故统计、报告及职业危害的调查处理方法。

4）应急管理、应急预案编制以及应急处置的内容和要求。

5）国内外先进的安全生产管理经验。

6）典型事故和应急救援案例分析。

7）其他需要培训的内容。

二、三级安全培训

新入厂人员必须进行三级安全培训，合格后方可上岗。

（1）厂（矿）级岗前安全培训内容应当包括：

1）本单位安全生产情况及安全生产基本知识。

2）本单位安全生产规章制度和劳动纪律。

3）从业人员安全生产权利和义务。

4）有关事故案例等。

煤矿、非煤矿山、危险化学品、烟花爆竹、金属冶炼等生产经营单位厂（矿）级安全培训除包括上述内容外，应当增加事故应急救援、事故应急预案演练及防范措施等内容。

（2）车间（工段、区、队）级岗前安全培训内容应当包括：

1）工作环境及危险因素。

2）所从事工种可能遭受的职业伤害和伤亡事故。

3）所从事工种的安全职责、操作技能及强制性标准。

4）自救互救、急救方法、疏散和现场紧急情况的处理。

5）安全设备设施、个人防护用品的使用和维护。

6）本车间（工段、区、队）安全生产状况及规章制度。

7）预防事故和职业危害的措施及应注意的安全事项。

8）有关事故案例。

9）其他需要培训的内容。

（3）班组级岗前安全培训内容应当包括：

1）岗位安全操作规程。

2）岗位之间工作衔接配合的安全与职业卫生事项。

3）有关事故案例。

4）其他需要培训的内容。

从业人员在本生产经营单位内调整工作岗位或离岗一年以上重新上岗时，应当重新接受车间（工段、区、队）和班组级的安全培训。生产经营单位采用新工艺、新技术、新材料或者使用新设备时，应当对有关从业人员重新进行有针对性的安全培训。生产经营单位的特种作业人员，必须按照国家有关法律、法规的规定接受专门的安全培训，经考核合格，取得特种作业操作资格证书后，方可上岗作业。

三、外包队伍安全培训

电厂外来人员包括临时工、外包施工人员、参观人员、检查人员、指导人员、外厂学习人员等。

外包施工人员是指与企业制定的职能部门签订工程承包合同的单位（具有法人资质）的所有人员。外包施工单位必须组织外来施工人员每周进行一次安全活动，小结一周来的安全情况和经验教训，学习上级和厂安全简报事故通报以及周安全活动内容等文件资料。外包施工单位的安全监督人员必须按时参加厂组织的专项检查，并监督本单位施工人员遵守各项安全规定。

企业必须对外包单位工作人员进行安全教育和培训，使其了解企业设备、系统和环境，熟悉安全生产规章制度和要求，掌握《电力安全工作规程》相关规定，提高其安全意识、丰富其安全知识。

安全教育和培训后必须进行《安规》考试，受教育人员名单和考试成绩报安全监察室备案。考试不合格者严禁录用。对需要增加外包队伍工作人员担任工作负责人者，安全监察室另外组织工作负责人考试，合格后方可担任工作负责人。

第三节　安全培训的方法和考核

一、安全培训方法

恰当的安全培训方法是安全培训工作成功与否的关键，也是直接影响培训效果的重要因素，培训方法得当会起到事半功倍的效果。安全教育培训方法要因地制宜，因人而异，灵活应用，尽量采用符合人认识特点的、感兴趣的、易于接受的方式以提高安全培训整体水平。从以下三个方面入手：

（一）课程设计工具化

按照明确的培训任务分析需求，设定综合目标，细化可操作性目标，基于成人培训方法，应用 SMART（明确性、可衡量性、可实现性、相关性、实现性）原则指导课程设计与测试等一系列标准化的工具。培训课程设计的思路要清晰、要有逻辑性、不脱主题，课程结构要组织合理、新旧搭配、有跳跃感，课程内容要准确、简洁、知识完整，不能将知识简单罗列。

（二）安全培训内容实用化

精简课程内容，去除烦琐的理论，选择学员最实用的技能与方法。通过案例分析、讨论、实际操作等方式，提高学员安全能力。具体见表 10-1。

表 10-1　　　　　　　　　　主要的培训内容计划安排表

时间	主题	方式	教育目的	对象	主培人员
全过程	三级安全教育	上课	加强新员工的安全素质	新员工	安全专干
1 月	国家安全生产法律法规知识	会议	加强员工的法律意识	全体员工	安全队长
2 月	安全生产管理知识、专业技术知识	上课	加强员工的安全意识	全体员工	安全队长
3 月	岗位安全操作规程	上课	加强员工的安全操作	特种设备操作员	安全队长
4 月	各岗位安全知识教育	会议	使各岗位人员熟悉其岗位知识	各岗位操作人员	安全队长
5 月	管理人员安全教育	会议	加强管理人员安全意识加强模范带头作用	公司管理人员	安全队长
6 月	消防安全知识培训	讲座	使员工了解防火的重要性和如何救火	全体员工	消防专干
7 月	夏季行车安全知识	上课	使驾驶员掌握夏季行车安全常识	全体驾驶员	安全队长
8 月	典型事故和应急救援案例分析	上课	加强员工安全意识和处理紧急情况的能力	全体员工	安全队长
9 月	企业安全管理规范	上课	加强从业人员的安全规范意识和素质	全体员工	安全队长
10 月	企业安全生产标准化建设	会议	提高员工素质，推进企业安全生产标准化建设	全体员工	安全队长
11 月	安全生产规章制度和劳动纪律	会议	确保安全生产	全体员工	安全队长
12 月	20××年度安全培训活动总结、制定下一年安全培训计划				

（三）安全培训手段多样化

采用主动型培训，通过场景训练、实物仿真、虚拟仿真、翻转课堂、分组讨论等方式，调动学员自主学习能力，并提高学员的综合能力。培训过程中，培训师要与学员建立良好的互动关系。

安全培训一定要基于岗位安全素质能力要求进行，首先要根据企业生产特点对岗位进行分类，通过对每类岗位的作业风险进行分析，提出安全能力要求，根据岗位安全能力要求，建立岗位安全素质能力模型；根据岗位安全素质能力模型，建立针对性培训课程体系；根据作业要求对员工进行系统培训；根据培训目标、学员状况、条件影响、时间限制等因素选择合适的培训策略。常见的培训策略有以下几种：

（1）案例–案例分析–引出主题–讲解–训练–回顾–总结。

（2）操作–发现问题–引出主题–讲解–训练–回顾–总结。

（3）讲解–讨论–讲解–讨论–训练–回顾–总结。

目前，较为常用的培训方法有讲授、结构化讨论、小组讨论、阅读、案例分析、角色扮演、技能训练、模拟、游戏、唤起行动（挑战）等。

研究调查表明，大脑能够记住读到的10%、听到的20%、看到的30%、听到并看到的50%、自己讲述的70%、自己做的90%。因此，在培训过程中，尽可能让员工自己行动起来，建立以行动为导向的教学，如图10–1所示。

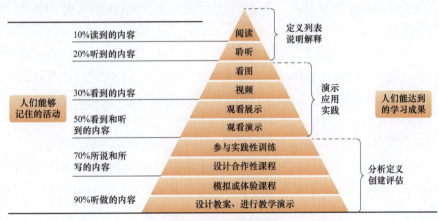

图10–1　培训效果图

1. 讲授法

讲授法是培训师通过口头语言向参训者系统地传授安全知识、转变安全理念、提高安全素质能力的培训方法。讲授法通过现代化培训工具，由单纯讲授，向视听、展示等多方面转变，提高生动性，加强学员记忆力。

2. 结构化讨论法

结构化讨论法是需求为基础、问题为中心、学员为主体的现代培训理念，由培训师按照一定的程序和规则，采用相关的团队学习工具，引导组员围绕培训主题多角度、分层次开展讨论的方法。通过调动学员参与讨论、解决问题，实现主动型学习，如头脑风暴法。

3. 翻转课堂

翻转课堂是针对成人的一种培训模式，是将培训材料提前发给学员，让学员进行阅读和学习，带着问题进入课程，在课堂上，更多的是对自学中所遇到问题的讨论。

4. 体验式培训

体验式培训是针对新入职和新作业场所人员的培训，其方法是让参与者亲身感受生产作业过程中的不同风险及伤害特征。

通过"听、看、做"等形式，有效地把思维与行动结合在一起，使其对相关的项目风险及其引发的后果有更深入的了解，从感性上加深对安全重要性的认识，提高安全意识，掌握安全技能。

5. 虚拟现实

虚拟现实技术是利用现代信息技术，通过数字三维投影呈现场景，模拟环境，开展相应培训。

二、安全培训考核与监督

（1）企业安全监督管理部门负责对安全培训工作定期进行监督检查，可通过信息平台进行在线考试或组织集中考试，通过考试统计汇总出现问题较多的薄弱环节，针对薄弱环节进行二次培训。

（2）企业应对安全培训工作的恰当性、培训形式的合理性、培训内容的适合性、培训计划的执行情况等进行评估和回顾，每半年至少组织开展一次评估和回顾工作。

（3）企业应针对安全培训评估和回顾工作中发现的问题，制定措施予以及时纠正和改进。

（4）通过文件，并结合自身实际情况制定出专门的安全生产培训制度。

（5）建立完善的培训反馈机制，及时准确地掌握培训具体效果以及巩固以往培训的成果，及时纠正培训工作中的错误与偏差，同时根据反馈的信息对整体培训计划进行修补与完善。

总之，安全培训是安全管理工作的基础和重要组成部分，这项工作抓得好不好，直接关系到员工的安全基本知识掌握的扎实不扎实、安全管理素质有没有提高、安全观念牢不牢固的问题。安全培训不能不分主次地抓，要分层次、分对象、分岗位、分工种，有针对性地进行培训。只有通过科学有效的安全培训才有可能切实提高员工的安全意识和工作能力，为保证企业安全生产与各项工作计划的顺利实施打下坚实的基础。

参 考 文 献

［1］中国电力企业联合会. 改革开放三十年的中国电力［M］. 北京：中国电力出版社，2008.

［2］罗云. 企业安全文化建设［M］. 北京：煤炭工业出版社，2007.

［3］宋守信. 安全文化三元内涵与三段创建方法［J］. 中国安全生产，2015，6（111）：24-25.

［4］王辉侠. 电力系统可靠性管理中存在的问题及解决对策［J］. 中国管理信息化，2013，5（16）：63-64.

［5］俞刚，胡伯勇，金冯梁. 基于本质安全的大型火电机组热控设备可靠性管理［J］. 电力技术，2010，4（19）：77-80.

［6］周刚，程卫民. 人因失误与不安全行为相关原理的分析与探讨［J］. 中国安全科学学报，2008，18（3）：10-14.

［7］王新泉，邬燕云. 安全标准化教程［M］. 北京：机械工业出版社，2011.

［8］宋守信，武淑平. 电力安全人因管理［M］. 北京：中国电力出版社，2008.

［9］张力，黄曙东，何爱武. 人因可靠性分析方法［J］. 中国安全科学学报，2001，11（3）：6-16.

［10］国家安全生产应急救援指挥中心. 电力企业安全生产应急管理［M］北京：煤炭工业出版社，2012.

［11］田震. 企业安全管理模式的发展及其比较［J］. 工业安全与环保，2006，9（3）：63-64.

［12］马洪顺. 基于能量运动的本质安全理论分析与应用——现场作业风险管控篇［J］. 中国电力企业管理，2016，3（7）：69-71.

［13］马洪顺. 基于能量运动的本质安全理论分析与应用——可靠性管理篇篇［J］. 中国电力企业管理，2016，4（10）：73-75.

［14］马洪顺. 基于能量运动的本质安全理论分析与应用——人的失误原因分析及预防篇［J］. 中国电力企业管理，2016，5（13）：69-71.

［15］陈宝智，吴敏. 本质安全的理念和实践［J］. 中国安全生产科学技术，2008，7（3）：79-83.

［16］中国电力企业联合会课题组. 国华电力管理实践［M］. 北京：中国电力出版社，2009.

［17］攀运晓. 应急救援预案编制实物——理论•实践•实例［M］. 北京：化学工业出版社，2006.

［18］邢娟娟. 企业重大事故应急管理与应急预案编制［M］. 北京：航空工业出版社，2005.

［19］吴濡胜，舒化鲁，石永建，等. 供电企业安全管理标准化体系建设指南［M］. 北京：中国电力出版社，2011.

［20］王德学. 安全生产应急管理［M］. 北京：煤炭工业出版社，2007.

［21］章云龙，陈国华，王强，等. 安全生产应急演练实务［M］. 北京：科学出版社，2011.

［22］杨忠培，刘斌，黄海斌，等. 电力企业安全生产事故应急手册［M］. 北京：中国劳动社会保障出版社，2009.

［23］路安华，崔政斌. 企业安全教育培训题库：企业安全工作系列读本［M］. 北京：化学工业出版社，2005.

［24］宋卫国，熊静雯. 电力企业安全生产［M］. 北京：化学工业出版社，2015.

［25］李朝元. 基于电力企业安全培训的有效性探讨和方法创新［J］. 中国电力教育，2013，10（20）：152–153.

［26］宋守信，陈明利. 电力安全文化管理［M］. 北京：中国电力出版社，2015.

［27］王武宏，曹崎. 人的失误及其可靠性分析［M］. 成都：西南交通大学出版社，1999.

［28］王新泉. 安全标准化的概念及其特征［J］. 工业安全卫生，2010（4）：60–70.

［29］中国标准化研究院. 2007 年中国标准化发展研究报告［M］. 北京：中国标准出版社，2007.

［30］赵铁锤. 以创新精神抓好安全质量标准化工作［J］. 煤炭企业管理，2003（12）：14–18.

［31］王新泉. 企业安全生产标准化建设［J］. 河南安全，2009（5）.

［32］张铭. 华东电网电力突发事件应急联合演练综述［J］. 华东电力，2007（9）：32–33.

［33］计雷，池宏，等. 突发事件应急管理［M］. 北京：高等教育出版社，2008.

［34］陈安，陈宁，倪慧荟. 现代应急管理理论与方法［M］. 北京：科学出版社，2009.

［35］倪吉祥. 电力安全与电力监管信息系统关键技术研究［M］. 北京：经济科学出版社，2006.

［36］吴宗之. 基于本质安全的工业事故风险管理方法研究［J］. 中国工程科学，2007（05）：46–49.

［37］谷俊峰. 树立大安全观，努力建设本质安全型企业［J］. 电力安全技术，2006（12）：15–16.

［38］罗云，吕海燕，白福利. 事故分析预测与事故管理［M］. 北京：化学工业出版社，2006.

［39］宋守信. 事故倾向于人因管理［J］. 中国电力企业管理，2003（12）：18–20.

［40］彭冬芝，郑霞忠. 现代企业安全管理［M］. 北京：中国电力出版社，2003.

［41］张丽. 从安全心理学谈电力安全生产［J］. 电力安全技术，2008（1）：46–47.